Helmut Holzhey

# Wunder
## «Ich nehme das Wort nicht leichtfertig in den Mund»

Meine Lebensgeschichte,
aufgezeichnet in Zusammenarbeit
mit Philippe Pfister

Schwabe Verlag

Bibliografische Information der Deutschen Nationalbibliothek
Die Deutsche Nationalbibliothek verzeichnet diese Publikation in der Deutschen Nationalbibliografie;
detaillierte bibliografische Daten sind im Internet über http://dnb.dnb.de abrufbar.

Porträts hinterer Umschlag: Nathalie Taiana, Zürich/Bern
Gestaltungskonzept: icona basel gmbH, Basel
Cover: Kathrin Strohschnieder, stroh design, Oldenburg
Layout: icona basel gmbh, Basel
Satz: 3w+p, Rimpar
Druck: CPI books GmbH, Leck
Printed in Germany
ISBN Printausgabe 978-3-7965-4835-2
ISBN eBook (PDF) 978-3-7965-4836-9
DOI 10.24894/978-3-7965-4836-9
Das eBook ist seitenidentisch mit der gedruckten Ausgabe und erlaubt Volltextsuche.
Zudem sind Inhaltsverzeichnis und Überschriften verlinkt.

rights@schwabe.ch
www.schwabe.ch

Meinen Kindern

Felix    Sibylle    Matthias

# Inhalt

# Ein ungewöhnliches Leben und
# eine ungewöhnliche Freundschaft

Als ich Helmut Holzhey zum ersten Mal begegnete, spürte ich bei ihm eine gewisse Skepsis gegenüber dem mehr als ein Vierteljahrhundert jüngeren Journalisten. Journalisten beschäftigen sich selten mit Philosophie, und wenn, höchstens mit deren Stars und Skandalen. Philosophie und Journalismus verhalten sich in vielerlei Hinsicht wie Antipoden. Philosophie verweilt bei Gedanken, im Journalismus jagen sie sich. Journalismus ist in aller Regel kasuistisch, Philosophie nimmt das grosse Ganze ins Visier. Journalistische Produkte altern schnell, oft innerhalb von Tagen oder Stunden. Philosophische Ideen überdauern Jahrhunderte, ja Jahrtausende.

Die Umstände wollten es, dass Helmut und ich in den vergangenen Jahren viele Stunden gemeinsam im Auto verbrachten, ich am Steuer, er auf dem Beifahrersitz. Kennengelernt hatten wir uns über einen gemeinsamen Bekannten, mit dem ich einen philosophischen Lesezirkel gegründet hatte. Es gelang uns, ihn erst als regelmässigen Gast, später als unverzichtbares Mitglied unseres Zirkels zu gewinnen. Wenn wir beide im Auto zu einem der Treffen fuhren, tat ich, was ich als Journalist fast immer tue: Ich stellte Helmut Fragen. Über sein Leben. Über das Lesen, über das Schreiben, über Heidegger, Blumenberg und Cohen, über das Fragen überhaupt und das, was man gemeinhin den Sinn des Lebens nennt.

Je mehr Antworten ich zu hören bekam, umso aussergewöhnlicher erschien mir dieses Leben. Wer von uns beiden zuerst die Idee äusserte, die Lebensgeschichte Helmut Holzheys aufzuzeichnen und als Buch herauszugeben, lässt sich im Nachhinein nicht mehr genau ausmachen. Sicher ist, dass er gegenüber dem Wunsch nicht abgeneigt war, in Form einer Publikation auf sein Leben zurückzublicken. Ich war fasziniert von dem Gedanken, einen auf philosophischem Gebiet enzyklopädisch gebildeten Zeitzeugen der grossen politischen und kulturellen Auseinandersetzungen der zweiten Hälfte des 20. Jahrhunderts stunden-, ja tagelang zuhören zu dürfen.

Und so setzten wir uns im August und September 2019 ein paar Tage zusammen, um Helmuts Leben Revue passieren zu lassen. Er hatte sich gut vorbereitet und Notizen mitgebracht. Meine Rolle war die des Moderators, des begleitenden, nachfragenden Zuhörers. Seine Skepsis gegenüber dem Journalisten war längst gewichen, mittlerweile war zwischen uns eine ungewöhnliche Freundschaft entstanden. Helmut vertraute mir. Keiner Frage wich er aus. Nur dann und wann bat er, das Tonband abzustellen, denn Manches, woran er sich zurückerinnerte, war auch Jahrzehnte später noch emotional belastend.

Aus den 20 Stunden Tonbandaufnahmen entstand dieses Buch mit Gesprächen, die wir gestrafft und – wo nötig – mit historischen oder biografischen Hinweisen ergänzt haben. Der grosse Teil der Arbeit oblag dabei Helmut; meine Rolle war jetzt die des ersten Lesers. Dafür, dass ich mit Helmut dieses wunderbare Projekt verwirklichen durfte, bedanke ich mich bei ihm ganz herzlich.

Philippe Pfister im Februar 2023

# Gedanken über mich, vorweg

*Grösseres wolltest auch du, aber die Liebe zwingt*
*All uns nieder, das Leid beuget gewaltiger,*
*Doch es kehret umsonst nicht*
*Unser Bogen, woher er kommt.*
Hölderlin: «Lebenslauf»

Wollte ich Grösseres? Und wurde ich durch Leid gebeugt? Niedergezwungen durch Liebe? Ja, so könnte ich mein Leben auch sehen. Aber ... und nochmals aber ... Ein mir befreundeter Autor hatte mich mit der Obszönität des Fragens bekannt gemacht. Trotzdem fragte er einmal brieflich: Wann kommt dein opus maius? Es kam nicht, das Buch mit meinem eigenen Weltentwurf. Es fehlte mir die Kraft, ich hatte den Weltentwurf auch nicht im Kopf. Vereinzelt gab es das noch in der Philosophie, dass jemand ein mehrbändiges System gebar. Was einem aber insgesamt an anspruchsvollen Werken auf den Tisch flatterte, bot sich zunehmend – wie die Welt selbst – nur noch als Fragment dar. Und für Dokumente weitergehenderer Ansprüche hatte ich bald auch kein Ohr mehr. Trotzdem: Ich wollte wohl Grösseres, aber doch nur schwach, zu schwach.

Von schwerem Leid, wie es sehr viele Menschen jeder Generation durchmachen müssen, bin ich nicht heimgesucht worden. Vom Leiden im Denken wohl, allerdings erst spät. Früher stiess ich auf das Erleiden, auf das Widerfahrnis, ohne das es keine Erfahrung gibt, auf das pathische Moment der Erkenntnis. Wie kommt Erfahrung zustande? An deren Anfang und Grund wird etwas erlitten: Eine Empfindung überfällt mich, Eindrücke prasseln auf mich herab, jemand spricht mich unversehens an. Gewiss muss ein solches Erleidnis zu Erfahrung verarbeitet werden, aber der Anstoss ist wesentlich, wenn er auch im Resultat untergeht. Vieles, was zustösst, «beuget gewaltiger», als es tragische Liebe tut. Das ist wohl die individuelle Leiderfahrung Hölderlins und doch weitaus mehr. Spät erst in meinem Leben habe ich mich zur theologischen Entsprechung durchzudenken versucht: zum Gedanken der Menschwerdung des göttlichen Logos, der im Menschsein seine Schwachheit erfährt. Die Liebe zu den Menschen zwingt ihn nieder, der Logos wird zum Wort vom Kreuz. Mit abgründigen Folgen.

*Ich glaube an die Veränderungen im Leben, die so wunderbar ineinandergreifen, dass aus den Teilen schliesslich ein Ganzes wird, ein Mensch und ein Leben.*
Sandro Marai: «Die Gräfin von Parma»

Mein Blick auf das Ganze meines Lebens begann sich am 8. April 2017 zu öffnen. Es war der Tag, an dem ich meinen, einen knappen Monat zurückliegenden 80. Geburtstag bei meiner Schwester Irmtraut in deren Leipziger Wohnung im Kreis von Angehörigen feierte. Erste altersbedingte Ermüdungserscheinungen hatten mich schon vorgängig dazu bewogen, über den Verlauf meines Lebens nachzudenken und es mir versuchsweise in seiner Gänze zu vergegenwärtigen. Gab es etwas, was sich in ihm bei allem Auf und Ab durchgehalten hatte? Waren Zäsuren auszumachen, die in ihren Auswirkungen über die gewöhnlichen Einschnitte zwischen den Lebensaltern hinausgingen? In einer kleinen Rede gab ich das erste Resultat solcher Überlegungen preis: Der Verlauf meines Lebens wurde wesentlich durch vier Ereignisse bestimmt: das frühe Verlassen des Elternhauses in Gestalt der Flucht aus der DDR nach Westberlin (1953), der zunächst nur als Wechsel des Studienorts für ein Jahr geplante und dann definitiv werdende Umzug nach Zürich in die Schweiz (1959), die Promotion zum Dr. phil. (1968), die Ernennung zum ordentlichen Professor der Philosophie (1985). Jedes dieser Ereignisse markierte einen Einschnitt und eröffnete eine neue Lebensphase. So weit, so trocken.

Schon 2017 empfand ich das Bedürfnis, auch der inneren Seite meines Lebens gerecht zu werden, also *auto*biographisch die für mich prägenden Ereignisse und Erfahrungen auszumachen. Einen Entwicklungsroman zu schreiben, beabsichtigte ich allerdings nie, ebenso wenig meine Lebensgeschichte in eine kunstvolle literarische Form zu bringen. Doch was bot sich für die Ausfüllung jenes äusseren Rahmens an? Zunächst einmal aus meiner Kindheit das, was ich siebenund achtjährig im letzten Kriegsjahr durchlebte. Es gerann noch nicht zu einer bewussten Erfahrung. Dass es mir bis heute in Einzelheiten bewusst geblieben ist, deutet aber wohl darauf hin, dass es im Unterbewusstsein präsent blieb. Ein in mein Leben einschneidendes Geschehnis stiess mich, gerade 16 geworden, in die Erfahrung, aus familiärer Geborgenheit in die totale Verunsicherung herausgerissen zu werden. Die lebensgeschichtliche Bezugnahme auf solche Grossereignisse war allerdings nur für meine Kinder- und Jugendjahre möglich – ganz einfach, weil es Gott sei Dank später daran mangelte. Dafür gab es bedeutsame Erfahrungen des Glücks wie des Scheiterns. Und ich erlebte Überraschungen, das heisst unerwartete Begebnisse, die ich heute zum Teil als Glücksfälle, zum Teil als Konsequenz mutigen Ergreifens eines günstigen Moments betrachte. Über einen langen Zeitraum hin verlief mein Leben, als es auf einer tragfähigen Basis angekommen war, aber auch gleichförmig und wenig aufregend, so in den Jahren meiner Professur. Statt auf Wundersames stellt meine Darstellung hier auf jene Themen ab, die mich wesentlich beschäftigten, aufgelockert durch Episoden, mit denen schon das akademische Reden und Schreiben selbst Farbe bekommen hatte.

Fand ich bei dieser Arbeit etwas, was mir den Sinn meines Lebens eröffnete, nach dem man so gern in bedrohlichen Situationen zu fahnden scheint? Meine Frage ging und geht eher darauf, ob über mein Leben hin Spuren eines *Unverfügbaren*, wie man in meiner Studienzeit sagte, auszumachen sind, in religiöser Sprache: Spuren göttlicher Einwirkung. Dafür steht in der nun aus ihren Anfängen entfalteten Geschichte meines Lebens das Wort *Wunder*. In eine ähnliche Richtung, wenn auch bescheidener und subjektiver, weist die Beobachtung, an dem einen oder anderen Punkt meines Lebens einen *Kairos* gehabt zu haben, einen *günstigen Moment*, den zu ergreifen ich auch den Mut fand.

Wenn es schliesslich bei einer chronologischen Gliederung nach Lebensabschnitten geblieben ist, so zeichne ich doch im letzten Kapitel im Blick auf meine *religiöse* Orientierung einen Bogen über das Ganze meines Lebens. Keinen runden Bogen, gewiss nicht. Eigentlich gar keinen Bogen, sondern eine gebrochene Linie, die diese 85 Jahre durchzieht. Sie führt vom Pfarrhaus durch mein Theologiestudium, verblasst – ohne abzubrechen – für den Philosophen fast bis zur Unkenntlichkeit und wird in den letzten 15 Jahren zur Leitlinie. Der Epilog bringt nochmals ein – wenn auch ganz anderes – Wunder als das Kapitel zu meiner Kindheit zur Sprache.

*Nicht müde werden*
*sondern dem Wunder*
*leise*
*wie einem Vogel*
*die Hand hinhalten*
Hilde Domin

An zwei Stellen meiner Lebensgeschichte verwende ich das Wort *Wunder*, am Anfang und am Ende: für ein Ereignis in meiner Kindheit und für ein Ereignis im Alter von 80. Die beiden Ereignisse haben je einen ganz eigenen Charakter, sodass ihre Kennzeichnung als Wunder kaum auf etwas ihnen Gemeinsames verweist. Das erste Ereignis, meine und meiner ganzen Familie Errettung im September 1944, ist mir mein ganzes Leben hindurch unzweifelhaft als ein Wunder erschienen. Meine Eltern sprachen ganz selbstverständlich von göttlicher Behütung. Mir ergab sich aus der Erinnerung an das frühe Ereignis, auch für anderes Wundersames in meinem Leben ein offenes Ohr zu haben. Gewissermassen für die kleinen Wunder, für die es immer auch Erklärungen gab, bei denen man nicht Gott bemühen musste, ich aber doch den Anflug eines göttlichen Parfums verspürte – so wie mir, zufällig an einem alten Zürcher Abbruchhaus vorbeigehend, der Geruch der Verkleidung der durch die Bombe freigelegten Balken unseres Ruhländer Hauses durch die Nase stob.

Aller kritischen Vorbehalte überdrüssig nehme ich im Epilog das Wort *Wunder* wieder vollmundig in Anspruch, wenn auch im Wissen, dass das Wunder einer späten Liebe von vornherein nicht den Charakter eines als Wunder zu beglaubigenden Geschehnisses hat. Man braucht ihm nur «leise wie einem Vogel die Hand hinhalten», um sich von einem wandernd vorbeigehenden Zeugen eines Kusses als von einem Engel angesprochen zu finden.

# 1. Bombardierung. Der Vater

*«Ich nehme das Wort Wunder nicht leichtfertig in den Mund.»*

*Helmut, was ist deine erste Kindheitserinnerung überhaupt?*
Vor der Einschulung anfangs September 1943 ist mir nur etwas in Erinnerung: dass ich bei einem Ausflug auf einem Weser-Dampfer meine Mundharmonika verloren habe. Sie fiel mir über die Reling ins Wasser. Das dürfte in der frühen Kriegszeit passiert sein, 1940 oder 1941, also mit drei oder vier.

*Wie haben deine Eltern reagiert?*
Daran erinnere ich mich nicht mehr. Für mich selbst war es ganz schlimm.

*Deine Mundharmonika war offenbar ein wichtiges Begleitstück?*
Das muss wohl so gewesen sein. Doch habe ich nach meiner Erinnerung nie richtig Mundharmonika gespielt, nie etwas Hörenswertes zustande gebracht. Wenn ich aus der mir viel präsenteren Erfahrung freien Klavierspiels zehn Jahre später rückschliessen darf, so fanden auch schon früher meine Stimmungen auf einem Instrument musikalischen Auslauf und Ausdruck.

*Evangelisches Pfarrhaus: Das war das Milieu, in dem du deine Kindheit verbracht hast. Wie hast du das erlebt?*
Man wächst ja da hinein, ohne dass man als Kind in einen Abstand zu seiner nächsten Umgebung gerät, es sei denn, es gäbe schlimme Ereignisse, schwere Frustrationen oder auch eine zu strenge Erziehung, die einen in einen Dauerkonflikt mit den Eltern bringt – das alles war bei mir nicht der Fall. Im Gegenteil: Bis ich etwa 13 war, lebte ich einfach in meinem Elternhaus, das eben ein evangelisches Pfarrhaus war, ohne mit den hier herrschenden Gewohnheiten und Überzeugungen in Konflikt zu geraten. Im Gegenteil: Ich habe diese Überzeugungen für mich selber übernommen, habe sie – älter werdend – auch überdacht und mich in sie produktiv hineingearbeitet. Zum Beispiel habe ich mit vielleicht elf Jahren Predigten geschrieben, ganz im Stil meines Vaters, und sie ihm manchmal zum Geburtstag überreicht, was ihn sehr gefreut hat. Das waren keine originellen Leistungen, ich legte kurze Bibeltexte oder den ersten Artikel des apostolischen Glaubensbekenntnisses aus. Das schriftlich zu tun, lag mir. Ich bin so im christlichen Glauben umstandslos und problemlos heimisch geworden. Ab einem gewis-

sen Alter durfte ich in den Erwachsenengottesdienst – jeden Sonntag, das war selbstverständlich. In der Konfirmationszeit machte ich mir sogar einen Sport daraus, der allereifrigste Gottesdienstbesucher zu sein. Manchmal habe ich später, als ich schon auf der Oberschule war, mit meiner Mutter über das eine oder andere theologische Problem diskutiert, für dessen Lösung wir dann den Vater beizogen.

*Erzähle mir von deinem Vater, dem Pfarrer, und dessen Wurzeln.*
Mein Vater war auch als Pfarrer ein Praktiker, kein Dogmatiker. Er besass ein grosses diplomatisches Geschick, das ihm und uns in vielerlei Hinsicht vor allem in kritischen Situationen sehr zu Hilfe gekommen ist. Generell nahm er, kein Mann des schnellen Entschlusses, eine abwägende Haltung ein. In kirchlichen Fragen suchte er nach meinem Eindruck immer eine – wie soll ich sagen – neutrale Haltung zu bewahren, so etwa anfangs der 1950er Jahre gegenüber einer Liturgiereform. Das zeigte sich allerdings auch in den kirchenpolitischen Auseinandersetzungen der Nazizeit. Er schloss sich nicht einer der Strömungen in der evangelischen Kirche Deutschlands an, weder den *Deutschen Christen* noch der nazikritischen *Bekennenden Kirche*. Beide Bewegungen galten ihm als zu extrem. Mein jüngster Bruder, selber Pfarrer, fand allerdings in Predigten des Vaters aus dieser Zeit Aussagen, mit denen er sich an die Seite der Deutschen Christen gestellt zu haben scheint. Ob er sich schon während des Studiums von den sich anbahnenden Auseinandersetzungen innerhalb der evangelischen Kirche überhaupt betreffen liess, bezweifle ich. Was er später vor und nach 1945 von den Spannungen in der evangelischen Kirche Deutschlands erfuhr oder sogar miterlebte und wie er hierzu Stellung nahm, ist mir nicht bekannt.

Schon sein Vorname Gotthold verrät, dass er aus einem frommen Elternhaus stammte. Er kam 1909 auf die Welt und wuchs in armen Verhältnissen auf. Mein Grossvater väterlicherseits, Georg Holzhey, war Zolleinnehmer und Schriftsteller; er lebte in Klitschdorf (heute Kliczkow), später im nahegelegenen Bunzlau (heute Boleslawice) in Niederschlesien. Auf meine schlesische Herkunft war ich zeitlebens stolz, nicht so auf die sächsische Herkunft meiner Mutter, aber auch der Vorfahren meines Grossvaters väterlicherseits. Als Kinder sagten wir Gedichte auf, die er für alle möglichen Gelegenheiten – Geburtstage, Familienfeste, religiöse Feiertage – verfasst und im Selbstverlag publiziert hatte. Persönlichen Kontakt mit ihm hatte ich nie, war er doch schon 1931 im Alter von 59 Jahren verstorben. Sein Leben war in starkem Masse von einer erblichen Muskelkrankheit gezeichnet. Anders als seinen Bruder Johannes suchte diese Krankheit meinen Vater nicht heim, doch spürte ich bei Beginn der Pubertät, wie sehr meine Eltern nun um mich bangten.

Grossvaters Frau Lina, geb. Schuldig, meine Grossmutter, musste nach dem Krieg ihr Bunzlauer Haus verlassen und kam auf abenteuerliche Weise nach Ruhland, wo sie bis zu ihrem Tod im Jahr 1956 in unserem Pfarrhaus lebte. Sie schien mir mit all ihren Erzählungen von früheren Anstellungen als Haustochter bzw. Kindergärtnerin in herrschaftlichen Häusern wie ein Wesen aus einer weit zurückliegenden Welt, obwohl ich sie gern zum Abfragen lateinischer Vokabeln in Beschlag nahm.

Mein Vater verbrachte seine Schulzeit zusammen mit seinem drei Jahre älteren Bruder im Internat der Zahnschen Waisen- und Schulanstalt Bunzlau. Ein Stipendium ermöglichte ihm, 1929 das Theologiestudium an der Universität Leipzig aufzunehmen, das er im Oktober 1933 an der Universität Halle abschloss, um danach sogleich als Vikar die praktische Ausbildung in der schlesischen Landeskirche zu beginnen. Am Anfang verschlug es ihn nach *Ruhland*, einer im äussersten Westen Schlesiens gelegenen Kleinstadt, die zum Ort meines Lebens werden sollte. Denn nach Absolvierung von zwei weiteren Vikariaten wurde er 1937 aufgrund seines guten Rufes, den er sich in Ruhland erworben hatte, als Pfarrer dorthin berufen. In diesem unscheinbaren Provinzstädtchen bin ich aufgewachsen. Es lag zwischen Ober- und Niederlausitz am Rande einer durch den Braunkohlentagebau ziemlich verwüsteten Gegend. Auf dem märkischen Sand gediehen weithin nur dürftige Kiefern und Birken. Zur Kirchgemeinde gehörten sieben, in der Kriegszeit sogar zehn Dörfer in der Umgebung. Die arbeitende Bevölkerung bestand aus Bauern, Handwerkern und den vornehmlich im «Synthesewerk», der «Brabag», gut drei Kilometer entfernt von Ruhland beschäftigten Leuten. Das war ein relativ grosses Werk, in dem Braunkohle verarbeitet wurde. Ausserdem gab es, ebenfalls in einer Nachbargemeinde, eine nicht unbedeutende chemische Industrie. Mein Vater, regelmässig mit dem Fahrrad nicht nur zu Gottesdiensten, sondern auch zu Hausbesuchen unterwegs, fand offenbar im Umgang mit einfachen Leuten den richtigen Ton. Er scheint sehr viel Verständnis für die Art und Weise gehabt zu haben, wie sie ihr tägliches Brot verdienen mussten. Sein eigener Lohn war nicht grösser als der eines gelernten Fabrikarbeiters.

*Als Pfarrerssohn bist du also nicht unbedingt privilegiert aufgewachsen?*
Unser Privileg war es, in einem geräumigen, wenn auch 175 Jahre alten Pfarrhaus zu wohnen, zu dem zwei Gärten gehörten, der eine direkt hinter dem Haus, der andere vor der Stadt. Sie waren Last und Lust zugleich – die Last bestand im Unkrautjäten, die Lust im Anpflanzen und Ernten. Wir Kinder mussten auch ran; man lebte schliesslich in den Kriegs- und Nachkriegsjahren in starkem Masse von den Erträgen des Gartens. Der Vater war der unbestrittene Gärtner, weihte mich aber ebenfalls ein, sodass ich später viele Arbeiten – Beete anlegen oder Spargel stechen – selbständig verrichten konnte (und im Erwachsenenalter davon träumte, einen Schrebergarten zu pachten). Er nahm mich aber auch häufig mit, wenn er Gemeindemitglieder besuchte: Ich sass dann ganz ruhig auf einem Stuhl etwas abseits, nahm Eindrücke aus fremden Wohnungen auf und lernte an seinem Vorbild vorbewusst, wie man angemessen mit Mitmenschen umging.

*So hattest du auch früh Einblick in Lebensverhältnisse anderer Menschen?*
Ja, in gewisser Weise, obwohl mir das im Pfarrhaus nicht so stark bewusst wurde. Auf der anderen Seite grenzte man sich auch ab. Es gab in der Schulzeit einmal die Weisung, mit bestimmten Kindern und deren Familie sich nicht näher einzulassen, weil sie in Sprache und Verhalten ein schlechtes Vorbild für uns abgeben würden. Generell hatten wir Pfarrerskinder sowieso schon einen mal positiv, mal negativ konnotierten Status, sprichwörtlich ausgedrückt: «Pfarrers Kinder und Müllers Vieh geraten selten oder nie».

*Dein Vater scheint dich sehr tief und nachhaltig geprägt zu haben.*
Ich schätze meinen Vater in vieler Hinsicht auch heute noch, 40 Jahre nach seinem Tod, ausserordentlich. Für uns alle, meine Mutter, meine vier Geschwister, viele Verwandte, ist der Vater eine völlig unbestrittene Figur in unserem Leben gewesen. Zwar war er ein strenger Vater. Doch neigte er, wie ihm meine Mutter gelegentlich bescheinigte, anders als sie im Umgang mit uns Kindern zu einer gewissen Grosszügigkeit, was ihn allerdings nicht hinderte, sogenannt «gerechte» Strafen zu verhängen, wobei wir als Kinder sogar geschlagen wurden. Und er war für uns da, spielte sehr gern mit uns und zeigte auch vielfach Verständnis für unsere Schwächen. Er hatte, wie ich heute denke, ein gutes Herz, wäre aber wohl harten Herausforderungen nicht unbedingt gewachsen gewesen. Denn schon als Sechsjähriger empfand ich tiefes Mitleid, als er zu einer militärischen Übung im Ruhlander Stadion aufgeboten wurde; eine Einberufung ist ihm und uns Gott sei Dank erspart geblieben.

*Du warst zwei Jahre alt, als der Krieg ausbrach, und acht, als er zu Ende ging. Welche Erinnerungen hast Du an die Zeit des Nationalsozialismus?*
Ich erinnere mich gut daran, dass ich einmal Zeuge eines Umzugs des *Deutschen Jungvolks* war, umgangssprachlich *Pimpfe* genannt. So hiess die nationalsozialistische Jugendorganisation für die Zehn- bis Vierzehnjährigen; die Älteren wurden anschliessend in die *Hitlerjugend* eingebunden. Seit 1939 bestand ein gesetzlicher Zwang zur Mitgliedschaft in diesen straff organisierten Verbänden. Deren Zweck war es, die Jugend auf Wehrhaftigkeit und Unterstützung des Regimes zu trimmen, indem man ihr die nationalsozialistische Weltanschauung einbläute und sie praktisch auf den Kriegsdienst vorbereitete. Die männlichen wie die weiblichen, im *Bund deutscher Mädel* organisierten, Jugendlichen trugen Braunhemden mit einem Halstuch. (In der DDR hiessen die Jugendorganisationen dann *Junge Pioniere* bzw. *Freie deutsche Jugend*; man trug Blau.) Wie gesagt, einmal erlebte ich auf der Strasse den Umzug einer Gruppe von Pimpfen. Etwas beunruhigt sagte ich mir: «Gott sei Dank bist du noch nicht 10». Und war mit meinen sieben Jahren sehr froh darüber. Das muss 1944 gewesen sein.

*Dass Dein Vater nicht eingezogen wurde, muss ein Glück für die Familie gewesen sein.*
Ja. An sich wäre er in seinen 30er Jahren durchaus wehrdienstfähig gewesen. Es wurde aber offenbar Rücksicht darauf genommen, dass er zwischen 1940 und 1945 als einziger Pfarrer in der Gegend kirchlich für Ruhland und zehn Dörfer, insgesamt für 8000 Seelen zuständig war. Vielleicht hatte der NS-Staat während des Krieges auch ein Interesse daran, die Menschen nicht ohne geistliche Betreuung zu lassen. Wie unsere Familie die Kriegszeit ohne Vater hätte überstehen sollen, kann ich mir nicht vorstellen – auch wenn ich später in so manches derartige Familienschicksal Einblick bekam. Mehr habe ich in meiner Kindheit vom Nationalsozialismus nicht mitbekommen. Mehr als 30 Jahre nach Kriegsende habe ich meinen Eltern bei einem Besuch einmal die Frage nach ihrer Haltung zur Judenverfolgung gestellt. Mein Vater antwortete, glücklicherweise habe es in seiner Gemeinde keine Juden gegeben.

*Um bei der Kriegszeit zu bleiben: Hattet ihr immer genug zu essen? Ist die Familie einigermassen gut über diese Jahre gekommen?*
Ja, ich kann mich nicht erinnern, dass wir unter einer ganz schlechten Versorgung oder gar unter Hunger gelitten hätten. Erst nach dem Krieg war es schlechter. In der Kriegszeit funktionierte es mit der Versorgung lange sehr gut; ich glaube auch nicht, dass Angestellte und Beamte in Geldnöte gerieten, denn der Lohn wurde ausbezahlt.

Im letzten Kriegsjahr traf der Krieg Haus und Familie dann doch stärker, wie er viele andere Menschen im Ort und diese zum Teil noch wesentlich härter traf. Es gab Bombenangriffe, die Ostfront rückte furchterregend näher, schliesslich wurde Ruhland angesichts der sich nähernden sowjetischen Truppen am 19. April 1945 evakuiert.

*Du hast Bombenangriffe miterlebt. Wie traumatisch war diese Erfahrung?*
Das war sicher meine heftigste Kriegserfahrung. Ich sass Pfingsten 1944 an meinem Pult, von dem aus ich bei schönem Wetter auf die Schornsteine des etwa drei Kilometer entfernten Schwarzheider Synthesewerks, der «Brabag», blickte. In diesem Hydrierwerk (das heute von der BASF betrieben wird) wurden aus Braunkohle synthetische Kraftstoffe und Schmieröle produziert. Sehr merkwürdig: plötzlich sah ich dort rote Lichter aufsprühen. Ich konnte mir das Phänomen nicht erklären, erfuhr aber dann, dass die Fabrik Ziel britischer Bomber geworden war, die es inzwischen bis in die Lausitz geschafft hatten. Am 24. August 1944 gab es dann einen ersten schweren Angriff, der auch unsere Kleinstadt in Mitleidenschaft zog, über die die Bomber anflogen. Möglicherweise verwechselten die britischen Piloten den Kirchturm mit einem Fabrikschornstein, jedenfalls explodierten Bomben in der nächsten Umgebung des Pfarrhauses. Wir sassen im

Keller des 175 Jahre alten Hauses, einem Gewölbekeller, der als relativ sicher galt
– nur mit einer Luke nach draussen, die auf der Höhe des Erdbodens lag.

An diese Minuten im Keller erinnere ich mich noch sehr sehr gut. Man hörte die Flugzeuge brummen und die Bomben pfeifen, bis sie einschlugen. Man
wusste nie, wo es passierte, man hörte nur das Pfeifen, natürlich in der Nähe, und
dann den Einschlag. Das Licht ging aus, mein Vater betete. Am 12. September
folgte ein weiterer Angriff. Wir überstanden ihn dank eines Wunders.

*Ein Wunder? Wie meinst du das?*
Ich nehme das Wort nicht leichtfertig in den Mund, gebrauche es vielmehr bewusst angesichts dessen, was ich später erfuhr. Die Eltern hatten zu diesem Zeitpunkt nicht die Absicht, bei einem bevorstehenden Bombenangriff Schutz im
Wald oder in den umliegenden Dörfern zu suchen; der Keller galt, wie gesagt, als
relativ sicher. Am Vorabend des neuerlichen Angriffs hatte mein Vater am
Schreibtisch in seinem Arbeitszimmer eine «Audition»: er hörte eine Stimme, die
ihm gebot, am nächsten Tag das Haus zu verlassen. So ist es uns Kindern später
erzählt worden, immer aber mit grösster Zurückhaltung. Meine Mutter notierte
nur, unser Vater habe am Abend plötzlich gesagt, wenn morgen Alarm komme,
würden wir mit den Rädern in den Wald fahren. Das haben wir dann gegen alle
Gewohnheit auch getan und sind in das zirka zehn Kilometer entfernte Dorf
Zeisholz ausgewichen, mit Fahrrädern und – wenn ich mich recht erinnere –
auch im Auto des im Nebenhaus wohnenden Arztes. Mir hat sich ins Gedächtnis
eingegraben: Es war Spätsommer, schönstes Wetter. Wir erlebten den Anflug des
Bomberverbandes unter einem grossen Baum auf einem Bauernhof. Vor der Tür
stand eine Wanne mit gerade gepflückten Pflaumen, an denen wir Kinder uns
gütlich taten. Über uns flogen in gleissender Sonne die feindlichen Flugzeuge
durch, ein schönes Bild. Nach geraumer Zeit fuhr mein Vater allein mit dem
Fahrrad nach Ruhland zurück, wahrscheinlich bereits mit dem Gefühl, dass etwas passiert sein könnte.

*Nach der Entwarnung?*
Ja. Als er Ruhland erreicht hatte, machte er zuerst die Beobachtung, dass die Leute auf der Strasse wegsahen und ihn nicht grüssten. Warum, war ihm sofort klar,
als er das Pfarrhaus erreichte. Es war schwer getroffen worden, eine Bombe hatte
schräg von der Seite eingeschlagen und war durch die Kellerdecke in den Keller
hineingefahren und dort explodiert. Wir wären alle mausetot gewesen. Das habe
ich als Kind dann natürlich bald mitbekommen, ohne dass ich es in der ganzen
Tragweite damals schon einzuschätzen vermochte. Die Verschonung ist aber für
mich bis heute, ich muss es so nennen, eine Art Gottesbeweis. Eine Erfahrung,
die mich – wenn ich jetzt von ihr rede – zu Tränen rührt, die mich emotional
ganz tief mit meinem Vater verbindet, die mich stetig und basal dankbar sein
lässt.

Die *objektive* Beschreibung des tatsächlich Vorgefallenen kann getrost auf das Wort «Wunder» verzichten: der Anflug von bombentragenden Flugzeugen, der Einschlag einer Bombe in den Keller unseres Wohnhauses, die gleichzeitige Abwesenheit seiner Bewohner – alles für einen Krieg ganz «normale» Umstände. Einzig diese Abwesenheit nötigt zu einer Erklärung, da doch der Keller den Bewohnern als schon erprobter sicherer Schutzort galt. Warum hatten sie sich, als es Bombenalarm gab, mit einigem Aufwand in ein ziemlich weit entferntes Dorf abgesetzt? Mein Vater hatte das veranlasst. Aber warum? Es hatte seinen Grund kaum in einer neuerlichen Abschätzung der realen Gefahr, die uns drohte, wenn wir bei einem weiteren Bombenangriff zuhause blieben. Vielleicht aber in einer Ahnung, einer «Witterung» dieser Gefahr, möglicherweise in einem Anfall von Angst. Dagegen sprach, dass er am Abend zuvor jene Warnung empfangen haben wollte und noch dazu durch eine Stimme, die ihm gebot, am nächsten Tag das Haus zu verlassen. So erzählte er es wohl unserer Mutter, nicht uns Kindern. Objektiv zu beglaubigen war und ist es nicht. Also gerade auch nicht als Wunder, für das mir das Geschehene gilt, bei allem kritischen Nachdenken über Wunderglauben. Diese Einschätzung lebt von ihrem religiösen Referenzrahmen, dem christlichen Glauben, für den Wunder auf göttliche Einwirkung verweisen.

Später, will ich noch anfügen, suchten wir bei weiteren Angriffen, die sich im Winter 44 und Frühjahr 45 häuften, regelmässig im Wald Zuflucht. Es gab auf dem Weg nach Hermsdorf einen Kirchenwald, in dem zum Schutz vor verirrten Bomben oder Granaten eine Art Bunker ausgehoben und mit Baumstämmen befestigt worden war. Sobald Bombenalarm ausgelöst wurde, lief oder fuhr man dorthin, entlang von Tonnen, aus denen ein starker Nebel quoll, der sich temporär über die ganze Stadt legte und sie für die feindlichen Flugzeuge, die noch nicht mit Radar ausgestattet waren, unauffindbar machen sollte. Voran ging immer eine per Radio eintreffende Warnung vor der auf unsere Gegend zufliegenden Bomberflotte. Das Warnsystem ist ebenfalls etwas, was mir in Erinnerung geblieben ist.

*Im Pfarrhaus lief das Radio also fast ununterbrochen?*
Ja, man hing geradezu am Radio. Es wurde mitgeteilt, wenn ausländische Kampfflugzeuge, meist waren es britische, nie sowjetische, aber wohl auch amerikanische, in Deutschland einflogen. Das ganze Reich war auf einem Planquadrat abgebildet und dieses senkrecht und waagerecht jeweils mit den Buchstaben A bis Z versehen. Das einzelne Quadrat, LH zum Beispiel, war wieder in vier kleine Quadrate unterteilt. Ruhland gehörte zu Ludwig Heinrich 3. Wenn man hörte: «Anflug auf Ludwig Heinrich 3», dann wusste man: «Raus!» Neben unserem Pfarrhaus stand die Kirche, mit einem 52 Meter hohen Kirchturm, der das eigentliche Ärgernis im Blick auf den Schutz der Zivilbevölkerung bildete, weil sich die Bomber daran orientieren konnten. Die Schornsteine der «Brabag» hingegen waren gekappt worden. Gegen Kriegsende wurde Ruhland allerdings kaum noch in

Mitleidenschaft gezogen, weil die Bomber nun besser navigieren und die umliegende Industrie zielgenau angreifen konnten. Das geschah dann zum Teil auch nachts. Wie besonders unangenehm das für aus dem Schlaf gerissene Kinder war, daran ich erinnere mich noch ziemlich gut: Ich sass bei meiner Mutter auf einem Fahrradsitz, der vorne angebracht und viel zu klein war. Mit Datum vom 23. März 1945 schreibe ich meiner Leipziger Oma, nachdem ich ihr für ein Geburtstagsgeschenk von 10 Mark gedankt habe: «Wir müßen fast jeden Tag zum Bunker laufen und haben auch schon wieder zwei Angriffe gehabt. Bei Guteborn ist ein feindliches Flugzeug abgestürzt. Das Maschinengewehr und die Bordkanone sind in das Haus von Herrn Direktor Habeku\ß gefallen. Es ist aber zum Glück niemand verletzt worden. Wir denken auch immer an Dich, wenn die Flieger über Leipzig sind.» (Der Brief ist erhalten, weil er offenbar nicht mehr abgeschickt werden konnte.)

*Konnte die Familie nach dem Bombeneinschlag überhaupt in ihr Zuhause zurückkehren?*
Das Pfarrhaus war nur zum Teil zerstört und nur auf der einen Seite unbenutzbar. Das hing mit seiner guten Bauweise zusammen. Auf der anderen Seite liessen sich noch einige Zimmer provisorisch nutzen. Wir mussten aber ins Haus nebenan und in das Haus der Familie des Küsters, ebenfalls in unmittelbarer Nachbarschaft, ausweichen, wo wir mehrere Zimmer beziehen konnten. Die Hilfsbereitschaft der Leute war gross.

*Zwischen September 1944 und April 1945 musste man sich also in dem beschädigten Haus gut organisieren und sich zu helfen wissen.*
Ja, die zwei oberen Etagen waren abgestützt worden, aber natürlich nicht schon renoviert, die ehemalige Küche lag im eingestürzten Gewölbekeller begraben.

*Und deine Mutter hatte für ihre vier, zum Teil noch ganz kleinen Kinder zu sorgen.*
Ja, das muss man sich immer vor Augen halten: Ich wurde im März 45 acht, mein Bruder war fünf, die Schwestern drei- und einjährig. Ausserdem blieb der ganze Haushalt zu besorgen. Mein jüngster Bruder, ein Nachzügler, wurde nach dem Krieg – 1948 – geboren.

# 2. Flucht. Kriegsende und Rückkehr

*«Es erstaunt mich bis heute, wie wenig Rache genommen wurde.»*

*Wie hast du die allerletzte Kriegszeit im Frühling 1945 erlebt?*
Im Kopf habe ich noch das beängstigende Näherrücken der Ostfront, die uns im östlichen Mitteldeutschland besonders betraf. Ich muss damals bereits Zeitung gelesen haben. Es gab täglich Meldungen, die so begannen: «Das Oberkommando der Wehrmacht teilt mit». Es folgten Nachrichten über den Verlauf der Kriegsfronten, die immer positiv konnotiert wurden, um den faktischen Rückzug der deutschen Armeen zu verschleiern. Mit der Ostfront rückte das Kriegsgeschehen auf unheimliche Weise immer näher. So hiess es etwa: «Um Oppeln ist ein Verteidigungsring gezogen worden.» Dass man die zuvor verteidigte oberschlesische Stadt, etwa Gleiwitz oder wie immer sie hiess, nicht halten konnte und aufgegeben hatte, wurde natürlich nicht mitgeteilt.

*Du hast als Kind versucht, aus einseitigen Propagandameldungen der Wehrmacht den wahren Verlauf der Kriegsfront nachzuvollziehen?*
In der Tat. Ich verfolgte auf einer Landkarte, wie der Krieg immer näher rückte. Immer, immer näher, und ich glaube, das hat in mir seinerzeit eine untergründige Angst ausgelöst. Was kommt, was passiert jetzt? Die Namen der Orte, die von der sowjetischen Armee besetzt wurden, blieben mir auch später und lange noch geläufig.

Als ich im Oktober 2004 von Breslau, wo ich an einer Tagung teilgenommen hatte, mit dem Zug nach Krakau fuhr, fielen mir unterwegs vor dem Eintreffen in der nächsten Bahnstation jeweils die alten deutschen Namen in der richtigen Abfolge ein – wohl ein Beleg für die Stärke der tiefen Ängste, welche die damalige, nunmehr fast 60 Jahre zurückliegende Beschäftigung mit dem Näherrücken der Kriegsfront in mir ausgelöst hatte.

Noch stärkere Eindrücke hinterliessen die eben geschilderten unmittelbar erlebten Bombenangriffe. Und nicht zuletzt die «Flucht vor den Russen», wie man es nannte. Wir mussten, um das Kapitel meiner Erfahrungen mit dem 2. Weltkrieg damit abzuschliessen, am 19. April 1945 spät am Abend Ruhland verlassen, weil Kriegshandlungen befürchtet wurden. Das war jedenfalls die offizielle Begründung für die Evakuierung.

*Diese Evakuierung, wie lief sie genau ab?*
Wir machten uns auf einen Weg ins Ungewisse. Wir, das war zunächst unsere
Familie. Ich nahm, wie meine Mutter erzählte, meinen Schulranzen samt Büchern mit. Die kleine Schwester Irmtraut kam in einen Kinderwagen. Mein Bruder und ich lagen bzw. schliefen auf einem mit Bettzeug vollgepackten Handwagen, den mein Vater und unser Kindermädchen Lore zogen; meine Mutter hatte
ein Fahrrad bei sich. Hinter uns folgte der Küster mit seiner Familie, allerdings
ohne die drei Söhne, die alle bei der Wehrmacht waren. Er hatte seine Kuh vor
einen grossen, jetzt mit einer Plane überzogenen Wagen gespannt, auf dem die
weiblichen Mitglieder seiner Familie sassen samt der alten Oma, meiner dreijäh-
rigen Schwester Gisela und der jüngsten Schwester meiner Mutter. Wir bewegten
uns in einem Treck auf einer Strasse Richtung Westen langsam vorwärts, Flüchtlinge unter Flüchtlingen. Auf der anderen Seite der Strasse zogen Soldaten mit
Kriegsgerät in entgegengesetzter Richtung vorbei. Nach einem Marsch über etwa
15 Kilometer wurde man für ein paar Stunden zum Ausruhen im Turnsaal einer
Schule untergebracht. Aber daran und an das Folgende habe ich nur dunkle Fet-
zen von Erinnerungen. Am folgenden Tag lösten wir uns von dem nach Nord-
westen weiterziehenden Treck und bogen nach Südwesten ab. Eine Entscheidung
meines Vaters. Die Oma, seine Mutter, liess sich nicht davon beeindrucken und
zog mit dem allgemeinen Treck in Richtung Torgau an der Elbe, wo einige Tage
später Amerikaner und Russen aufeinandertrafen und damit das Kriegsende ein-
läuteten. Später stellte sich heraus, dass die Flüchtlinge auf dieser Route noch in
letzte Kämpfe verwickelt wurden. Meine Oma kam heil davon. Die grösste Gefahr in den letzten Kriegstagen bildeten versprengte Kämpfer, verrückte Nazis,
die überzeugt waren, das letzte Stück deutschen Bodens mit allen Mitteln verteidigen zu müssen. Wir acht – Vater, Mutter, vier Kinder, die Tante und das Kindermädchen – kamen am Abend vermutlich zusammen mit der Küsterfamilie
als letzte hinter einem lädierten Panzer, der vor uns hin tuckerte, noch über die
Elbbrücke bei Riesa. Diese wurde in derselben Nacht gesprengt, was vielen
Flüchtlingen den weiteren Weg versperrte und sie, wie meine Eltern später erfuh-
ren, heftigem Fliegerbeschuss aussetzte. Wie es weiterging, beschreibt meine
Mutter so: «Ich sehe uns hinter Riesa eine ansteigende Landstrasse hinauflaufen;
wir sahen in der Ferne Leuchtmunition aufsteigen, hörten Schüsse, Fliegerge-
brumme, und mussten damit rechnen, unter Tieffliegerbeschuss zu geraten. Aber
es lief alles glimpflich ab, und wir erreichten irgendwann Kleinweitschen, ein
Dorf in der Nähe von Döbeln. Wir wurden alle in einem grossen Bauerngehöft
aufgenommen und verbrachten dort eine relativ ruhige Zeit.» Ich selbst habe diese Zeit in bester Erinnerung, sass das erste Mal auf einem Pferd, wenn auch nur
auf einem Ackergaul, hatte Spielkameraden und heimlich Gelegenheit, immer
wieder einmal in einer Scheune stehende Rohzuckersäcke mit dem Finger an einer Naht anzubohren.

*Wie lange konntet ihr auf diesem Bauernhof bleiben?*
Mein Vater, hält meine Mutter fest, «setzte sich mit dem Superintendenten in Döbeln in Verbindung und wurde gleich gebeten, Beerdigungen zu übernehmen. (...) Etwa acht Tage später erhielt er einen anonymen Telefonanruf mit dem Inhalt, wir sollten sofort aufbrechen und uns weiter nach Sachsen hineinbegeben. Die SS habe sich in der Gegend verschanzt und wolle es auf einen Kampf mit den Russen ankommen lassen. Er vermutete eine Warnung des Superintendenten und weckte uns alle aus dem ersten Schlaf. Keiner stand gern auf, alle waren sehr ungehalten, aber keiner wagte dem Aufruf zum Weiterziehen zu widersprechen. (...) Es ging hinaus in eine dunkle regnerische Nacht. (...) Wir hatten den Gedanken, die Mulde zu überschreiten und uns nach Leipzig durchzuschlagen, wo ja meine Mutter wohnte», das heisst in die amerikanische Besatzungszone. Das erwies sich als undurchführbar, und so gelangten wir nach Leisnig und wurden in dem dortigen Pfarrhaus aufgenommen, wo wir am 7. oder 8. Mai – dem Tag der Kapitulation – den Einmarsch der Russen erlebten. «Es war schon dunkel, als Gewehrkolben gegen die Haustür donnerten. Der Pfarrer, augenscheinlich auf den ungebetenen Besuch vorbereitet, öffnete und führte die fremden Soldaten unten in ein Zimmer, bewirtete sie und spielte Klavier. Es schien eine ganz entspannte Stimmung zu herrschen, als plötzlich mehrere Soldaten die Treppe hinauf polterten. (...) Wir überlegten fieberhaft, wie wir uns im Blick auf Lore und Gisela verhalten sollten, wenn sie in deren Zimmer hineingingen. Dann mussten wir eingreifen – aber wie? In diesem Moment ertönte von unten ein Kommando, die Soldaten folgten dem Befehl sofort. Alle verliessen das Haus. (...) Es blieb für uns die einzige bedrohliche Situation, die wir im Zusammenhang des Kriegsendes erleben mussten.»

Gewisse Erinnerungen an das Kriegsende in dem überfüllten Pfarrhaus habe auch ich, jedoch ohne Bewusstsein für das historische Ereignis des Kriegsendes. Ich erinnere mich, dass nachts russische Soldaten in das Zimmer eindrangen, in dem ich mit anderen Männern schlief, und «Uri, Uri» riefen. Darauf lieferten die Herren ihre Armband- oder Taschenuhren ab, aber sonst passierte nichts. Am Bericht meiner Mutter fällt mir auf, dass sie ihre eigene Gefährdung gänzlich unerwähnt lässt.

*Wie seid ihr dann nach Hause zurückgelangt, und was fandet ihr vor?*
Etwa 14 Tage oder drei Wochen nach Kriegsende sind wir aufgebrochen. Mein Vater bekam offenbar Nachricht, dass Haus und Kirche nicht zerstört seien und dass man ihn erwarte. Die rund 100 Kilometer nach Ruhland mussten wir wieder zu Fuss zurücklegen. Wir bildeten erneut einen kleinen Treck – mit zwei Fahrrädern, dem Handwagen und dem Kinderwagen. Ich habe keine genauere Erinnerung daran, einzig ist mir im Kopf, dass man unterwegs in grösseren Orten etwas Warmes zu essen bekam.

Sicherheit war noch nicht gewährleistet. Aber es waren überall grosse Plakate angebracht, auf denen die sowjetische Besatzungsmacht zu Ruhe und Ordnung aufrief; unterzeichnet waren sie vom sowjetischen Oberbefehlshaber General Schukow. Sie zu lesen beruhigte mich. Sehr viel später, als ich mir in Westberlin nach und nach einen historischen Überblick über den Krieg und die frühe Nachkriegszeit verschaffen konnte, habe ich mich immer darüber gewundert, wie geordnet sich das alltägliche Leben im zerstörten und besetzten Deutschland bei allen Unterschieden zwischen Grossstadt und Land vollzog. Jedenfalls in meiner kindlichen Optik. Man redete und hörte wohl von Verbrechen der sowjetischen Besatzungsmacht, nichts jedoch von den Verbrechen, welche die deutschen Besatzer insbesondere in Russland und Polen begangen hatten, und schon gar nichts vom Massenmord an der jüdischen Bevölkerung. Es erstaunt mich bis heute, wie wenig Rache genommen wurde. Mir sind die sowjetischen Soldaten immer sehr sympathisch gewesen. Gut, als Kind hat man einen Bonus.

Als wir in Ruhland ankamen, fanden wir unser Pfarrhaus leer, aber durch Fäkalien stark verschmutzt. Berge von Papieren lagen auf dem Boden des Amtszimmers. Das intakte Pfarrhaus nebenan war von den Russen unmittelbar nach der Besetzung Ruhlands in Beschlag genommen und darin die technische Kommandantur eingerichtet worden. Der grosse Esstisch, der jetzt im Hof stand, hatte als Unterlage für die Bemalung von Verkehrsschildern gedient, die auf Deutsch, Russisch und Sorbisch neu beschriftet wurden. Als der für die technische Versorgung verantwortliche Kommandant meinen Vater am Sonntag nach unserer Rückkehr im Talar auf die Kirche zugehen sah, küsste er ihm die Hand, entschuldigte sich für einen Einschuss in die Kirchentür und versicherte ihn seines Schutzes. Also auch das gab es.

Als die Russen bald danach das Haus räumten, gelang es meinem Vater, die dort verbliebenen Möbel vor dem Abtransport zu retten. Wir zogen dann in dieses nun leerstehende andere Pfarrhaus ein. Ein Wäschekorb und eine grosse Kiste mit Geschirr, die in zwei Verstecken im Boden vergraben worden waren, kamen wieder zum Vorschein. Ich habe das Ein- und das Ausgraben miterlebt. Im Übrigen brachte mein Vater gelegentlich uns gehörendes Mobiliar, beispielsweise einen Teppich oder Besteck, von seinen seelsorgerlichen Besuchen nach Hause. Insgesamt gab es bei unserer Rückkehr, soweit ich weiss, keine grossen Schwierigkeiten, keine Unfälle, kein Unglück.

# 3. Schulzeit. Die Mutter.
# Aus der Ostzone wird die DDR

«*Dass sich mein Besitz von 400 Mark auf 40 Mark reduzierte, das war, wenn ich richtig sehe, in der Folge für mein Verhältnis zu Geld massgebend.*»

*Du hast einiges über deinen Vater erzählt, kannst du auch etwas über deine Mutter erzählen?*
Meine Mutter wuchs in einer bürgerlichen Familie auf, die ihr strikte Vorstellungen von Leben und Kindererziehung vermittelte. Ihr Vater, Oskar Schmidt, war Postbeamter in Leipzig, sie selbst eine Intellektuelle. Sie hatte gute Noten in der Schule und wollte nach dem Abitur unbedingt studieren. Angesichts ihrer zwei jüngeren Schwestern stellte sie ihr Vater vor die Frage: «Käthe, willst du einmal heiraten, oder willst du studieren?» Diese Alternative ergab sich daraus, dass er nicht für das eine *und* das andere aufkommen zu können glaubte. Die Verheiratung einer Tochter ging in bürgerlichen Kreisen ins Geld. Wie sie sofort antwortete, geht aus einem Bericht hervor, den sie selber verfasst hat, nämlich: «Ich will studieren – ich heirate nie». Das war mit 18 oder 19. Sie studierte dann Theologie und Germanistik (für den Beruf einer Lehrerin), im Nebenfach Anglistik, und zwar an der Universität in Leipzig. Mit Jahrgang 1910 studierte sie fast zur gleichen Zeit wie mein Vater. Und sie begegneten sich quasi zufällig in einer Vorlesung, als in einem ziemlich vollen Hörsaal neben ihr noch ein Platz frei war. Langsam löste sich dann der von ihr selbst geschürzte Knoten, nie heiraten zu wollen. Vor der Heirat im Juni 1936 absolvierte sie zwei Jahre als Referendarin in ziemlich abgelegenen schlesischen Dörfern.

*Wie hat dich deine Mutter geprägt?*
Vielleicht liege ich falsch, aber meinem späteren Gefühl nach mangelte es ihr in einer bestimmten Weise an Mütterlichkeit. Sie habe ihrerseits, schreibt sie selbst, ein starkes Bedürfnis nach Zärtlichkeit gehabt. In ihrem Auftreten war sie temperamentvoll, lebhaft, schnell und zugriffig. Das pure Gegenstück zu meinem Vater. Sie hat zwischen 1937 und 1948 fünf Kinder geboren, eine enorme Leistung, wie ich heute denke, zumal in der Kriegszeit. Im März 1937 brachte sie mich zur Welt. Das geschah im schlesischen Jauer, wo mein Vater als Pfarrvikar wirkte,

bevor er drei Monate nach meiner Geburt nach Ruhland berufen wurde. Wie meine Mutter später notierte, hatte sie 36 Stunden dauernde Wehen zu durchstehen, bevor ich gerade noch rechtzeitig «mit Zangengeburt auf dem schnell bereitgestellten Küchentisch zur Welt kam». Ich sei ein «zartes Kind» gewesen, das sich aber entgegen der «liebevollen Äusserung eines Gemeindegliedes (‹der macht's nicht lange›)» oder des mitleidigen Blicks mancher Frau als «durchaus gesund und widerstandsfähig» erwies. Mein Bruder Reinhard wurde Ende 1939, meine Schwestern Gisela und Irmtraut 1941 und 1943 geboren.

Mein Vater sah spätestens nach der Schlacht um Stalingrad relativ klar, worauf der Krieg hinauslaufen würde – das meine ich jedenfalls späteren Äusserungen entnehmen zu können. Zuvor war man wohl in der breiten Bevölkerung lange davon überzeugt gewesen, dass der Krieg gewonnen werden könnte. Ich denke, dass ein solch möglicher Ausgang des Krieges bei meinen Eltern wie generell in den Kirchen hintergründig heftigste Befürchtungen auslöste. Aber seit die deutsche Wehrmacht von der sowjetischen Armee zum Rückzug gezwungen wurde, konnte es nur noch den – allerdings zahlreichen – Trägern ideologischer Scheuklappen fraglich sein, wie es enden würde.

Ja, meine Mutter. Ausser Irmtraut haben meine Geschwister und ich ihr nachgetragen, dass sie uns gegenüber nicht genug Liebe aufgebracht habe. Eine Deutung, die vielleicht mehr über uns als über sie aussagt. Jedenfalls war, auch nach späterem Empfinden, unser emotionales Verhältnis zum Vater wesentlich besser als das zur Mutter. Was ich aber hinzufügen muss: Ich habe meiner Mutter sehr viel zu verdanken. Sie war auch eine treue Gattin, die immer zu unserem Vater stand, obwohl ihr – so mein eigener Eindruck während des Lebens im Elternhaus – das Schicksal, nach Ruhland verschlagen zu sein, schwer auf der Seele lastete. Sie hatte sich ihr Leben anders vorgestellt.

*Deine Mutter hatte sich ein urbanes Umfeld gewünscht?*
Einerseits ein kulturell viel offeneres und interessanteres Umfeld, als es diese kleine Provinzstadt bieten konnte, andererseits natürlich andere gesellschaftliche Verhältnisse, wie sie sie aus ihrer Jugend kannte, Verhältnisse, die ihr eine persönliche Entfaltung gestatteten. Sie durfte ja als Pfarrersfrau aus politischen Gründen auch nicht mehr in einer öffentlichen Schule unterrichten. Das hat sie während des Krieges manchmal noch vertretungsweise gemacht; nach dem Krieg gab sie Englischstunden, auch mir und Mitschülern von mir, aber alles privat. Sie konnte sich also in ihrem angestammten Beruf nicht verwirklichen, versuchte es nach 1945 aber als Pfarrersfrau, und das mit einigem Erfolg: Sie übernahm die Leitung der kirchlichen «Frauenhilfe» in Ruhland und baute in der Kirchgemeinde die «Christenlehre» auf, die an die Stelle des in der Ostzone aus der Schule verbannten Religionsunterrichts trat; sie hielt Andachten, begleitete Gottesdienste auf dem Harmonium in den Dörfern und unterstützte ihren Mann auf die eine oder andere Weise. Aber was wir als Kinder fühlten oder zu fühlen

meinten, war wohl nicht ganz falsch: dass sie doch gern eine höhere Stellung im Leben erreicht hätte. Spottend haben wir gesagt, es hätte ihr gut angestanden, als Frau eines Bischofs zu wirken; oder wenn wir noch spöttischer waren: als Frau eines Generals. Sie hatte zweifellos einen Hang zu Höherem und das Bestreben, einen gesellschaftlich anspruchsvolleren Platz im Leben auszufüllen, blieb aber in der ländlichen Provinz stecken, aus der auch mein Vater nicht mehr wegkam. Es gab einmal die Möglichkeit, dass er in den Harz auf eine Pfarrstelle in einer anderen Landeskirche hätte wechseln können. Woran das scheiterte, weiss ich nicht. Ich meine aber, dass er – wie auch wir Kinder – eine Tendenz zur Sesshaftigkeit hatte und nicht zuletzt deshalb 40 Jahre als Pfarrer in Ruhland hängen blieb.

*Nach Kriegsende bis zur Gründung der Deutschen Demokratischen Republik (DDR) am 7. Oktober 1949 lebtest du mit deiner Familie in der sowjetischen Besatzungszone. Wie hast du als Kind die sowjetischen Besatzer erlebt?*
Meine Eltern und wir Kinder hatten unter der Besatzung – über das allgemeine Ungemach hinaus – nicht zu leiden. Andere Ruhländer waren wohl wegen ihrer Zugehörigkeit zur NSDAP oder vermeintlicher bzw. realer Beteiligung an Naziverbrechen betroffen; naturgemäss hörte ich als Kind davon kaum etwas. Im Zusammenhang mit der Zwangskollektivierung und der Enteignungen in der frühen DDR kam mir später zu Ohren, dass der Fleischermeister von nebenan eines Nachts «abgeholt» worden sei.

Es gab eine Kommandantur in der Stadt, von der ich aber wenig mitbekommen habe. Eine Episode habe ich noch im Kopf. Ich sollte in unserem ausserstädtischen Garten etwas erledigen. Als ich das Tor öffnete, sah ich, dass der Garten gewissermassen besetzt war. Alles Frauen, die sich an den Sträuchern und Bäumen bedienten, dabei Äste abrissen und aus meiner Sicht im Begriff waren, den Garten zu demolieren. Es scheinen Polinnen gewesen zu sein, die sich auf dem Rückweg in ihre Heimat befanden. Wenn das richtig ist, muss es wohl Spätsommer 1945 gewesen sein. Ich war so empört, dass ich zur russischen Kommandantur lief, die auf meinem Heimweg lag, und beim Posten dort meine Beschwerde vortrug.

*Hast du geholfen, Trümmer wegzuräumen?*
Der gesamte Garten hinter unserem neuen Pfarrhausdomizil war von den sowjetischen Soldaten gepflastert und als Lastwagenpark eingerichtet worden. Unter Mithilfe von Nachbarn konnte ihn mein Vater im Sommer 45 von den Pflastersteinen befreien – und ich durfte ihm dabei helfen. Überhaupt hatte ich grosse Lust an körperlicher Arbeit. Das halbzerstörte Pfarrhaus nebenan bildete ein ideales Betätigungsfeld. Befriedigung bot nicht zuletzt die Beseitigung der Trümmer. Da waren die Backsteine abzuputzen, das heisst vom Mörtel zu befreien, Mörtel aus der Zeit um 1770 und zum Teil sehr hart. Die sauberen Steine wurden zunächst an der Stelle der früheren Gartenmauer aufgeschichtet, um sie später

wiederverwenden zu können. In der Kellergrube stiess man gelegentlich, wenn man mit einer Schippe Sand und Trümmer wegzuräumen suchte, auf geschlossene Konservengläser aus dem Jahr 44, deren Inhalt zum Teil noch geniessbar war. So etwas zu finden war immer eine riesige Freude. Ich lernte auch, wie man Holz hackt oder Beete im Garten anlegt und bepflanzt. Etwas später wurden wir Kinder, je nach Alter, zu vielen Arbeiten beigezogen, die In Haus und Garten anfielen: angelieferte Rohkohle (noch nicht bearbeitete Braunkohle) in den Lagerraum im Garten schippen, Öfen im Winter anheizen, Unkraut jäten, Früchte pflücken, Spargel stechen und anderes.

*Im Pfarrhaus herrschte einiger Betrieb, nehme ich an?*
Zahlreiche Leute klopften gerade 1945/46 an der Pfarrhaustür an, oft Flüchtlinge aus den Ostgebieten, die auf der Durchreise waren und so manches bei uns unterstellten, was nie mehr abgeholt wurde. Es kamen aber auch solche, die sich in Ruhland niederliessen. Darunter war Superintendent Vetter, der zwischen 1912 und 1923 in Ruhland Pfarrer gewesen war und nach der Flucht nicht mehr in seinen schlesischen Kirchenkreis zurückkehren konnte. Er übernahm die andere Pfarrstelle und leistete so einen erheblichen Beitrag zur Entlastung meines Vaters. Ein strenger, Respekt gebietender Herr, bei dem ich gegen Ende meiner Grundschulzeit Lateinunterricht bekam.

*Welche Menschen waren sonst noch wichtig für dich in dieser Zeit?*
Von grosser Bedeutung wurde für mich der Augenarzt Dr. Otto Ringelhan aus dem sudetischen Tetschen-Bodenbach, der in Ruhland eine Praxis eröffnete, intensiv bei meinen Eltern verkehrte und Gefallen daran fand, mir Inhalte seiner ausserordentlichen, wie mir schien: universalen wissenschaftlichen Bildung weiterzugeben. Er unterrichtete mich bei sich – wohl ab 1948 – in Geschichte, Geografie, Botanik, Zoologie und weiteren Gebieten, so auch in Philosophie. Er tat das in freiem Vortrag unter Zuhilfenahme von Abbildungen aus dem Konversationslexikon; ich notierte mir vieles, wenn es auch oft meine Fassungskraft überstieg. Gern denke ich an die nächtlichen Spaziergänge, in denen er mir den «bestirnten Himmel über mir» (Kant) erläuterte und mich dabei auch mit den Sternbildern vertraut machte. Auf dem Rückweg erklärte er mir einmal zu meinem Schrecken, dass ein dritter Weltkrieg unabwendbar sei. Nachdem er 1951 nach Quedlinburg umgezogen war, konnte ich ihn in den Sommerferien des folgenden Jahres dort besuchen.

Zu unserer Familie stiess auch Frau Siegert, die «Mollerin». Sie kam mit ihrem kranken, bald versterbenden Mann und ihrer Tochter Rosemarie (*1934) als Flüchtling aus Kattowitz nach Ruhland. Wir Kinder haben sie alle geliebt: sie fungierte nicht nur als Helferin im Haushalt, sondern als eine Art Amme, die für unsere Sorgen und Nöte ein grosses mütterliches Verständnis zeigte, nicht zuletzt mir gegenüber in der Zeit der beginnenden Pubertät.

*Wie stand es damals um eure Versorgung mit Essen?*
Die Nahrungsmittel waren rationiert; wer nicht Selbstversorger war, bekam Lebensmittelmarken. Mit ihnen kaufte man im Konsum ein, indem man von ihnen kleine Abschnitte abriss und abgab. Was man erstehen konnte, war knapp bemessen. Viele Leute assen Margarine statt Butter, die ein Luxusgut war. Mein Vater hat das untersagt, weil die Margarine – so hörte man – im Synthesewerk aus Kohle hergestellt wurde. Aber wenn er auf den Dörfern bei Bauern zu Besuch war, brachte er oft Butter oder Quark mit. Einen sehr wichtigen Beitrag zu unserer Ernährung leisteten Obst und Gemüse aus unseren zwei Gärten, insbesondere die Spargelanlage. Der Vater hatte sie schon 1937 im vorstädtischen Garten angelegt, jetzt konnten wir im Frühjahr in starkem Masse von ihr leben. Denn Spargel fand in der Küche vielfältige Verwendung: als Teil einer Hauptmahlzeit oder zu einer Suppe verarbeitet. Und vor allem, er schmeckte.

Bei den familiären Mittagessen waren nicht nur wir vier, später fünf Kinder, sondern auch die Bunzlauer Oma, ein Vikar sowie eine bis zwei Angestellte zu verköstigen. Wenn ich mich recht entsinne, sassen da oft zehn Leute am Mittagstisch. Manchmal hatte der Fleischerladen gar nichts im Angebot, oder man kam zu spät, das Essbare war schon ausverkauft. Meine Mutter beschreibt noch 1947 die allgemeine Lage so: «Die Lebensverhältnisse sind seit dem Ende des Krieges denkbar kärglich und für viele fast unerträglich. Ein grosser Teil von Hab und Gut ist geplündert oder gestohlen, die Nahrungssorgen werden von Tag zu Tag grösser und wir stehen nach einem aussergewöhnlich heissen und trockenen Sommer vor einem Winter, den wir, wenn überhaupt, nur durch die Gnade Gottes durchstehen werden.» Und zusätzlich notiert sie: «Der Druck der Besatzung liegt schwer auf den Leuten, und wir sehen keine Aussicht auf Erleichterung.» (Das Dokument wurde bei der Renovation des Kirchturms in der Turmhaube deponiert.)

*Eine Kindheit mit Entbehrungen also – aber sicher auch mit glücklichen Momenten?*
Ich erinnere mich an einen sehr kalten Winter, in dem Temperaturen bis 30 Grad minus herrschten – es war wohl der Winter 46/47. Es fehlte an geeigneter Kleidung. Die Strümpfe, die wir anziehen mussten, kratzten auf der Haut, die Jacken schützten nur wenig vor dem bitteren Frost. Ich fror in den Pausen auf dem Schulhof, aber zuhause verbreiteten Kachelöfen eine schöne Wärme. Ruhland hatte, östlich der Elbe gelegen, Kontinentalklima, wie man sagte. Also gab es auch lange warme Sommer, die wir Kinder genossen. Von einer Reise während der Ferien weiss ich erst im Jahr 49, als ich zu Verwandten meines Vaters in eine kleine Stadt namens Frankenberg nahe Chemnitz in Sachsen eingeladen war. Es waren sehr liebe Menschen ohne eigene Kinder, und das deshalb, weil der Onkel sich wegen einer Erbkrankheit in der Nazizeit sterilisieren lassen musste (und seine Frau gleich mit). Ich genoss die Tage auch deshalb besonders, weil er mich

in seinem Lieferwagen zu seinen Kunden mitnahm; er war Öl- und Autoersatz-teilhändler.

Neben der Schule half ich dem Vater viel bei pfarramtlichen Arbeiten und tat das mit grossem Eifer. Seit 1947 hatte ich Klavierunterricht. Der brachte es mit sich, dass ich nicht nur Etüden und Sonatinen einübte, sondern auch häufig zuhause für mich auf dem Klavier improvisierte. Da es überdies ein Harmonium gab, machte ich mich auch damit vertraut. So konnte ich später meinen Vater zu Gottesdiensten in eine auswärtige Dorfkapelle begleiten und die Feier musika-lisch gestalten, was mir grosse Freude bereitete. Hingegen nahm der Spass am Klavier ab, als mich mein Bruder Reinhard bei seiner Vorbereitung auf den Ein-tritt in den Leipziger Thomanerchor mit seinem musikalischen Können schnell überflügelte.

*Wie stand es um die medizinische Versorgung?*
Vage erinnere ich mich an einen in Ruhland ansässigen Arzt, der bei Krankheits-fällen zu uns ins Haus kam. Ausserdem hatten wir mindestens einmal jährlich Besuch von einem anderen Onkel, dem Schwager meiner Mutter, der in Auer-bach im Vogtland als Chirurg eine Klinik leitete. Er untersuchte uns Kinder und nahm auch kleinere Behandlungen vor. Man brachte ihm den grössten Respekt entgegen. Er war Lazarettarzt in Russland gewesen und Stalingrad vor dessen Einschluss knapp entkommen. Wir machten alle die üblichen Kinderkrankheiten durch, sogar Keuchhusten, bei dem wir vier jeden Morgen, in einer Reihe wie Orgelpfeifen nebeneinanderstehend, unsere Medizin, einen scheusslich schme-ckenden Saft bekamen. Ich war häufig erkältet, sodass mir im Interesse der Besse-rung in der Klinik des Onkels vom damaligen Generalarzt der DDR die Man-deln gekappt wurden. Meine Leipziger Oma, die sich gerade in Auerbach aufhielt, brachte mir manchmal Eis ans Krankenbett – eine Wohltat für den wunden Hals.

*Wie hast du die Schule in Erinnerung?*
Nach dem Krieg begann die Grundschule wieder anfangs September 1945. Ich war der 4. Klasse (d.h. dem vierten Jahr) zugeteilt, nachdem ich im Februar von einem Tag auf den anderen von der 2. in die 3. Klasse gewechselt hatte, die ange-sichts der politischen Ereignisse generell nur noch während zweier Monate absol-viert werden konnte. Ein Jahr zu überspringen, das hatte sich offenbar aufge-drängt, weil ich vom Lernstoff der 2. Klasse intellektuell unterfordert war und mich in der Schule nur noch langweilte. Doch war mit dem Überspringen eines Schuljahres, wie sich bald herausstellte, auch Ungemach verbunden, denn ich war und blieb nun bis zu meinem 17. Lebensjahr, als ich in Westberlin wieder mit meinem Jahrgang in der 11. Klasse vereinigt wurde, unter meinen Klassen-kameraden immer der Jüngste. Die intellektuelle Stärke half da gar nichts, ausser dass ich mit ihr gelegentlich meine physische Schwäche kompensieren konnte,

indem ich mich gegen entsprechende schulische Hilfe unter den Schutz des Stärksten in der Klasse stellte.

*Warst du der Klassenbeste?*
Ich hatte da und dort etwas Nachholbedarf, vor allem in Mathematik, bis ich mich wieder zum besten Schüler hochgerappelt hatte, denn das war mein Ehrgeiz. Generell war die Grundschulzeit in Ruhland, die ich bis zur achten Klasse durchlief, durch häufige Lehrerwechsel geprägt. Frühere Lehrer aus der Nazizeit wurden, wenn sie überhaupt noch angestellt waren, nach dem Krieg häufig abgelöst. Es kamen frisch ausgebildete junge Lehrer. Wir lernten ab der 5. Klasse Russisch. Ich erinnere mich an einen jungen Russischlehrer, der noch ein Russischstudium absolvierte und, so unser Eindruck, mit seinen Russischkenntnissen uns gerade mal drei Lektionen voraus war. Und an einen wütenden Geschichtslehrer, der, aus welchem Grund auch immer, plötzlich sein Buch ans Fenster schmiss. Aber die Grundschule hatte sowohl in Mathematik, Physik und Chemie wie auch in Deutsch durchaus Niveau, das muss ich im Rückblick sagen.

Die Grundschulzeit endete im Sommer 1950. Zu ihrem Abschluss gab es eine Prüfung. Wohl erstmals geriet ich dabei persönlich in eine durch die neue Ideologie geprägte Situation.

*Wie kam es zur ersten Konfrontation mit dieser Ideologie?*
Das passierte im Fach Geschichte. Da stand plötzlich der Pfarrerssohn vor den prüfenden Lehrern, ein für mich neues und sehr unangenehmes Gefühl. Eine Frage, an die ich mich erinnere, lautete: «War Luther ein fortschrittlicher Mensch?» Es war eine Fangfrage. Ich sagte «Ja» und suchte das zu verteidigen. Was zur Folge hatte, dass ich im Fach Geschichte nur eine 3 bekam (die Vornote war eine 1). Wie immer ich damals argumentiert habe – es stand eben fest, dass Luther wegen seiner Stellungnahme in den Bauernkriegen ein rückschrittlicher Mensch war und meine Antwort deshalb falsch sein musste. So konnte ich auch nicht mehr als bester Schüler des Jahrgangs ausgezeichnet werden, den Rang lief mir eine Mitschülerin ab, und das hat mich sehr geärgert.

*Welche Kindheitserinnerungen hast du an die politischen und gesellschaftlichen Ereignisse der damaligen Zeit – also kurz vor und nach der Gründung der DDR?*
Wenig. Ich erinnere mich an eine öffentliche Veranstaltung auf dem Marktplatz im Jahr 1946, an der mein Vater eine Ansprache hielt und am Schluss das Lied «Nun danket alle Gott» anstimmte. Das ist mir als eindrückliches Ereignis in Erinnerung geblieben, dieser erst- und einmalige öffentliche, ich möchte fast sagen: politische Auftritt meines Vaters ausserhalb des Raums der evangelischen Kirche; die allgemeine Stimmungslage habe ich als hoffnungsfroh im Gedächtnis. In den ersten Jahren nach dem Krieg muss es gerade auch bei alten Sozialisten grosse Hoffnungen auf gesellschaftliche und politische Veränderungen gegeben

haben, an denen die Bürger mitwirken könnten. Aber diese Hoffnungen wurden in den Kreisen, in denen meine Eltern verkehrten, immer kleiner. Die neu gegründeten *Sozialdemokratische Partei Deutschlands* (SPD) und die *Kommunistische Partei Deutschlands* (KPD) schlossen sich unter sowjetischem Druck zu einer *Sozialistischen Einheitspartei* zusammen, der SED. Die SED stellte in Zukunft den Kern des neuen politischen Systems im Osten Deutschlands dar. Es waren zwar weitere Parteien zugelassen, etwa die liberaldemokratische LDP und die CDU, deren politischer Einfluss aber zunehmend schwand. Die SED samt ihren Zeitungen hatte das Sagen, nach der Gründung der DDR am 7. Oktober 1949 erst recht. Davon habe ich eigentlich direkt nichts mitbekommen. Einmal musste die ganze Schule an der Autobahn antreten, um das neue Staatsoberhaupt, den Kommunisten Wilhelm Pieck, zu begrüssen, der mit einer grossen Autokolonne vorbeikam.

*Als Elfjähriger hast du die Währungsreform von 1948 erlebt. Hatte das eine Bedeutung für dich?*
Diese Reform, beziehungsweise meine eigene Erfahrung dabei, hat mein Verhältnis zum Geld dauerhaft geprägt. Ich besass ein Sparbuch, das mich als Besitzer von vielleicht 400 Reichsmark auswies. Im Zuge der Währungsreform musste ich das Sparbuch bei der Bank vorlegen. Dort wurde unter den 400 ein Doppelstrich gemacht und eine neue Seite eröffnet, auf der statt der 400 nur noch die Zahl 40 stand. Das waren dann 40 Deutsche Mark. Ich wusste mit meinen elf Jahren nichts über Währungen, einen Währungsschnitt wie den eben erlebten und das Wertverhältnis zwischen alter und neuer Währung. Aber was ich da erlebte, dass sich mein Besitz von 400 Mark auf 40 Mark reduzierte, das war, wenn ich richtig sehe, in der Folge für mein Verhältnis zu Geld massgebend. Geld kannst du nicht trauen, Geld musst du auch nicht horten wollen, Geld musst du ausgeben, wenn auch massvoll, du musst jedenfalls nicht geizig sein. – Die Gründung der DDR hat bei mir wenig Spuren hinterlassen, für die Erwachsenen hatte sie natürlich grösste Bedeutung. Spuren davon, was mit der Gründung eines sozialistischen Staates, in dem das Politbüro der SED die politische Linie bestimmte, und der daran gekoppelten neuen Weltsicht an Indoktrination verbunden war, bekam ich erst am Ende der Grundschulzeit mit.

*Unter dem Strich im Rückblick: War es eine glückliche Kindheit?*
Insgesamt, würde ich sagen, hatte ich eine glückliche Kindheit, ja. So viel da auch in der Welt passiert ist, so Schlimmes, so viel Entbehrungen und Leiden der Krieg und die Nachkriegszeit für die Menschen – von mir weitgehend unbemerkt – bereit hielten, so behauptet sich doch in mir das Gefühl, in meinen ersten zwölf Lebensjahren eine glückliche Zeit gehabt zu haben. Zu dieser Einschätzung trägt natürlich ganz wesentlich die Tatsache bei, dass unsere Familie von schrecklichen Ereignissen verschont blieb.

*Um 1950 bist du halb Kind, halb junger Mann.*
1950 war das Jahr nicht nur des Wechsels von der Grund- in die Oberschule, das
heisst ins Gymnasium, es war auch das Jahr der Konfirmation und das Jahr, mit
dem ich in das Pubertätsalter geriet. Damit begann eine sehr schwierige Zeit; eine, von der ich später gesagt habe, dass ich sie nicht nochmals durchmachen
möchte.

*Was war denn für dich an der Pubertät so schlimm?*
An den damit verbundenen häufigen Stimmungsumschwüngen habe ich selbst
eigentlich nicht gelitten, eher meine Umgebung. Aber meine sexuelle Entwicklung machte mir sehr zu schaffen. Erotische Wünsche nahmen überhand. Eine
Zeitlang hatte ich fast jede Nacht Träume, die mit einer Ejakulation endeten und
damit oft einen Wechsel von Pyjama und Laken erforderten. Ich sehnte mich
nach einem Mädchen, mit dem ich zusammen sein konnte. Auf dem Holzboden
versuchte ich eine junge Hausangestellte zu küssen. Oder ich triebs mit einem
Nachbarsjungen. Irgendwie wohl das Übliche, aber bei meiner Libido besonders
ausgeprägt. Der ganze Bereich war mit Verboten belegt, die ich aber immer wieder zu unterlaufen versuchte. Moralisches Mass aller Dinge war lange die stabile
Ehe meiner Eltern, die auf Treue und gegenseitigem Respekt gründete. Es wurde
von ihnen nicht Unterdrückung gefordert, aber – wie meine Mutter immer sagte
– Sublimierung (was sie von Sigmund Freud gelernt zu haben behauptete). Erst
mit 20 fand ich mit einer wirklichen Freundin zu einer auf gegenseitiger Liebe
(wie wir jedenfalls meinten) beruhenden intensiven Beziehung, die allerdings
nach zwei Jahren wieder in die Brüche ging.
     1950 brachte, wie gesagt, auch – von den pubertären Leiden quasi unbe-
rührt – den Wechsel an die «Oberschule».

*War der Übertritt ins Gymnasium für dich als Pfarrerssohn gefährdet?*
Davon spürte ich selbst wenig. Ich wurde zur Oberschule zugelassen, was aufgrund meiner guten Zensuren noch kein wirkliches Problem war. Zu einem solchen wurde es für andere erst später, als mindestens zeitweise im Wesentlichen
nur Kinder aus Arbeiter- und Bauernfamilien zur höheren Schulbildung zugelassen wurden, mit Ausnahme von Kindern aus Familien, die sich politisch ganz auf
der Parteilinie bewegten. Meine Schwester Gisela wurde als Pfarrerstochter schon
in der Grundschule aus ideologischen Gründen drangsaliert, doch stand nach der
10. Klasse für unsere Eltern trotz sehr guter Noten gar nicht mehr zur Diskussion, sie in einer zum Abitur führenden Oberschule anzumelden; sie selbst wollte
das auch gar nicht, sondern begeisterte sich für eine handwerkliche Ausbildung
zur Paramentikerin, die sie dann ab 1959 in einem kirchlichen Damenstift nörd-
lich von Berlin machen konnte.
     Für mich standen 1950 zwei Oberschulen zur Wahl, die eine in Senftenberg
im Land Brandenburg, die andere in Hoyerswerda, das wie Ruhland nach dem

Krieg Sachsen zugeteilt worden war. Mein Vater hatte Erkundigungen eingezogen, nach denen die Oberschule in Senftenberg noch nicht ganz vom DDR-Marxismus durchdrungen war, wie das bei Hoyerswerda der Fall schien. Es wurde also Senftenberg gewählt. Das brachte es mit sich, dass ich von den meisten meiner Ruhländer Mitschüler, die zur Oberschule nach Hoyerswerda fuhren, getrennt wurde. Mit wenigen anderen, die überdies nicht aus meiner Klasse stammten, bewegte ich mich nun jeden Schultag mit dem Zug nach Senftenberg, etwa 13 Kilometer entfernt.

# 4. Im Fokus der Staatssicherheit.
## Flucht nach Westberlin

*«Es war morgens um halb sechs, dunkel und düster.»*

*Helmut, dein erster Schultag am Gymnasium war im September 1950. Von jetzt an wurdest du intensiver mit dem System DDR konfrontiert.*
Das erste Schuljahr dort verlief noch ziemlich unproblematisch. Wir hatten einen ausgezeichneten Unterricht, zum Teil bei älteren Lehrern wie in den Fächern Mathematik, Geschichte und Latein; den Lateinunterricht erteilte ein katholischer Priester. Die Klasse bestand mehrheitlich aus Mädchen. Der Druck, der *Freien Deutschen Jugend* (FDJ) beizutreten, war noch nicht sonderlich gross. Am Anfang gehörten ihr nur erst wenige Mitschülerinnen und -schüler an, am Ende des Schuljahres waren es schon mehr. Wer noch nicht dabei war, wurde in individuell geführten Gesprächen mit der Beitrittsfrage konfrontiert; man malte dabei die Vorteile der Zugehörigkeit aus. Ich selbst wurde nicht darauf angesprochen und bekam so auch wenig von dem ausgeübten Druck mit. Am Ende der 9. und mit Beginn der 10. Klasse veränderte sich jedoch die Lage grundsätzlich. Der Rektor war an eine andere Schule versetzt worden; sein Sohn, der zu unserer Klasse gehörte, ging mit dem Vater weg.

*Kann man sagen, dass an der Schule eine Art Säuberungswelle einsetzte?*
Ja, so würde ich es heute durchaus sehen. Schon in der 9. Klasse war der Lateinlehrer eines Tages verschwunden. Es hiess, er sei in seinen Orden im Eichsfeld zurückgekehrt. Auch der Geschichtslehrer erschien eines Tages nicht mehr. Wir nahmen solche Vorgänge zur Kenntnis, ohne in der Schule darüber zu sprechen. Es gab auch keine Informationen; man dachte sich sein Teil, möglicherweise hatten sich die Wegbleibenden nach Westberlin abgesetzt, das geschah damals häufig. Der neue Rektor, beruflich oder privat Kunstmaler, war ein Ekel. Er übernahm das für die ideologisch-politische Indoktrination bestimmte Fach Gegenwartskunde. Der neue Lateinlehrer war viel, viel schlechter als der alte; in Mathematik und den Naturwissenschaften genossen wir jedoch weiter einen glänzenden Unterricht, von dem ich später in Westberlin ausserordentlich profitiert habe. Auch den intensiven Russischunterricht habe ich in guter Erinnerung.

Aber vor der Gegenwartskunde, erteilt vom neuen Rektor, bekam ich das Fürchten.

*Wie hast du diesen ideologischen Druck, der nun einsetzte, erlebt?*
Bald musste ich zu Beginn jeder Stunde in Gegenwartskunde aufstehen und wurde vor der Klasse befragt, warum ich nicht in der FDJ sei, und zwar jedes Mal erneut. Zur Antwort gab ich, dass das eine atheistische Jugendvereinigung sei, der ich als Christ nicht beitreten könne. Die weiteren Fragen betrafen meine Einstellung zur DDR und zur Führung der DDR. Ich hatte inzwischen gelernt, wie man auf solche Fragen antwortet, aber es war höchst unangenehm, zehn Minuten lang derart bedrängt zu werden, und für die Klasse auch höchst lästig, sich das anhören zu müssen. Meiner Erinnerung nach spielte sich das über längere Zeit fast in jeder dieser Stunden so ab.

*Wie viele Stunden gab es davon wöchentlich?*
Wöchentlich eine. Nun war ich als sehr guter Schüler in gewisser Hinsicht auch ein wenig geschützt, schulische Leistung stand in der Werteskala noch obenan. Wenn ich schlechte Leistungen erbracht hätte, wäre ich bald von der Schule geflogen.

*Erinnerst du dich an den Namen des Rektors?*
Hoffmann. Der Vorname ist mir nicht mehr gegenwärtig. Er muss sich nach der Wende auf sein Kunstmaler-Dasein zurückgezogen haben.

*Rektor Hoffmann hat dich also regelrecht drangsaliert?*
In der Tat, so empfand ich die geschilderte Art von Verhör. Und jede Gelegenheit wurde genutzt, um den Druck auf mich zu erhöhen. Zum Beispiel hatte ich unvorsichtigerweise einen kleinen Klassenstreik unterstützt, der ausbrach, weil ein anderer Lehrer eine schriftliche Klassenarbeit ansetzte, ohne uns für die nötige Vorbereitung genügend Zeit gelassen zu haben. Dafür wurde ich sofort als Hauptschuldiger ausgemacht, vor den Rektor zitiert, die Sache in grotesker Weise aufgebauscht und für den Wiederholungsfall der Schulausschluss angedroht.

Ein Jahr später war ich bereits in der 11. Klasse. Das Abitur machte man am Ende der 12. Klasse. Im März 1953 lag es noch ein gutes Jahr vor uns. Den Eintritt in die FDJ hatte ich weiter verweigert. Und war schliesslich in der ganzen Schule und an den fünf im weiteren Umkreis befindlichen Oberschulen, mit denen die Senftenberger Oberschule im Wettbewerb stand, der einzige Schüler, der nicht der FDJ angehörte.

*Alle wussten, dass du nicht in die FDJ wolltest?*
Am Aushang der Schule hing eine Art Statistik, in welcher der Zugang an Mitgliedern der FDJ graphisch dargestellt war. Unsere Schule hatte 400 Schüler. In

das ausgehängte Papier waren 100 Quadrate eingezeichnet, jedes davon vierge-
teilt. 399 Felder waren geschwärzt, ein einziges weiss geblieben.

*Das einzige weisse unter 400 schwarzen Quadraten – das warst du.*
Das ist das einzige Mal in meinem Leben gewesen, dass ich mich sozusagen individuell in einer Statistik verzeichnet fand. In den anderen Schulen war hundert-
prozentige Mitgliedschaft in der FDJ erreicht, nur in Senftenberg fehlten
0,25 Prozent. Man musste mich also loswerden. – Später setzte man in der DDR
nicht mehr unbedingt auf eine möglichst umfassende Mitgliedschaft in FDJ und
SED und nahm damit etwas von dem Druck weg, der in den ersten Jahren der
DDR ausgeübt wurde. Trotzdem blieb es bei gravierenden Bildungsbeschränkun-
gen für Kinder aus Familien mit vor allem christlich genährter kritischer Einstellung zum Regime, und generell setzte sich die Tendenz zur Anpassung durch –
man war einfach Mitglied der FDJ.

*Im März 1953 will die Schule den FDJ-Verweigerer Helmut Holzhey also loswer-*
*den.*
Der März 1953 war der Monat einer radikalen Wende in meinem Leben. Er begann damit, dass Stalin am 5. März starb. Ein Ereignis, das wir in seiner epocha-
len Bedeutung damals nicht erfassen konnten. Eine Mitschülerin trug schwarz,
uns anderen war das, soweit ich sehe, nicht so wichtig, weder im Negativen noch
im Positiven. Der normale Unterrichtsbetrieb lief weiter. Am 14. März, einem
Samstag, drei Tage nach meinem 16. Geburtstag, aber endete für mich alle Normalität. Der Unterricht war ohne Angabe von Gründen seit etwa zwei Stunden
ausgefallen, wir mussten jedoch auf ausdrückliche Weisung im Klassenzimmer
verharren. Das änderte sich, als ich ins Zimmer des Rektors beordert wurde. Ich
musste dort meine Kladde abgeben und – als Schriftprobe – den Satz notieren:
«Bitte weitergeben». Alles sehr merkwürdig. Dann konnte ich ins Klassenzimmer
zurückkehren. Etwas später wurde ich wieder aus der Klasse geholt, nun aber in
ein besonderes Zimmer der Schule geführt, wo drei Herren mich in Empfang
nahmen: Angehörige der Staatssicherheit, wie ich sofort – ich weiss nicht warum
– erkannte. Sie legten mir einen Brief vor, der von Drohungen gegenüber einer
Klassenkameradin, einer FDJ-Funktionärin, nur so strotzte. Der anonyme Verfasser des Briefes gab sich als Mitglied einer geheimen Organisation aus, die in
der Lage sei, die Funktionärin überall hinzuverfolgen. Drastisch war die Drohung
mit einem an den Rand gezeichneten Galgen unterstrichen. Es war klar, ich sollte
diesen Brief geschrieben haben.

*Als 16-Jähriger warst du mit der DDR-Staatssicherheit, die falsche Anschuldigun-*
*gen erhebt, konfrontiert. Wie lief die Begegnung mit den Agenten ab?*
Ich wurde zu einem Geständnis aufgefordert. Das Verhör erstreckte sich über
etwa zwei Stunden. Ich musste über alles Mögliche Auskunft geben, wurde aber

immer wieder dabei zu behaften gesucht, dass ich den Brief geschrieben haben müsse. Ich blieb jedoch dabei, so etwas nicht getan zu haben. Gegen Mittag spitzte sich die Situation zu. Die verbliebenen zwei SSD-Leute schienen langsam die Geduld zu verlieren. Sie stellten mir zwar in Aussicht, sofort wieder nach Hause zu können, wenn ich ein Geständnis ablegen würde, verbanden das aber mit der Drohung, dass sie mich, falls ich das weiter verweigerte, «in den Käfig» mitnehmen müssten. Das geschah dann auch. Ich sollte das Schulgebäude verlassen und auf ein am Rand der Strasse geparktes Auto zugehen, ohne mit jemandem zu sprechen, so lautete der Befehl. Wenn mich jemand fragen würde, wohin ich ginge, sollte ich sagen: «nach Hause». Als mir eine Mitschülerin aus Ruhland zufällig über den Weg lief und fragte, ob ich zum Bahnhof unterwegs sei, antwortete ich stur «nach Hause». Das kam ihr merkwürdig vor, sodass sie in Ruhland meine Eltern aufsuchte und von der Szene erzählte. Auf dem Weg von der Ausgangstür der Schule bis zum Auto gingen die zwei Leute von der Staatssicherheit in einem gewissen Abstand unauffällig hinter mir her. Der Rektor soll die Szene hinter dem Fenster seines Zimmers verfolgt und zu einem zufällig anwesenden, aus Ruhland stammenden und mit meinen Eltern bekannten Lehrer nach dessen Bericht geäussert haben: «Den sehen Sie vor 25 Jahren nicht wieder»; meine Mutter berichtet, dass der Plan bestanden habe, mich für 25 Jahre zur Umerziehung in die Sowjetunion zu bringen.

Mit dem Auto wurde ich in ein Haus am Stadtrand Senftenbergs gebracht, in dem offenbar die Staatssicherheit ihr Domizil hatte. Dann gingen die Verhöre weiter. Ich kam dabei in eine höchst missliche Lage, weil die zwei mich verhörenden Männer behaupteten, sie hätten bei einer Hausdurchsuchung bei meinen Eltern in Ruhland die Tinte und die Feder gefunden, mit denen der Brief geschrieben worden sei. Das brachte mich etwas durcheinander, weil ich jetzt befürchten musste, dass meine Verhaftung Teil einer grösseren Aktion war, innerhalb derer auch gegen meine Eltern vorgegangen worden sei. Erst gegen Abend hin wurde es mir wieder etwas geheurer, als einer der zwei mich verhörenden Männer einen Anruf von der Pforte laut mit dem Satz beantwortete: «Sagen Sie ihm, in unserer Republik werde niemand ohne Grund verhaftet». Der Schluss lag nahe, dass mir mein Vater auf der Spur war (was er später bestätigte).

*Ging es, abgesehen von der Absicht, dir ein Geständnis abzupressen, noch um etwas anderes?*
Im Verhör spielte die «Junge Gemeinde» eine ganz wesentliche Rolle. Das war eine Art kirchliche Jugendbewegung, aber keine Organisation und schon gar nicht zentral gesteuert. Sie existierte wohl in den meisten protestantischen Kirchengemeinden der DDR, so auch in Ruhland. Junge Christen versammelten sich in kirchlichen Räumen zu Gebet und Gesang, zu Diskussionen und natürlich zu gegenseitigem Austausch. Man trug ein metallenes Abzeichen, das war das einzi-

ge Erkennungszeichen, ein Kreuz auf einer Kugel, das man sich ansteckte, aber nur selten so, dass es sofort sichtbar war.

Im Frühjahr 1953 war nun diese «Junge Gemeinde» in den Fokus der SED und damit des Staates geraten. Wie ich erst nach 1989 erfuhr, startete damals gleichzeitig an vielen Orten eine regelrechte Kampagne, in der die jungen Leute, die sich zur «Jungen Gemeinde» hielten, bespitzelt, hinsichtlich ihrer weiteren Ausbildungsmöglichkeiten unter Druck gesetzt, zum Teil verfolgt, ja verhaftet wurden. Man erklärte die «Junge Gemeinde» zu einer antisozialistischen, vom «Westen» gesteuerten Organisation, die zerschlagen werden sollte.

Nicht mehr betroffen war ich – wegen Abwesenheit – von den späteren Auseinandersetzungen um die *Jugendweihe*. Um den Einfluss der Kirchen auf die heranwachsende Jugend zu brechen, wurde die Jugendweihe ab 1955 als Ersatz für die evangelische Konfirmation und die katholische Firmung eingeführt. Das geschah auf der Basis eines Beschlusses des Politbüros der Kommunistischen Partei der Sowjetunion vom Mai 1953, der unter den «Massnahmen zur Gesundung der politischen Lage der DDR» auch eine rituell organisierte Veranstaltung vorsah, bei der von den etwa 14-jährigen Jugendlichen ein Gelöbnis auf Staat und Sozialismus abzulegen war. In den Schulen übte man einen wachsenden Druck auf die Kinder und ihre Eltern aus, sodass bald nur noch wenige die Teilnahme an diesem antireligiösen Ersatzritus beim Übergang ins Erwachsenenalter verweigerten.

Bei meinem Verhör, um darauf zurückzukommen, ging es also auch um meine Mitgliedschaft in der «Jungen Gemeinde», über die man belastendes Material zu finden hoffte. Es dauerte nun schon Stunden, die Helle des Tages wich langsam der Dunkelheit. Zu trinken oder essen gab es nichts.

*Als 16-Jähriger im Gefängnis, konfrontiert mit dem Druck, ein Geständnis für etwas, das man nicht getan hat, abzulegen – was ging damals in dir vor?*
Meine Frage, wann ich mich denn nun wieder nach Hause begeben könnte, wurde von den Verhörenden wiederholt mit der Auskunft beantwortet: Wenn ich nicht gestehen würde, müssten sie mich dabehalten. Etwas ging mir immer wieder durch den Kopf: Ich hatte vor, meinen 16. Geburtstag, drei Tage zuvor, am Sonntag nachzufeiern. Dass dieser Geburtstag nicht gefeiert werden könnte, beunruhigte mich besonders. Und das nicht zuletzt, weil ich erstmals ein etwa gleichaltriges Mädchen aus Ruhland hatte dazu einladen dürfen. Ständig beschäftigte mich nun, was die wahrscheinlichere Aussicht bot, aus der Haft entlassen zu werden: standhaft zu bleiben oder ein falsches Geständnis abzulegen. Ja, möglichst schnell rauszukommen, dieses Ziel bestimmte mich nun mehr und mehr, zumal ich während des Verhörs schon einmal in Tränen ausgebrochen war, also an die Grenzen meiner Widerstandskraft zu stossen drohte. Und so entschied ich mich – nach vielen, vielen Überlegungen, des hohen Risikos durchaus bewusst – klein beizugeben. Es war mir klar, dass sie mich wegen republikfeindlicher Tätig-

keit einfach kassieren konnten. Aber die Hoffnung, dass ich durch ein Geständnis, wie sie zugesagt hatten, loskommen würde, überwog. Meinen Verstand hatte ich noch beieinander, legte mir also vorgängig zurecht, wie ich mein Tun am besten begründen würde, nämlich als Dummer-Jungen-Streich. Und in einem geschickten Moment, in dem mein spätes Geständnis einigermassen plausibel scheinen konnte, lenkte ich ein. Das Geständnis, den Brief geschrieben zu haben, barg insofern ein speziell hohes Risiko, als der Verfasser von «meiner Organisation» sprach, die die FDJ-Funktionärin, an die er gerichtet war, überall hin verfolgen würde und ihr mit einem aufgemalten Galgen drohte.

*Todesdrohungen, organisierter Widerstand: das waren ganz massive Beschuldigungen.*
Bei alledem hätte man mich behaften können. Trotzdem schien mir jetzt ein (Pseudo-)Geständnis die einzige mir verbleibende Chance freizukommen. Ein ellenlanges Protokoll wurde aufgesetzt. Rückblickend habe ich den Eindruck, dass man mit dem Geständnis das Tagesziel erreicht hatte und mit mir nun vergleichsweise freundlich umgehen konnte; die wohl wenig überzeugenden Auskünfte über meine angeblichen Motive wurden einfach notiert.
Aber es war noch nicht zu Ende. Nachdem ich das Protokoll unterschrieben hatte und nunmehr in einem anderen Zimmer auf baldige Entlassung hoffend wartete, kam ein anderer Mann herein, ein augenscheinlich schlimmerer Typ als die beiden Verhörenden. Die hatten mich nicht angefasst, der neue aber drückte mir mit dem Daumen am Kinn den Kopf hoch, um mir zu bedeuten, was für ein Übeltäter ich sei. Er legte mir ein Buch vor, welches in der Jungentoilette der Schule ausgelegt worden sei. Dessen Verfasser war ein gewisser Brill, der Titel lautete: «Das sowjetische Herrschaftssystem», und darin handschriftlich eingetragen: «Bitte weitergeben». Der dritte Mann fragte mich, ob ich das Buch da hingelegt hätte. Da läuteten bei mir alle Alarmglocken. Ich stritt heftig ab, so etwas getan zu haben. Mir fiel ein, dass ich ja vor der Verhaftung im Zimmer des Rektors als Handschriftprobe eben diesen Satz «Bitte weitergeben» aufschreiben musste. Ich blieb standhaft, der Gefahr bewusst. Dann wurde ich entlassen, allerdings mit dem Auftrag herauszufinden, wer das Buch auf die Toilette gelegt habe. Am nächsten Dienstag bekäme ich Besuch in der Schule. Um 13 Uhr sollte ich mich in dem Zimmer einfinden, in dem ich zuerst verhört worden war und mitteilen, was ich in Erfahrung gebracht hätte.

*Du wurdest nach dem Geständnis immerhin wieder auf freien Fuss gesetzt. Was passierte dann?*
Nach der Entlassung lief ich ziemlich fertig zum Bahnhof. Ich traf dort völlig überraschend meinen Vater, der sich gerade auf den Heimweg machen wollte. Er hatte mich den ganzen Nachmittag über gesucht, ohne von irgendeiner Stelle Auskunft zu bekommen, auch nicht von der Schulleitung. Trotz Verbots schil-

derte ich meinen Eltern, was geschehen war. Ich schlief den ganzen Sonntag über, fast 24 Stunden lang; es gab kein Fest. Am Montagmorgen begab ich mich wieder in die Schule. Wie normal. Für die folgenden Tage waren je vierstündige schriftliche Prüfungen in vier Fächern angesetzt. Am Dienstagmittag fand ich mich zu dem angesagten Nachverhör ein. Schon beim Hereinkommen fragte mich, es war ganz eigentümlich, einer der zwei Stasi-Leute, die mich verhört hatten: «Sind Sie noch nicht in Westberlin?» (Die zwei sollen sich später auch abgesetzt haben, wie mein Vater wusste.) War das eine Warnung?

*War es das, eine Warnung? Oder eine Aufforderung, nach Westberlin zu fliehen?*
Es konnte auch nach Aushorchen klingen. Jedenfalls dementierte ich jede derartige Absicht, und das war absolut ehrlich. Als man am Tisch sass, wollten sie wissen, ob ich hinsichtlich des ausgelegten Buches etwas herausgefunden hätte, was ich verneinte. Und was meine Mitschüler zu meinem samstäglichen Verschwinden gesagt hätten. Die hatten Gott sei Dank nichts gesagt. Sie waren, unterstelle ich, gewiefter als ich, zumal sie alle ein Jahr älter waren. Vorsicht war das Gebot der Stunde.

Mitten in dieses Geplänkel platzten meine Eltern herein – klopften und betraten das Zimmer. Die beiden Stasi-Leute waren total überrascht. Schon gesprächspsychologisch ergab sich eine völlig veränderte Situation: drei gegen zwei. Und es waren die Eltern eines noch nicht volljährigen Schülers, die intervenierten. Mein Vater erklärte, ich hätte den Brief nicht geschrieben, sondern das nur auf mich genommen. Diese Formulierung hatten wir vorgängig ausgemacht. Bei dem nun folgenden Hin und Her forderte mein Vater, dass ich in dieser, aber auch in anderen Sachen nur von Leuten, die dazu befugt sind, einvernommen werde. Die Stasi-Leute verweigerten eine Zustimmung und akzeptierten – unter Verweis auf meine Unterschrift – auch meinen Rückzug des Geständnisses nicht, aber sie liessen uns gehen.

*Nun warst du definitiv im Visier der Staatssicherheit.*
Was nun passieren würde, wusste man nicht. Ich besuchte zwei weitere Tage ganz normal die Schule und absolvierte die schriftlichen Prüfungen. Doch stimmungsmässig war die Situation alles andere als normal, zumal mir eine Mitschülerin, die in der FDJ der Schule engagiert war, eine Warnung zukommen liess. Und mein Vater war nach Görlitz gereist, um sich bei seinem Bischof Rat zu holen, was man tun solle. Der Bischof und andere Mitglieder des «Konsistoriums», der kirchlichen Behörde, waren oft besser informiert über das, was in der Welt passierte. Mein Vater bekam die Empfehlung, mich nach Westberlin zu bringen. Das wurde auch damit begründet, dass im Deutschen Bundestag eine Abstimmung über den Beitritt der Bundesrepublik zur NATO bevorstand und sich die Möglichkeit, dass alle Zufahrtswege nach Westberlin gesperrt würden, nicht ausschliessen liess.

Am Donnerstag, 19. März gegen Abend wurde ich von meinen Eltern darüber informiert, dass mich mein Vater nach Einbruch der Dunkelheit wegbringen würde. Als Reiseziel wurde Hermannswerder bei Potsdam angegeben. Dort gab es ein von der evangelischen Kirche betriebenes Gymnasium, dessen Absolventen für ein anschliessendes Theologiestudium vorbereitet wurden. Ich ahnte wohl, was mir bevorstand, für eine angemessene Vorbereitung auf die Reise gab es jedoch keine Zeit, Abschiednehmen von den Geschwistern war verboten. Der Gedanke, Heimat und Kindheit urplötzlich hinter sich lassen zu müssen, tauchte auf, ging aber im Gefühl unter, einer schweren Gefahr entrinnen zu können. Wir schlichen uns im Dunkel, fast ohne Gepäck, getrennt zum Bahnhof und nahmen in einem unbeleuchteten, aber auch unbesetzten Abteil Platz. Die Fahrt führte in eine nicht weit entfernte kleine Stadt, wo wir gegen Morgen den Zug nach Berlin nehmen sollten. Bis dahin verbrachten wir die Nacht beim dortigen Pfarrer, ich schlafend, der Vater im Gespräch. Ganz früh am Morgen bestiegen wir den Zug, der direkt zum Grenzbahnhof fuhr, an dem man in die S-Bahn nach Berlin umstieg. Damals mussten alle Reisenden, die in den Norden oder Westen über Berlin hinaus reisen wollten, den Weg über Westberlin nehmen. Es war also noch keine Entscheidung gefallen.

*Die Entscheidung, ob Westberlin oder Potsdam das Ziel war?*
Die Möglichkeit, dass ich in Westberlin bleiben könnte, machte sich mir immer stärker bemerkbar; wohin es tatsächlich gehen würde, war aber noch unklar. Zum Glück, denn so ging ich unbelastet auf die Ausweiskontrolle zu. Gemischte Gefühle hatte ich gleichwohl, wie später immer beim Passieren von Staatsgrenzen: Es konnte ja ein Haftbefehl vorliegen. Aber ich bewegte mich neben meinem Vater inmitten von Leuten, die täglich zur Arbeit fuhren, ruhig auf die Kontrolle zu, die wir ungehindert passieren konnten. Für alle Fälle hatte ich die Auskunft parat, zusammen mit meinem Vater in die Nähe von Potsdam gelangen zu wollen, wozu man Westberlin durchqueren musste. Es war morgens um halb sechs, dunkel und düster, als der Grenzübertritt geschafft war.

*Die Grenzkontrolle konnten du und dein Vater also unbehelligt passieren?*
Ja, natürlich unter Vorzeigen des Personalausweises, in der Menge der Werktätigen, die zur Arbeit fuhren.

*Dein Vater hatte wahrscheinlich bewusst geplant, in aller Frühe über die Grenze zu kommen?*
Das war seine Idee. Er war sehr beschlagen, auch im Eisenbahnverkehr. Und handelte sehr überlegt. Schon in der S-Bahn zeichnete sich bald ab, dass ich mindestens vorläufig in Westberlin bleiben würde. Der Druck wich, ich fühlte mich wie befreit. Wir fuhren nach Zehlendorf zu Bekannten meiner Eltern. Damals waren die Menschen daran gewöhnt, überraschende Besuche zu bekommen.

Man konnte sich auch gar nicht anmelden. Wir läuteten bei einer Familie Schwarzkopf, die mein Vater aus der Kriegszeit kannte. Der Mann war Amtsgerichtsrat in Ruhland gewesen, bevor er eingezogen wurde. Er befand sich 1953 immer noch in sowjetischer Kriegsgefangenschaft. Seine Frau mit ihren zwei Kindern, deren Bruder und Mutter lebten in Erwartung seiner baldigen Rückkehr. Nun war die Frage, wohin mit mir? Frau Schwarzkopf hatte den Einfall, dass in der Nachbarschaft, zwei Strassen weiter, ein Ehepaar lebte, das den einzigen Sohn im Krieg verloren hatte. Sie machte sich sofort zu diesen Leuten auf, um nachzufragen, ob sie mich temporär aufnehmen könnten. Ein weiterer Plan kam für mich in diesem Moment zum Vorschein: Ich sollte nach der Notaufnahme von Westberlin aus in der Familie meines Onkels Johannes, dem Bruder meines Vaters, in Göttingen unterkommen. Das Berliner Ehepaar Burchardt sagte sofort zu, und ich konnte noch am gleichen Abend, mit meinen wenigen Habseligkeiten (hatte ich überhaupt etwas?) einziehen. Zuvor der herzzerreissende Abschied von meinem Vater, der gleich wieder nach Ruhland zurückreiste.

*Ein schwerer Moment?*
Es war ein sehr schwerer Moment, auch für ihn. Wir wussten beide, dass ich für absehbare Zeit nicht mehr nach Hause zurückkehren würde, und er selbst wusste nicht, ob er dafür haftbar gemacht würde, dass er seinen Sohn nach Westberlin gebracht hatte. Es ist ihm aufgrund der Schweigsamkeit lokaler Behörden nichts passiert. Er meldete mich polizeilich ab, die Mitteilung über meinen Wegzug wurde entgegengenommen, ohne dessen Gründe weiter zu verfolgen.

Ich denke, der 20. März 1953 war ein einschneidender Tag in meinem Leben.

*Vielleicht der einschneidendste?*
Ja, das denke ich auch.

*Nochmals zurück zu jener Zeit in Senftenberg an der Schule: Wie hast du dem massiven Druck damals standgehalten?*
Es war nicht immer einfach, es kostete mich natürlich auch viel gesellige Kameradschaft, denn die Zugehörigkeit zur FDJ schloss ja ein, dass man mit seinen Mitschülern ausserhalb der Schulzeit gemeinsam Nachmittage bei Sport und Spiel verbrachte. Allerdings stiess mich ab, dass dazu auch die elementare Ausbildung an der Waffe gehörte. Manchmal hatte ich mich schon ernsthaft gefragt, ob ich nicht doch der FDJ beitreten sollte, um mich nicht ständig diesem Druck ausgesetzt zu sehen und sozusagen unbeschwerter meine Schulzeit verbringen zu können. Ich erinnere mich noch sehr genau an ein Gespräch mit meinem Vater, in dem ich das vorbrachte. Er erörterte das mit mir sehr behutsam. Sein Hauptargument: Wenn ich mit dem Beitritt den kleinen Finger gäbe, fürchte er, dass man meine ganze Hand nehmen und mich in Situationen bringen würde, denen ich

nicht gewachsen wäre oder gegen mein Gewissen handeln müsste; dass ich bei-spielsweise Aufforderungen zur Bespitzelung anderer nicht nachkommen könn-te, was mich in noch weit grössere Schwierigkeiten bringen würde als die Verwei-gerung des Beitritts zur FDJ. Und dieses Argument überzeugte mich.

Für mein Empfinden hat die Schulzeit in Senftenberg einen höchst unange-nehmen Beigeschmack behalten. Intellektuell konnte ich wohl dem Druck stand-halten, ich blieb also ein guter Schüler, und das war auch in gewissem Sinn meine Rettung. Aber als ich in Westberlin angekommen war, spürte ich zu meiner gros-sen Erleichterung, was für ein Riesendruck von mir abfiel. Wie gross dieser gewe-sen war, merkte ich erst dort: Du musst dich hier niemandem gegenüber wegen deiner religiösen und politischen Einstellung rechtfertigen, du musst nicht stän-dig Angst haben.

*Als der Druck wich, hast du erst gemerkt, wie schwierig, ja bedrohlich die Situation für dich gewesen war?*
Ja. Das wurde mir nochmals bewusst, als ich erfuhr, dass nach meiner Flucht eine Versammlung aller Schüler der Senftenberger Oberschule anberaumt worden war. Dabei wurde meine Republikflucht offiziell als Ergebnis der Zerschlagung einer Zelle der Westberliner *Kampfgruppe gegen Unmenschlichkeit* hingestellt. Die Kampfgruppe gegen Unmenschlichkeit, kurz KgU, war eine militante anti-kommunistische Organisation.

*Dein Leben war bis dahin ganz in die Geschichte Ostdeutschlands hineinverwoben, als Kind und dann eben als junger Mann, sodass du nichts anderes kennengelernt hattest.*
Ich kannte nichts anderes als dieses politische Umfeld und das Elternhaus. Ich war überhaupt noch nicht mit dem Leben konfrontiert. Für mich wurde im El-ternhaus gesorgt, auch wenn ich mich in der Pubertät sehr aufmüpfig verhielt, jähzornige Ausbrüche hatte, mich mit meinem Bruder schlug, aber ich musste mich nicht schon mit Berufsfragen auseinandersetzen oder mit anderen Men-schen, die mir etwa in die Quere kamen. Insofern hatte ich es in Ruhland sehr gut gehabt. Abrupt ging ich nun meines heimatlichen Nestes verlustig.

*Du bist aus deiner gewohnten Umgebung herauskatapultiert worden in ein völlig anderes gesellschaftliches und politisches Klima. Selbst wenn es eine befreiende Wirkung hatte, muss es auch für einen 16-Jährigen ein Schock gewesen sein.*
Ja, absolut. Keine Geschwister mehr, keine Eltern. Die Eltern konnten wohl (bis 1961) nach Westberlin zu Besuch kommen, ich aber nicht mehr zurück in mein Elternhaus. Als ich es im April 1961 wiedersah, kam ich, nunmehr bereits 24, als Gast zu Besuch.

# 5. Auf der Insel Westberlin

*«Boogies mit duften Mädchen gescheuert»*

*Wie hat sich das Leben für dich im Frühjahr 1953 angefühlt? Du warst gerade 16 Jahre alt, angekommen in einer Stadt, die du nie zuvor gesehen hattest, in einer Umgebung mit so vielen Menschen wie nie zuvor. Wie hast du das in Erinnerung?*
Geprägt waren die ersten Wochen durch das sogenannte Notaufnahmeverfahren, das ich durchlaufen musste, um als Flüchtling anerkannt, aber auch um in Westdeutschland bzw. in Westberlin wohnsitzberechtigt zu werden. Es gab sicher Leute, heute würde man sie Wirtschaftsflüchtlinge nennen, die aus ökonomischen Gründen oder im Interesse der Familienzusammenführung oder mit rein privaten Motiven die DDR verliessen. In meinem Fall ging es um die Aufnahme als politischer Flüchtling. Ob mir dieser Status zukam, das musste geklärt und anerkannt werden. Im Rahmen dieses Verfahrens habe ich in den ersten zwei Wochen viele Tage in einer der Messehallen in Berlin zugebracht, in welcher alle DDR-Flüchtlinge den Aufnahmeprozess begannen. Man musste früh am Morgen dort auftauchen und sich an einem bestimmten Schalter melden, wo man eine Nummer bekam. Das Ganze lief über 13 Stationen. Das war mein Einstieg in eine neue Welt. Ich bin noch nicht zur Schule gegangen, sondern von meiner neuen Adresse aus mit der U- und S-Bahn zu den Messehallen gefahren. An einzelnen Tagen dauerte es acht Stunden, bis meine Nummer aufgerufen wurde. Ich wartete unter Hunderten von Leuten, man kam ins Gespräch oder ich vertrieb mir mit anderen Wartenden die Zeit mit Skatspielen. Jeden Tag tauchten im März 1953 etwa tausend neue Flüchtlinge in Westberlin auf. Jeden Tag. Alle wollten aufgenommen werden. Mein Notaufnahmeverfahren lief vom 21. März bis zum 24. April 1953.

*Am 21. März hast du dich zum ersten Mal bei den Behörden gemeldet.*
Ja, sofort am Tag nach meiner Ankunft. Ich erhielt einen Laufzettel, den ich sozusagen abarbeiten musste. Am Anfang ging es relativ rasch. Man wurde in einem Bus zu einem Ort gefahren, an dem man die ärztliche Kontrolle durchlief, in der Schirmbildstelle geröntgt wurde und vor einem amerikanischen Offizier – wir befanden uns im amerikanischen Sektor – kurz über die Fluchtgründe Auskunft geben musste. Ich hatte es in all dieser Hinsicht sehr einfach, ich war jung,

gesund und nicht politisch verstrickt. Die nächsten Stempel gab es in einer Messehalle.

Im April wurde ich zum Teil auch an andere Orte bestellt. Ich musste etwa beim zuständigen Einwohnermeldeamt vorsprechen, um eine Bestätigung meiner Eltern vorzulegen, dass ich nicht einfach von zuhause abgehauen war, sondern mit deren Einverständnis beim Ehepaar Burchardt lebte, an das sie die elterliche Verantwortung abgetreten hatten. Frau Burchardt war für die entsprechende Bescheinigung brieflich an meine Eltern gelangt. Meine Mutter brachte die Vollmacht persönlich am 2. April nach Berlin. Inzwischen war bereits die Frage aufgetaucht, ob ich nicht in Berlin bleiben könnte. Das muss wohl von Burchardts angeregt worden sein. Ursprünglich hatte ich ja beantragt, zu der Familie meines Onkels Johannes, dem Bruder meines Vaters, nach Göttingen überstellt zu werden. Das wäre per Flugzeug (über Hannover) geschehen. Hintergründig war es mir bei dieser Aussicht nicht wohl. Das hing mit dem zusammen, was ich beiläufig von der Art und Weise gehört hatte, wie die Tante dort den Haushalt führte: sehr karg sollte es da um das Essen bestellt und das Leben ziemlich streng geregelt sein. Ausserdem war mir in Berlin meine Heimat näher und die Lebensweise der Leute vertrauter. Von den Besuchsmöglichkeiten für DDR-Bewohner gar nicht zu reden. Burchardts bestätigten am 6. April schriftlich, mir Wohnung und Verpflegung zu gewähren. Nun musste aber geklärt werden, ob von den Behörden ein Verbleib in Westberlin überhaupt genehmigt würde. Zunächst war aber Mitte April im Notaufnahmeverfahren angesagt, was auf dem Laufzettel «Vorprüfung» hiess, Vorprüfung eins, Vorprüfung zwei. Immer wieder musste ich darüber Auskunft geben, warum ich nach Westberlin gekommen war und ob die Eltern noch dafür einstünden, dass ich hier oder in der Bundesrepublik bliebe. Sodann musste ich einen schriftlichen Bericht verfassen, aus welchen Gründen ich die Notaufnahme beantragte. Am Ende wurde ich zu einem Gespräch vor einem Aufnahmeausschuss eingeladen. Das fand am 24. April statt. Anschliessend bekam ich den erwünschten positiven Bescheid, dass ich aufgenommen sei. Und erhielt einen Ausweis als anerkannter politischer Flüchtling.

*Du hattest ja nichts. Gab es Unterstützung? Und wie ging es zurück in die Schule?*
Während der Schulzeit bekam ich von der Stadt eine Unterstützung, die der Familie Burchardt überwiesen wurde. Wenn ich mich nicht täusche, betrug sie etwa 90 Mark im Monat. Das hiess, dass Familie Burchardt vor allem für meine Bekleidung manches beisteuern musste, abgesehen davon, dass ich bei ihnen gratis wohnte. Dr. Kurt Burchardt war Gymnasiallehrer an der Königin-Luisen-Stiftung, nein, die hiess damals nur noch Luisen-Stiftung. Obwohl schon 69 und pensioniert, unterrichtete er noch an dieser Privatschule in den Fächern Mathematik und Physik. Er stellte den Antrag, mich in die Schule aufzunehmen, ohne Schulgeld bezahlen zu müssen. Das wurde bewilligt, sodass ich bald wieder zur Schule gehen konnte. Ich trat in die elfte Klasse ein, das Schuljahr hatte gerade

begonnen. Meine Schulzeit verlängerte sich so, denn in Senftenberg lag ja schon ein Grossteil der 11. Klasse hinter mir, zudem dauerte in Westberlin – anders als in der DDR – der Schulbesuch bis zum Abitur 13 Jahre. Aber das brachte mir auch einen nicht unerheblichen Gewinn: Ich war wieder mit gleichaltrigen Mitschülerinnen und Mitschülern zusammen.

*Wie hast du dich in der Schule zurechtgefunden?*
Das ging eigentlich recht gut. Die Klasse umfasste nur etwa elf Schüler, mehrheitlich weiblich. Die Mitschülerinnen stammten meist aus gehobenem bürgerlichen Milieu. Die Schule war ein neusprachliches Gymnasium mit Latein, Englisch und Französisch. Letzteres hatte ich in Senftenberg nicht gehabt und musste zwei Jahre nachholen. Das gelang mir ganz gut; ich profitierte sehr davon, dass mir die Französischlehrerin Privatunterricht erteilte, gratis. Schon nach zwei Monaten konnte ich am Schulunterricht im Fach teilnehmen. Französisch lag mir immer mehr als Englisch. Russisch fiel weg, leider liess ich – nicht zuletzt bedingt durch die mentale Ablösung vom Geist der DDR – auch meine zuvor erworbenen russischen Sprachkenntnisse brachliegen und büsste sie mehr und mehr ein. In Mathematik und Naturwissenschaften war ich meiner Klasse voraus, sodass ich zum Teil zunächst dem Unterricht fernbleiben oder in Mathematik einmal für sechs Wochen selbst den Unterricht erteilen durfte. Die Schule lag in der Podbielskiallee, vier U-Bahn-Stationen von Onkel Toms Hütte entfernt, wo ich nur fünf Minuten vom Bahnhof entfernt wohnte. Drei Mitschülerinnen fuhren eine Station bis Krumme Lanke weiter. Mit diesen ergaben sich in der Folge sehr viele Kontakte.

*Wie erging es dir in deinem neuen Zuhause?*
Herr Dr. Burchardt erteilte mir schon während des Notaufnahmeverfahrens Privatunterricht. Weil ich in Mathematik und Physik sehr gut geschult war, konnten wir uns schwierigeren Aufgaben und Themen wie der Relativitätstheorie zuwenden, was ihm und natürlich mir grossen Spass machte. Aber im Juni erkrankte er schwer, es erwies sich, dass er Leberkrebs hatte, an dem er kurz darauf starb. Und damit begann für mich eine zweijährige, zunehmend schwierigere Zeit, weil ich nun in meinem neuen Zuhause fürs Intellektuelle keinen Ansprechpartner und Förderer mehr hatte. Frau Burchardt, die aus einem katholischen Milieu im Fichtelgebirge stammte, nahm die Aufgabe, mich als Minderjährigen zu betreuen, sehr ernst, für mein Gefühl zu ernst. Sie erlegte mir einen streng geregelten Lebenslauf auf, wie ich ihn so in Ruhland nie gehabt hatte. Was ja an sich wichtig war, dass ich nämlich regelmässig zu essen bekam, konnte ich in meinem Alter noch nicht so richtig schätzen, obwohl ich nach der Schule immer pünktlich zum Mittagessen erschien.

Ich verschaffte mir insofern etwas freien Lebensraum, als ich am Nachmittag oft mit dem Fahrrad unterwegs war und so Teile Westberlins erkundete oder für Mitschüler aus meiner Klasse Nachhilfestunden gab. Bei der Mitschülerin Susanne konnte ich das bei ihr zu Hause tun und bekam dort einen persönlichen Einblick in das Schicksal einer von der jüngsten deutschen Geschichte besonders betroffenen Familie. Susannes Vater hatte einem Widerstandskreis angehört und war noch im Frühjahr 1945 ermordet worden. Ihre zwei älteren Schwestern lebten in Südamerika. Die Mutter führte das Haus; sie erzählte, was mich besonders beeindruckte, dass sie in ihrer Jugend mit Albert Einstein Geige gespielt hatte. Ich war willkommen und bekam eine Fülle von Anregungen, die mir ganz neue Perspektiven eröffneten: im Blick auf die jüngste deutsche Geschichte, insbesondere auf die Verbrechen der Nazizeit, im Blick auf moderne Musik und bildende Kunst. Alles Dinge, von denen ich in Ruhland quasi nie etwas gehört oder gesehen hatte. Es herrschte in diesem Haus eine sehr freie und offene Atmosphäre, die sich für mich auch darin bekundete, dass der Freund von Susanne, ein Kunstmaler, wie ein Familienmitglied im Haus verkehrte.

Das andersartige Leben mit Frau Burchardt gestaltete sich am Anfang recht erträglich, obwohl nicht mehr interessant wie seinerzeit mit ihrem Mann. Später fühlte ich mich sehr eingeengt.

*Ausgang oder Ähnliches gab es nicht?*
Nein, ich musste mir aber auch erst erschliessen, was das hätte sein können: «Ausgang». Mit meinen 16 oder 17 Jahren hiess das, mich mal am Sonntag mit einem Schulkollegen in der Stadt am Kurfürstendamm zu treffen. Aber wenn ich das vorhatte, musste ich ausdrücklich um Genehmigung ersuchen. Dabei ging es auch ums Geld: Wir wollten natürlich in ein Café gehen, wie man das damals (und bis heute) an Nachmittagen allgemein gern tat, und schon das stiess auf Widerstand, obwohl ich meinen mit Nachhilfestunden à 3 Mark generierten Verdienst dafür einsetzte. Heute glaube ich, dass Frau Burchardt ihr strenges Regiment vor allem aus Verantwortungsgefühl aufzog, um zu verhindern, dass ich auf eine schlechte Bahn geriete. Dazu gehörte auch, dass wir sonntags zusammen in die Kirche gingen und uns regelmässig in Kinos Filme ansahen, wozu sie mich einlud.

*Sie hat also ein engmaschiges Kontrollnetz um dich gezogen?*
Ja, ein Netz, das ich anfangs gar nicht als solches empfand und später nur zum Teil durchlöchern konnte. Das Gefühl, zu kurz gehalten zu werden, verschärfte sich bei mir mit zunehmendem Alter. Eintönig waren vor allem die Abende. Dann sass sie in einem Stuhl und strickte, ich sass am Schreibtisch, hatte meist für die Schule nichts mehr zu tun, schrieb Briefe vor allem an meine Eltern oder las in einem Buch. Wir hörten dabei Musik aus dem Radio. Gute Musik, insbesondere klassische Werke. Meine musikalische Bildung wurde auf diese Weise sehr gefördert. In Ruhland und Senftenberg hatte ich zwar Klavierunterricht gehabt, setzte den aber in Westberlin nicht fort. Ausnahmen von diesen etwas stie-

ren Abenden gab es damit, dass wir in der Klasse teils Gratis-, teils sehr vergüns-
tigte Billette für Theater und Konzert bekamen. Ich nahm dieses Angebot wahr
und fand so Zugang zum kulturellen Leben Berlins. In Ruhland gab es weder
Kunstausstellungen noch Konzerte. Ich erinnere mich an ein einziges musikali-
sches Erlebnis, die Aufführung des Weihnachtsoratoriums mit dem Thomanerchor unter Günter Ramin in – Leipzig. Das war im Dezember 1952. Mein 13-
jähriger Bruder Reinhard, seit zwei Jahren Thomaner, sang im Chor mit; für die
Angehörigen der Chormitglieder standen reservierte Plätze zur Verfügung.

Das kulturelle Angebot in Westberlin war demgegenüber sehr reichhaltig.
Ich erlebte die grosse Zeit der Westberliner Theater, des Schiller- und Schloss-
parktheaters insbesondere, wo klassische Werke und moderne Stücke im Origi-
nalton (d. h. nicht im Stil heutiger Regietheater) gegeben wurden; ich besuchte
neben den Konzerten des Berliner Philharmonischen Orchesters, bei denen wir
für den Dirigenten Sergiu Celibidache schwärmten, auch den Konzertsaal für
Neue Musik, wo unter anderem Werke von Zwölfton-Komponisten zu Gehör
gebracht wurden.

*Wann kamen deine Eltern zum ersten Mal zu Besuch?*
Nach etwa sechs Wochen, also etwa anfangs Mai 53. Meine Mutter sah ich, wie
bereits erwähnt, schon am 2. April, als sie der Familie Burchardt persönlich die
Vollmacht überbrachte. Meine Eltern kamen mit grossen Erwartungen an den
Gleichklang der Gefühle und im Glauben, die Schärfe der Trennung mildern, ja
überbrücken zu können. Sie reisten meist übers Wochenende an und übernach-
teten in einer kirchlichen Einrichtung, wo wir uns trafen. Am Anfang befand ich
mich in einer ähnlichen Gemütslage wie sie, ihre Besuche waren mir sehr willkommen – wenn sie nur nicht so schnell und schmerzhaft zu Ende gegangen
wären.

Mit der Zeit allerdings hatte ich zunehmend emotionale Schwierigkeiten damit. Und nicht nur mir ging das so, sondern auch meinen Eltern, weil sich zwischen uns peu à peu eine Kluft auftat. Ich wurde langsam erwachsen, und das
geschah in einer Welt, die nicht mehr die meiner Eltern war. Sie zeigten sich
zunehmend besorgt, ob ich in der neuen Umgebung die von ihnen vorgespurte
Bahn hielte, und sie besuchten mich in der Absicht, auch dafür etwas zu tun. Wir
hatten einen lebhaften Briefwechsel, das war möglich. Jede Woche mindestens
ein Brief, beiderseits, einer von ihnen, einer von mir. Ich habe die ganze Korrespondenz aufbewahrt. Heute geht für mich daraus hervor, dass ich im Verhältnis
zu ihnen noch sehr kindlich eingestellt war, sodass ich ihnen alles ausplauderte,
was mir so durch Kopf und Herz ging. Ihrerseits reagierten sie je nach dem, was
ich schrieb, mehr oder weniger aufgeregt, und dann besonders, wenn sie mich
irgendwie in Gefahr sahen. Einerseits besassen sie keine konkrete Vorstellung
vom Leben in einer Grossstadt, andererseits war ich ihr erstes Kind, das ins Er-

wachsenenalter gelangte, und das in der Fremde ohne ihre Begleitung. Da kam es also bei ihren Besuchen ab etwa Mitte 1954 immer wieder zu Konfrontationen.

*Gab es besondere Auslöser für eine solche Konfrontation? Hatten deine Eltern das Gefühl, du seist zu stark den Kräften der Grossstadt ausgesetzt und führtest vielleicht schon ein liederliches Leben?*
Eines meiner Hauptprobleme in diesen Jahren bestand darin, dass ich sehnsüchtig nach einer Beziehung zu einem Mädchen meines Alters suchte. Ich bombardierte meine Eltern brieflich mit Mitteilungen über das, was ich bei dieser Suche erlebte: Verliebtheit, schöne Stunden, in denen ich Gegenliebe zu spüren meinte, wiederkehrende Enttäuschungen usw. Ich litt darunter, dass ich nicht attraktiv zu sein glaubte, dass ich mich als junger Mann nie so recht akzeptiert fühlte, dass ich vorschnell Gefühle investierte, dass ich offenbar nie auf die Richtige traf.

*Du warst 17. Das geht vielen 17-Jährigen so.*
Aber 17 zu sein, das hiess damals etwas anderes als heute. Und Mädchen, Mitschülerinnen, die ihrerseits 17 waren, bekundeten eher Interesse an einem älteren als an einem gleichaltrigen Freund. Zumal ich nicht, wie die meisten von ihnen, in der Grossstadt aufgewachsen war. In meiner Naivität wusste ich nichts von taktischem Geschick, mit dem ich mich hätte erfolgreich annähern können. Aus den Erfahrungen meines Schulfreundes Hans, der – so mein Eindruck – mit allen Wassern gewaschen war, habe ich erst in der letzten Schulkasse und später zu Beginn des Studiums gelernt. Mir fehlte die Vertrautheit mit grossstädtischen Gepflogenheiten, wie sie Gleichaltrige besassen, die hier in Westberlin aufgewachsen waren. Von einer Begebenheit, welche die Auseinandersetzung mit meinen Eltern kulminieren liess, will ich erzählen. Nach anfänglichem Widerstreben ging ich zu einem Schülerball in einem benachbarten Gymnasium. Gegen alle Erwartung lief es an diesem Abend wunderbar. Ich hatte, wie man das damals so machte und von Frau Burchardt auch dazu animiert, die «Tanzstunde» besucht. Nun bewegte ich mich auch in freien Rhythmen, fand wie selbstverständlich Tanzpartnerinnen und genoss das Fest in vollen Zügen. In meiner noch am nächsten Tag anhaltenden Begeisterung schrieb ich meinen Eltern eine Postkarte. Darauf stand unter anderem: «Boogies mit duften Mädchen gescheuert». Diese damals übliche westliche Jugendsprache verstand man in Ruhland natürlich nicht. Dass ich so etwas schrieb und noch dazu auf einer offenen Postkarte, löste einen moralischen Aufruhr aus. Die Postbotin, die sie meinen Eltern zustellte, hatte sie vermutlich gelesen, und dieser Umstand trug überdies zur Bestürzung meiner Eltern bei, was mich wiederum aufregte. Auf jeden Fall kriegte ich einen geharnischten Brief, eingeschlossen die zerrissene Postkarte. In ihm stand, dass ich meine Teilnahme gefälligst auf «offizielle Veranstaltungen» beschränken solle. Offensichtlich hatte man in Ruhland von nichts eine Ahnung. Die fürsorgerisch motivierte Attacke meiner Eltern führte zu einem Schnitt im Verhältnis zu

ihnen: Ich beschloss, ihnen nicht mehr alles von meinen seelischen Nöten und Eindrücken mitzuteilen, sondern vieles einfach mal für mich zu behalten und selbst zu verarbeiten. So manches Problem wurde in unseren Kontakten damit quasi inexistent.

*Du warst ja aus einer normalen Beziehung zu deinen Eltern rauskatapultiert worden und musstest aus der Ferne den Ablösungsprozess durchmachen.*
Ja, ohne die pubertäre Auseinandersetzung mit den Eltern direkt austragen zu können.

*Der Konflikt verschärfte sich dann bei den Besuchen?*
Genau. Ich wusste, wie schwer auch ihnen die Situation auf der Seele lag, und ich zwang mich selbst, wenn immer möglich darauf Rücksicht zu nehmen, aber oft ging das nicht, oft war ich auch nicht in der Stimmung, hatte gar keine Freude mehr, wenn sie zu Besuch kamen – mit ihren ständigen Ermahnungen und dergleichen. Zum Beleg ein Tagebucheintrag vom 1. August 1954, als ich in Sengwarden bei Wilhelmshaven in einem Pfarrhaus Ferien machen durfte: Meine Mutter wollte zu Besuch kommen. Ich notierte: «Und so wichtig ist dieser Besuch auch nicht, wir haben uns in der letzten Zeit genug gesehen. Ich sollte hier meine Ferien verbringen und damit basta. Und kein Tam-Tam mit Familienbetrieb. Aber Mutti will nicht einsehen im tiefsten Grund, dass durch diese Besuche eine ‹körperliche› Bindung an das Elternhaus auch nicht möglich wird, die eben überhaupt vorbei ist. Sie ist mir leider zu früh abgerissen *worden*, deshalb stehe ich in der grossen Einsamkeit … Und die Einsamkeit wird erst wieder durch das Einssein mit dem geliebten Mädchen überwunden.» Tatsächlich tauchte ein solches Mädchen in der letzten Ferienwoche auf, 14-jährig, aus dem Dorf, mit dem ich mich am Strand innig küsste.

*Also du warst dann sogar eher froh, wenn deine Eltern einmal nicht oder in grösseren zeitlichen Abständen nach Berlin kamen?*
Ja, schon, obwohl es natürlich nie soweit eskalierte, dass ich mir ihren Besuch verbeten hätte. Auch die Sehnsucht, vielleicht später einmal nach Ruhland zurückzukehren, schwand zunehmend. Auf der anderen Seite fühlte ich die Enge meines Lebens in der Obhut von Frau Burchardt immer drückender. Diese Enge habe ich dann selbst im Juli 1955 gesprengt. Anlass war ein Streit darüber, was ich in den Ferien machen würde. Ferien bildeten für mich ein besonderes Problem, weil mir die üblichen Möglichkeiten sie zu verbringen versperrt waren.

*Du warst jetzt 18 und lebtest nun schon zwei Jahre bei und mit Frau Burchardt.*
Eines Morgens sagte ich ihr, ich hätte mich für die Schulferien um eine Stelle in einem kirchlichen Archiv beworben, ich könne dort arbeiten und würde das gerne machen. Dann wurde sie unangenehm, auch weil ich sie gebeten hatte, mir ein

paar Brötchen für die Verpflegung dort mitzugeben: Wieso ich eine auswärtige
Arbeit auf mich nehmen wolle, ich hätte doch alles bei ihr und dergleichen. Wir
hatten einen Riesenkrach. Ich verliess das Haus und suchte in der Schule meine
Klassenlehrerin auf, um ihr zu sagen, dass ich es bei Frau Burchardt nicht mehr
aushielte. Es fand sich ein Ausweg. Meine Eltern hatten mich darauf aufmerksam
gemacht, dass es ein Heim für junge DDR-Flüchtlinge gab, das vom RCDS, vom
Ring Christlich-Demokratischer Studenten, geführt wurde. Es lag am anderen
Ende der Podbielskiallee, also ganz in der Nähe der Schule. Dort bewarb ich mich
schnurstracks um Aufnahme.

*Wie hat Frau Burchardt auf deine Ankündigung ausziehen zu wollen reagiert?*
Zurück bei ihr erklärte ich: «Ich ziehe aus». Das versetzte ihr einen Schock, von
dem sie sich aber in relativ kurzer Zeit erholte, ohne mir mein Verhalten weiter
nachzutragen. Schon im Juli/August 1955 zog ich in das Heim um. Im Unterschied zu allen Vorstellungen von einem beengenden Heimleben machte ich hier
eine neue Freiheitserfahrung; ich erlebte nicht mehr nur, wie zwei Jahre zuvor,
was es heisst, in ein freies Land zu kommen, sondern genoss plötzlich die private
Freiheit, mein Leben weitgehend selbständig gestalten zu können. Es war fast unglaublich, dass ich als 18-jähriger Gymnasiast nun abends bis um 22 Uhr ohne
Begründung und mit blossem Eintrag meines Namens in ein dafür aufliegendes
Heft das Heim verlassen durfte. Schon am ersten Abend machte ich davon Gebrauch, begab mich gegen 21 Uhr auf einen Spaziergang, rief unterwegs von einer Telefonkabine aus eine Mitschülerin an und jauchzte über meine «Befreiung». Ich lebte in einem Zimmer mit drei Jungen, die auch aus der DDR
geflohen waren, in Westberlin in die Schule gingen und sonst keine Wohnmög-
lichkeit hatten.

*Es waren Jungen in deinem Alter?*
Ja, alle in meinem Alter. Wir waren sehr verschieden, haben aber auch vieles gemeinsam besprochen und geteilt. Der Heimaufenthalt generell hat viel zu meiner
lebenspraktischen Erfahrung und Einstellung beigetragen. Im Übrigen war ich
im Heim schnell anerkannt und vertrat die Interessen der Bewohner bei der
Heimleitung, wobei es Ende 1955 heftige Auseinandersetzungen gab, vor allem
im Blick auf den Zustand der Toiletten.

*Das letzte Gymnasialjahr verlebtest du also in diesem Schülerheim.*
Mir fällt ein, dass ich hier meinen ersten Kontakt mit Alkohol hatte. Man sass
abends gelegentlich im Zimmer eines Betreuers zusammen, der auch mal Wein
ausschenkte. Mein erster Eindruck: Was trinken denn da die Erwachsenen für
ein saures Zeug! Nur langsam lernte ich dem etwas abzugewinnen. Ebenso bei
Bier, mit dem ich mich aber am Ende doch sehr schnell befreundete, spätestens
im ersten Studiensemester. Eine andere Episode teilte ich mit meinem Stubenge-

nossen Ulli. Bei Kontakten zwischen unserem Schüler- und einem in der Nähe befindlichen Schülerinnen-Heim hatten wir uns jeder eine Freundin angelacht. Meine – nicht zuletzt brieflich genährte – Beziehung zu meiner Freundin Bärbel litt allerdings sowohl unter meinen Ansprüchen wie unter ihren Gemütsschwankungen; bei ihm sah es zukunftsträchtiger aus, doch torpedierte der in Wiesbaden lebende Vater seiner Freundin die Beziehung mit fast allen Mitteln – bis zum Einsatz von Polizei, die auf Anzeige dieses Mannes im Heim seinen Spind durchsuchte und ein völlig wertloses antikes Objekt sicherstellte, das Ulli von einer Sizilienreise mitgebracht hatte. Auch ich kriegte meinen Saft ab, weil ich meinen Freund angeblich erotisch aufgestachelt haben sollte. Später haben wir uns aus den Augen verloren.

*Und was ist dir aus der zu Ende gehenden Schulzeit in Erinnerung?*
Ein Glanzlicht setzte Ende Mai 1955 die Abiturreise ins Allgäu. Meine Mitschüler fuhren im Bus, ich sollte und wollte mich nicht den DDR-Grenzkontrollen aussetzen. (Erstmals habe ich 1957 auf dem Weg nach Paris die DDR durchquert, an den Grenzübergängen aber immer noch unter Zittern.) Also flog ich zusammen mit einem Schulkameraden nach München-Riem. Von dort gelangten wir zunächst per Bahn nach Pasing, schlugen uns dann trampend bis Kempten durch, fuhren mit der Bahn weiter nach Oberstdorf, um von dort die letzten sieben Kilometer bis zu unserer Herberge unter die Füsse zu nehmen und wieder zur Klasse zu stossen. Ich kam erstmals in die Alpen. Meine Begeisterung war so gross, dass ich noch vor dem Nachtessen einem Reh, das ich gesichtet hatte, nachzusteigen versuchte und mich beim Eindunkeln fast verirrt hätte. Nach begeisternden Ausflügen und Bergtouren (z. B. aufs Nebelhorn) in den nächsten zwölf Tagen ging es für mich wieder über München zurück.

Reiseleiterin war unsere Kunstgeschichtslehrerin, zu der und ihrem Mann ich ein sehr gutes Verhältnis hatte, obwohl ich für eine künstlerische Eigentätigkeit meiner Einschätzung nach unbegabt war. Aber ich gewann Interesse an bildender Kunst, besuchte Ausstellungen zeitgenössischer Künstler, schulte den ästhetischen Blick. Das Ehepaar nahm sich meiner an, lud mich zu sich nach Hause ein und brachte mich in Kontakt mit dem Berliner kulturellen Leben.

Einen Schwerpunkt bildete – nicht zuletzt im Blick auf die Deutschprüfung beim Abitur – die Lektüre der Werke Thomas Manns. Eine wichtige Anregung dafür hatte ich durch die Besprechung von «Tonio Kröger» und «Mario und der Zauberer» im Deutschunterricht bekommen. Begeistert las ich weit über das für die Prüfung Erforderliche hinaus einen grossen Teil des Mann'schen Werks, er wurde für lange Zeit *mein* Autor. Besonders angetan hatte mir schon früher sein «Felix Krull». Zu Besuch bei meinem kranken Onkel Johannes, dem Bruder meines Vaters, las ich ihm daraus vor. Vorsichtig abtastend, wie er reagieren würde, begann ich mit der Musterung Krulls, bei der er einen epileptischen Anfall perfekt mimt. Der Onkel lachte, wie ich ihn noch nie erlebt hatte, sodass ich ihm unter anderem auch die erotische Geschichte der Verführung durch Mme Houpflé zumutete, mit ähnlichem Erfolg. Im «Zauberberg» und «Doktor Faustus» blieb mir bei meiner Par-Force-Lesetour vieles, was über das rein Erzählerische hinausging, verschlossen, manches davon weitete aber auch schon den Blick des Abiturienten. In anderer Hinsicht beeindruckte mich noch kurz vor dem Abitur eine Lesung von damals unveröffentlichten Briefen Thomas Manns. Die Briefe machten mit der qualvollen Situation bekannt, in der sich Mann als Deutscher im Jahr der Machtergreifung Hitlers befand.

Die Lesung gehörte zu den Angeboten der *Humanitas*, einer Berliner «Gemeinschaft der wissenschaftlich interessierten Jugend», der ich schon als Schüler beitrat, in deren Vorstand ich sehr aktiv mitarbeitete und die ich zwischen Oktober 1956 und April 1957 als 1. Vorsitzender leitete. Historische und politische Bildungsarbeit hatte sich der Verein auf die Fahnen geschrieben. Sie wurde in Arbeitskreisen unter Leitung von engagierten Studenten geleistet, vor allem aber mittels Durchführung von Arbeitswochen, in denen je ein Jahrzehnt des 20. Jahrhunderts beleuchtet wurde. Ich habe zwei solcher Arbeitswochen mitgemacht, die eine zum Jahrzehnt 1920–1930, die andere zu «Europa unter dem Faschismus». Das Besondere war, dass sich renommierte Professoren, insbesondere der Freien Universität, beteiligten und je einen Halbtag mit Vortrag und Diskussion gestalteten. Was man hier lernte, ging weit über das hinaus, was Schulunterricht vermitteln konnte, zumal es um die erste Hälfte des Jahrhunderts ging, in dem wir lebten und uns zurecht zu finden suchten.

*Dann kam das Abitur.*
Im Februar 1956. Am Tag der mündlichen Prüfung wurde einer Klassenkameradin und mir eröffnet, dass wir wegen guter Noten in der schriftlichen Prüfung davon befreit seien. Natürlich freute ich mich über das Zeugnis mit den Bestnoten in Deutsch, Mathematik und den Naturwissenschaften. Doch barg diese Befreiung insgeheim auch eine gewisse Enttäuschung darüber, im zweiten Teil des Abiturs nicht gefordert worden zu sein. Das pralle Wissen in einer Breite, wie sie im Leben nie mehr erreicht werden würde, aus dem Inneren heraussprechen zu können, blieb versagt.

# 6. Theologiestudium.
## Von Westberlin nach Zürich

*«Ein schmerzhafter Vorgang des sich in mich hineinfressenden Zweifels.»*

*Helmut, was gab den Ausschlag, Theologie zu studieren?*
Die Studienwahl war ein wichtiges Thema des letzten Schuljahrs. Da hatte ich einerseits die väterliche Empfehlung, Theologie zu studieren, was ja durchaus immer noch meinen Interessen entsprach, und andererseits die Empfehlung meines Physiklehrers, Physik und Mathematik als Studienfächer zu wählen. Ich entschied mich für Theologie, nicht zuletzt auch deshalb, weil ich das Gefühl hatte, dass meine mathematische Begabung nicht für Spitzenleistungen ausreichen würde. Das rechtzeitig eingesehen zu haben, darüber bin ich noch heute froh. In philosophisch-mathematischen Kolloquien an der Zürcher Universität habe ich später Studenten erlebt, die mit 20 einer Professur würdige innovative mathematische Gedankengänge vortrugen. Abschreckend wirkte auf mich ein Zimmergenosse, der schon mit 18 sagte, er wolle nichts anderes als Mathematik-Lehrer werden, denn dann bekomme er eine gute Pension. Ich habe mich damals geschüttelt und mir gesagt: «Wie kann man jetzt mit 18 an die Pension denken?» Das lag völlig ausserhalb meines Horizonts.

Einfache theologische Fragen hatten mich bereits früh beschäftigt, aufkommende Zweifel an Glaubensinhalten durch Gespräche mit den Eltern eine Lösung erfahren. Auch die Teilnahme am gottesdienstlichen Leben war und blieb für mich mehr als die Verpflichtung einer Tradition gegenüber. So ging ich während der Zeit bei Frau Burchardt sonntags regelmässig mit ihr zur Kirche, danach nicht mehr so regelmässig, aber doch aus einem inneren Bedürfnis heraus. Das Konsistorium der Berlin-Brandenburgischen Kirche lud im Frühjahr 1956 die theologischen Studienanfänger zu einem gedanklichen Austausch ein, bei dem jeder angehende Theologe die Frage beantworten sollte, was ihn dazu veranlasst habe, sich dem Studienfach Theologie zu widmen und damit auf den Beruf des Pastors zuzusteuern. Ich konnte kein Berufungserlebnis schildern wie einige meiner Kommilitonen, sondern neben meinen intellektuellen Interessen nur auf meine Herkunft und die darin beschlossene intime Kenntnis eines evangelischen Pfarrhauses verweisen. – Wie konnte man in Westberlin überhaupt Theologie studieren? An der Freien Universität (FU), 1948 gegründet, gab es keine Theologische Fakultät, nur je eine Professur für katholische und für evangelische Theologie, mit je einem Theologen als universitärem Statthalter der einen und der anderen Konfession besetzt. Deren Vorlesungen standen für ein breiteres Publikum offen, auch ich nutzte das evangelische Angebot. Aber Theologie in vollem Umfang und mit einem anerkannten Abschluss zu studieren, war – anders als in Ostberlin an der Humboldt-Universität – nicht möglich. So schrieb ich mich wie geboten an der Kirchlichen Hochschule (KiHo) in Berlin-Zehlendorf ein.

*Wohntest du während der ersten Zeit deines Theologiestudiums in Berlin weiter in jenem Studentenheim?*
Nein, mit dem Abitur zog man dort aus, das war nur für Schüler bestimmt. Ich erhielt bei der Zimmervermittlung der FU Adressen von Vermietern, bei denen ich nachfragen konnte. Ende April 1956, nachdem ich von einem Osterbesuch bei meinem Onkel Johannes und seiner Familie in Göttingen zurückgekehrt war, mietete ich bei einer älteren Frau in der Nähe des S-Bahnhofs Steglitz ein Zimmer, wo ich bis zu meinem Weggang nach Göttingen im Oktober 1957 wohnte. Ich zahlte, glaube ich, 40 Mark Miete. Das Stipendium betrug etwa 230 Mark, womit ich ganz gut auskommen konnte, zumal ich weitere Einnahmen durch Erteilung von Nachhilfestunden hatte. Ich lebte immer sehr bescheiden, auch später in Zürich; die Verpflegung bestand an gewöhnlichen Tagen mittags in einer Mensamahlzeit, abends in einer «Brotzeit» mit Streichwurst und -käse. Klar, das war nicht besonders gesund, aber ich hatte damit keine Probleme.

*Hast du diese Jahre als eine Zeit grosser persönlicher Freiheit in Erinnerung?*
Ja, aber daran hatte ich mich nach meinem Umzug ins Schülerheim bereits gewöhnt. Obwohl ich keiner Verbindung angehörte, pflegte ich manche der für ein freies Studentenleben typischen Seiten. Ich besuchte häufig einen Jazz-Keller, die «Eierschale» am Breitenbachplatz, wo man auch tanzte. Mit zwei Schulkameraden, die wie ich jetzt studierten, traf ich mich regelmässig zu Skatabenden oder besser -nächten, bei denen viel Bier getrunken wurde. Mit einem von ihnen, meinem Freund Hans, machte ich zahlreiche Ausflüge in die Neuköllner Kneipenwelt. Die Berliner Jahre waren aber auch eine Zeit, in der ich mit psychischen Problemen zu kämpfen und seelische Krisen zu überstehen hatte.

*Wie lebtest du dich an der Kirchlichen Hochschule ein?*
Im ersten Semester musste sich der Gymnasiast erst einmal mit der Freiheit des Hochschulbetriebes befreunden. Das hiess: ohne vorgegebenen Stundenplan meinen Tag einteilen, also eigenständig unter den für Studienanfänger angebotenen Vorlesungen, Seminaren und Kursen auswählen, die ich im ersten Semester besuchen wollte, und mir selbst die Disziplin auferlegen, das auch regelmässig zu tun. Bei der Auswahl der Vorlesungen beschränkte ich mich nicht auf das Ange-

bot in der Theologie, sondern machte auch Ausflüge in andere Fächer wie in die Germanistik und vor allem in die Philosophie. Im zweiten Semester stand an der KiHo im Vordergrund, die hebräische Sprache zu erlernen, soweit das für das Studium des Alten Testaments erforderlich war. In Griechisch unterrichtete mich, wie schon während der Schulzeit, unser Lateinlehrer in kostenlosen Privatstunden weiter, ausserdem belegte ich an der FU in beiden Semestern den entsprechenden Sprachkurs.

Der etwas abgelegene Standort der KiHo und die relativ kleine Zahl der hier Studierenden erleichterte es, sich in das Hochschulleben einzufinden. Dazu trug wesentlich bei, dass man sich nach den Vorlesungen mit Kommilitonen zum Mittagessen in der kleinen Mensa traf, über gerade Gehörtes debattierte und bei älteren Semestern auch Rat bei der Lösung praktischer Probleme des studentischen Alltags bekam.

Meine Liebe zur Philosophie konkretisierte sich damit, dass ich mich für philosophische Lehrveranstaltungen an der FU einschrieb. Schon im Sommer 56 besuchte ich eine philosophische «Übung», die Leibniz' «Monadologie» zum Thema hatte. Die Erkenntnis, mich mit dieser Wahl überfordert zu haben, brach sich damit Bahn, dass ich bald zu schwänzen begann und den Wannsee dem Philosophischen Seminar vorzog. Beim Baden beschäftigte mich allerdings lange und erfolglos, was ich mir unter einer Monade vorzustellen hätte. Im folgenden Semester war Philosophie dann trotzdem in meinem Studienprogramm stark vertreten, denn ich schrieb mich an der FU für vier philosophische Vorlesungen ein, in denen ich einfach Zuhörer sein konnte und dabei viel philosophisches Wissen erwarb.

*Wer war in den Berliner Jahren dein wichtigster akademischer Lehrer?*
Der Star der KiHo war Ernst Fuchs, der 1955 als ordentlicher Professor für Neues Testament nach Berlin berufen worden war. Er hatte während der 1920er Jahre in Marburg bei Rudolf Bultmann und Martin Heidegger studiert. Das von Bultmann in den 1940er Jahren entwickelte Programm einer Entmythologisierung der Bibel und damit des christlichen Glaubens wurde noch in meiner Studienzeit heftig diskutiert. Ernst Fuchs vertiefte Bultmanns Interpretation des Neuen Testaments und gab damit der historisch-kritischen Auslegung der Texte eine neue Wendung. Seit Ende des 19. Jahrhunderts ging es in der neutestamentlichen Wissenschaft darum, aus den Quellen den wahrscheinlichen Lebensverlauf des «historischen» Jesus und die Frühgeschichte des Christentums in den ersten Jahrzehnten nach Jesu Tod zu rekonstruieren. Mit dieser Bestimmung ihres historischen Orts, betonte Fuchs, seien aber die biblischen Texte noch keineswegs wirklich verstanden: Es bedürfe einer «existentialen Interpretation», die schliesslich auf die Verkündigung Gottes im Gottesdienst hinführe. Diese von ihm entwickelte Methode bestand darin, die historische Überlieferung in eine «Sprachlehre des Glaubens» für den heutigen Christen zu übersetzen.

Bei Professor Fuchs belegte ich schon im ersten Semester – obwohl inhaltlich überfordert – seine Hauptvorlesung. Es war auch später nicht leicht, seinen Ausführungen zu folgen. Trotzdem zog er fast alle Studenten der KiHo in seinen Bann. Das lag wohl nicht zuletzt daran, dass er mit seinen theologischen Auffassungen immer wieder Anstoss erregte, auch bei der Kirchenleitung. Drohte ihm, für seine «Häresien» belangt zu werden, konnte ihn mitten in der Vorlesung ein heiliger Zorn überfallen, sodass er seinen Vortrag abbrach und aus dem Saal lief. Ich blieb weiterhin sein treuer Zuhörer, auch wenn er mir immer noch nicht ganz durchsichtig gewordene Thesen vertrat, so sehr stand ich unter dem Eindruck, bei der Entfaltung eines überzeugenden neuen Zugangs zum Neuen Testament zugegen zu sein.

Die Vorlesungen von Ernst Fuchs bestimmten auch in der Folge die ganze Ausrichtung meines Theologiestudiums. Einmal setzte ich mich in die Vorlesung des zweiten Vertreters des Fachs Neues Testament an der KiHo. Wir waren zu dritt. Ich hielt bis zum Ende der Vorlesung durch, immer mit der Frage beschäftigt, ob ich es dem Professor antun könne, nicht mehr zu kommen, würde er doch mit meinem Wegbleiben das notwendige Quorum von drei Zuhörern verfehlen.

Andere Professoren der KiHo wurden von uns Studierenden eher überhaupt geschnitten. Man lästerte, sie hätten ihren Posten zum Dank für Ihre Treue zur Bekennenden Kirche während der Nazizeit bekommen. Ein Historiker unter ihnen aber war bei uns Studenten seines Humors und Witzes wegen sehr beliebt; ich nahm bei ihm mit grossem Interesse an einem Seminar teil, in dem wir Protokolle der Verhöre bei den Nürnberger Kriegsverbrecherprozessen studierten.

Für das Sommersemester 57 wechselte ich zusammen mit meinem Schulfreund Hans, der Betriebswirtschaft studierte, an die Universität Göttingen. Onkel Johannes, der in Göttingen ansässige Bruder meines Vaters, unterstützte uns bei der schwierigen Suche nach einer Unterkunft. Wir fanden sie in einem kleinen Dorf, etwa zehn Kilometer entfernt, auf einem Bauernhof. Mit den Professoren und den angebotenen Vorlesungen konnte ich bei vollen Hörsälen nicht so recht warm werden; die Philosophie war durch das Erbe des erst 1950 verstorbenen Nicolai Hartmann geprägt. Aber was ich davon hörte, war und blieb mir fremd. Als ich gegen Ende des Semesters vernahm, dass an der KiHo noch die Möglichkeit bestand, das Graecum abzulegen, trampte ich kurzerhand nach Berlin, fand Unterschlupf im Haus meiner Schulfreundin Susanne, absolvierte die Prüfung und kehrte nach Göttingen wie auf dem Hinweg zurück. Mein Freund lag zu meinem Erstaunen erschlafft im Bett, er hatte aus Geldmangel in den acht Tagen meiner Abwesenheit nur Rohrzucker gegessen, wie er behauptete. Glücklicherweise konnte ich mit meinem Semester-Stipendium, das eben eingegangen war, helfen. Zugleich verfügte ich über so viel Geld, dass wir dem Bauern einen ausgedienten Personenwagen, einen Adler Jahrgang 1938, für 400 Mark abkaufen konnten. Den Führerschein besass ich bereits – ohne jede Aussicht auf ein eigenes Fahrzeug – seit Sommer 1956.

*Wie bist du denn ohne viel Geld zu einem Führerschein gekommen?*
Das kam so: Ich hatte am U-Bahnhof Onkel Toms Hütte ein auf einem Auto montiertes Plakat gesehen, das Studenten anbot, den Führerschein für nur 90 Mark zu machen. Ich erlag der Verführung und gelangte auch nach sieben Fahrstunden zum Erfolg. Bei der Prüfung kam mir zu Hilfe, dass der Fahrlehrer, einer christlichen Sekte angehörig, den Prüfer mit Witzeleien über mein Theologendasein ablenkte. Einer seiner Sprüche, angebliches Zitat aus dem apokryphen 4. Esrabuch, ist mir geblieben: «Wer Kälber küsst, tötet Menschen».

Bald erlebte der frische Führerscheinbesitzer seine Feuertaufe. Auf der Rückfahrt von Göttingen nach Berlin mit dem neu erworbenen Auto – ich am Steuer – platzte der zuvor behelfsmässig eingebaute, von einem Getreidedrescher stammende Keilriemen. Das passierte, als wir uns auf der Transitautobahn schon hinter der Grenze im Gebiet der DDR befanden. Wir mussten zurück, kamen ungeschoren über die östliche Kontrollstelle Marienfelde wieder in den Westen und konnten das Auto in Helmstedt bei einer Tante von Hans abstellen, an die er sich noch knapp erinnerte. Nur in Berlin bestand die Aussicht, einen passenden neuen Keilriemen zu bekommen. Wir begaben uns per Taxi an die westliche Kontrollstelle auf der Autobahn, wo Personen- und Lastwagen oft einen kurzen Halt einlegten, und fanden jeder einen Fahrer, der uns gegen ein geringes Entgelt nach Berlin mitnahm. Acht Tage später ging es auf die gleiche Weise wieder in umgekehrter Richtung los. Beim abgestellten Auto angekommen, bauten wir den neu erworbenen Keilriemen ein. Alles funktionierte, wir fuhren nun auf dem eigenen Untersatz mit einer Höchstgeschwindigkeit von 60 km/h nach Berlin und rollten mit geschwellter Brust dort ein.

Das äusserst reparaturbedürftige Gefährt diente mir – mein Freund war wegen Geldmangels inzwischen ausgestiegen – während des Sommers oft dazu, trotz erheblichem Aufwand für Benzin und Öl zu meiner Ferienarbeitsstelle (mit einem Stundenlohn von 1,31 Mark) bei Daimler-Benz in Berlin-Marienfelde zu gelangen. Als es im Herbst zur technischen Kontrolle aufgeboten wurde, musste auch ich angesichts der hohen Reparaturkosten traurig Abschied nehmen. Die Einsicht, dass es zu einem studentischen Stipendienempfänger ganz und gar nicht passte, ein eigenes Auto zu fahren, tröstete mich.

Die Beschäftigung in jenem Werk hatte ich seinem Direktor zu verdanken, dessen zwei Söhnen ich Nachhilfestunden gab. Meine Aufgabe bestand vor allem darin, die Nummern der hier gebauten Motoren kurz vor ihrem Versand nach Westdeutschland abzulesen und mit den Eintragungen auf den Transitpapieren zu vergleichen. Das füllte den Tag nie und nimmer aus, sodass man mir noch völlig überflüssige Büroarbeiten zuschanzte. Ich wurde wie ein rohes Ei behandelt, man hoffte, dass ich für die Mitarbeiter am Ort beim Chef ein gutes Wort einlegen könnte. Besonderes Prestige verschaffte mir vor allem der Umstand, dass ich zweimal die Woche schon vor Arbeitsschluss mit dessen Dienstwagen zu den Nachhilfestunden abgeholt und nach Dahlem gebracht wurde.

Auch im Wintersemester 57/58 wollten Hans und ich in Göttingen studieren, gelangten nun auf dem Motorrad meines Freundes dorthin, fanden aber – wieder zu spät angereist – keine passende Unterkunft. Ich exmatrikulierte mich ohne grosses Bedauern, kehrte schnell nach Berlin zurück und konnte mich bei schon begonnenem Semester erneut in der KiHo einschreiben. Fortan wohnte ich bei einem älteren Fräulein in Tempelhof, wo ich ein Zimmer gemietet hatte.

*Nun eine allgemeinere Frage: Was hast du in deinen Berliner Jahren von den politischen Entwicklungen mitbekommen?*
Natürlich sehr viel mehr als vorher in Ruhland. Die Berliner Stimmungslage schien mir recht entspannt, auch wenn noch Nachklänge an die Zeit der sowjetischen Berlin-Blockade vom Juni 1948 bis zum Mai 1949 und insbesondere der von den westlichen Alliierten eingerichteten Luftbrücke zu spüren waren, die das Überleben Westberlins ermöglicht hatte. Ein grosses Thema bildete die Wiedervereinigung Deutschlands. Konnten die vieldiskutierten sowjetischen Vorschläge einen Weg dazu ebnen? Sie wurden von den Westmächten durchwegs abgelehnt. Es gab wohl die «Vier-Mächte-Konferenzen», deren erste im Januar/Februar 1954 in Berlin stattfand, doch brachten sie keinen Erfolg. Persönlich hegte ich den Wunsch nach einer Wiedervereinigung besonders stark, in Westberlin schien mir dieser Wunsch nicht sehr ausgeprägt, wie ich bei meinen Mitschülern feststellte. Westberliner und ich mit ihnen konnten ja im Übrigen unbehelligt, wenn natürlich immer mit Ausweiskontrolle, nach Ostberlin und zurück gelangen. Wir erlebten dort viele Seiten des grossstädtischen Lebens in Ostdeutschland, wenn es sich auch in Ostberlin, dem Fenster zum Westen, unter spezifischen Bedingungen abspielte. Man konnte etwa seine Ostverwandten in spezielle Geschäfte begleiten, wo man für sie Westwaren (z. B. guten Kaffee) mit Westgeld kaufte. Am Bahnhof Friedrichstrasse gab es einen Laden, in dem tschechische Schallplatten zu einem günstigen Preis angeboten wurden. Später als Student besuchte ich auch, wenngleich mit schlechtem Gewissen, gelegentlich einen Club für deutsch-sowjetische Freundschaft, in dem man sehr günstig – natürlich für Westgeld – russischen Sekt bekam. Grösste Anziehungskraft aber besass das Brecht-Theater, in dem auf hohem Niveau sozialistische Theaterkultur zu erleben war. Für den sozialistischen Realismus in der Bildenden Kunst hegten wir dagegen nur Verachtung.

1958 ging ich das erste (und in Deutschland das einzige) Mal zur Wahl, gab nämlich meine Stimme bei der Wahl für das Berliner Abgeordnetenhaus ab und war zugleich als Wahlhelfer in Neukölln tätig. Zuvor hatte ich mich schon im letzten Schuljahr als Mitglied des Berliner Schülerparlaments an den politischen Diskussionen beteiligt.

Eine grössere politische Krise erlebte ich in Westberlin mit, als die Sowjetunion Ende November 1958 in einer Note an die Westmächte ultimativ forderte,
den Viermächte-Status Berlins aufzuheben, Ostberlin in die DDR einzugliedern
und Westberlin zu einer Freien Stadt zu erklären mit einem staatsrechtlichen
Sonderstatus, der die Angliederung an die Bundesrepublik ausschloss. Es wurde
von sowjetischer Seite hierfür nur eine Halbjahresfrist eingeräumt. Die Westmächte und die Bundesrepublik lehnten das Ansinnen ab, bei der Westberliner
Bevölkerung löste es aber Unruhe und zum Teil auch Abwanderung aus. Ich
selbst habe von der allgemeinen Stimmungslage wenig mitgekriegt. Der Spuk war
auch bald vorbei – bis zum 13. August 1961, dem Tag, an dem der Mauerbau
zwischen Ost- und Westberlin begann. Inzwischen in Zürich lebend, erfuhr ich
davon erst am folgenden Tag – aus der Zeitung, als ich mich nämlich auf der
Rückreise von Ferien im Bündner Land befand. Sofort telefonierte ich mit meinem Bruder Reinhard in Berlin, der mir von den dramatischen Ereignissen am
Vortag berichtete: Meine 18-jährige Schwester Irmtraut war mit unserem erst
13 Jahre alten kleinen Bruder Andreas in Berlin zu Besuch gewesen und musste
binnen Stunden den Entscheid zwischen Bleiben oder Zurückfahren treffen – einen Entscheid von grösster Tragweite, wie allen Beteiligten bewusst war. Unsere
Eltern hätten Andreas ohne Zweifel zurückkommen lassen, aber *sie* hatte es bei
aller Bedrängnis in der Hand, zwischen Ost und West zu wählen. Reinhard malte
ihr die Chancen aus, die sich ihr im Westen eröffnen würden. Abstrakt gesehen,
hatte sie die Freiheit sich so oder so zu entscheiden, konkret fühlte sie sich – wie
sie später erzählte – völlig überfordert. Sie wusste, dass sie von den Eltern in
Ruhland zurückerwartet würde, sie hatte die Verantwortung für Andreas vor Augen, sie *musste* zurück. Die Mutter, die für jeden in Ruhland ankommenden Zug
zum Bahnhof gelaufen war, schloss sie in die Arme, alle weinten.

*Zurück in dein Leben. Woran entzündeten sich in Berlin deine seelischen Krisen,
von denen du sprachst?*
Aus meiner heutigen Sicht denke ich, dass sie mit der Pubertät in Zusammenhang standen, unter der ich schon seit meinem 13. Lebensjahr immer wieder gelitten hatte, insbesondere mit meiner – fast würde ich sagen: pathologischen –
Suche nach Liebe, einer Suche, die sich an Beziehungen zum weiblichen Ge-
schlecht konkretisierte. Es war nicht nur ein Minderwertigkeitskomplex im Spiel,
der von der eigenen Einschätzung meines Aussehens genährt wurde, aber auch
verschwand, wenn ich mich angenommen fühlte. Es suchten mich Einsamkeits-
gefühle, Gefühle der Verlassenheit heim, die ich teils in einem Rausch, teils in
depressiver Selbstbemitleidung zu überstehen versuchte. Beim Lesen zogen mich
Autoren an, die in die Fanfare des Rauschhaften bliesen und in die Abgründig-
keit des Lebens hineinzogen: Charles Baudelaire («Les Fleurs du mal»), Arthur
Rimbaud («Le Bateau ivre»), Gottfried Benn («Trunkene Flut»). Ich lernte Benns
Gedicht auswendig und berauschte mich an ihm, indem ich es häufig vor mich

hin murmelte. Die dunklen Bilder in Georg Trakls Gedichten gaben einer Stimmung Ausdruck, die mich oft befiel; so tauchte ich mit Tränen in sein Gedicht «Traumwandler» ein, dessen Anfang mir aus der Seele sprach:

> *Wo bist du, die mir zur Seite ging,*
> *Wo bist du, Himmelsangesicht?*
> *Ein rauer Wind höhnt mir ins Ohr: du Narr!*

Ich machte mich daran, für mich selbst Gedichte zu schreiben oder mit solchen eine weibliche Person, die mir völlig entzogen war, aus der Ferne zu verehren.

Noch immer gab ich diese Stimmungen meinen Eltern in Briefen kund. Das führte einmal sogar dazu, dass mein Vater den Vikar abordnete, um bei mir vorzusprechen. Er läutete eines Morgens um 8 Uhr in der Wohnung, in der ich ein Zimmer gemietet hatte, ein fremder junger Mann, der mir zu meiner grössten Überraschung mitteilte, dass er im Auftrag meines Vaters nach mir sehen wolle, weil meinen Eltern meine psychische Verfassung und schlechte Stimmungslage grosse Sorgen mache. Ich musste lachen, weil das zum Zeitpunkt seines Besuchs, am Morgen, absolut nicht aktuell war, und dieser junge Mann mir nun wirklich nicht ein Mensch zu sein schien, der mir helfen könnte. Ich habe ihn mit Dank und Gruß einfach wieder nach Hause geschickt.

*Heute würden moderne Psychologen wohl sagen, etwas Posttraumatisches habe bei dir diese krisenhaften Momente ausgelöst.*
Ich selbst habe das nie so eingeschätzt, weil meine Flucht nach Westberlin viel zu viele positive Folgen hatte und ich zu diesem Zeitpunkt, also mit 17 oder 18, bereits ein Leben führte, das mit Kontakten, Theater- und Konzertbesuchen oder Spielabenden reich ausgefüllt war, ein Leben mit Freunden und Klassenkameraden. Lange habe ich, als psychologischer Laie, mein Liebesdefizit mit mangelnder Mutterliebe erklärt. Aber auch als ich mich nicht mehr über fehlende Zuwendung seitens einer Frau beklagen konnte, machte es sich dann und wann und zum Teil unheilvoll bemerkbar. Obwohl ich mich in keiner Art und Weise über meine Mutter beschweren darf, hat mir in meiner Kindheit untergründig möglicherweise etwas gefehlt, was mich als 18-Jährigen besonders umtrieb. Die Pubertät ist eine schreckliche Zeit des Umbruchs, und so habe ich sie schon erlebt, als ich noch zu Hause war.

Doch dass ich mich von jungen Frauen nicht angenommen fühlte, hatte auch sehr viel damit zu tun, dass ich mich ihnen immer mit der Wunschvorstellung von ganzer Hingabe und totaler Gemeinschaft näherte – und damit natürlich abprallte. In einem sehr persönlichen Gespräch nach der Rückgabe eines Aufsatzes warnte mich meine Deutschlehrerin direkt: «Hoffentlich führt Sie nicht Mephisto einmal heraus!» und beschwor mich «jede kleine Gelegenheit zu einer Begegnung zu nutzen, auch wenn sie Sie das erste und zweite Mal noch nicht recht befriedigt», also meine selbstquälerischen absoluten Ansprüche zu mässigen, erst dann «leben Sie».

*Diese Krisenstimmung kulminierte gleich zu Beginn deines Theologiestudiums?*
Ja, sie verband sich mit einer Art Glaubenskrise, in die ich mit dem und durch das Theologiestudium hineinschlitterte. Denn dieses provozierte zum Abschiednehmen von Glaubensinhalten, die ich intellektuell nicht mehr akzeptieren konnte. Es war ein langsamer, aber sich verstärkender Prozess, ein seinerseits nicht nur geistig, sondern auch seelisch schmerzhafter Vorgang des sich in mich hineinfressenden Zweifels.

*Du hast die seelische Krise bald überwinden können?*
Ja, wenn auch nicht die religiöse. Im Herbst 1957, ich war inzwischen 20, lernte ich meine erste – gemäss meinen Gefühlen – wirkliche Freundin kennen. Ich hatte wohl mit meiner Klassenkameradin Susanne eine recht intensive freundschaftliche Beziehung gehabt; ich war lange mit einer entfernten Verwandten von Frau Burchardt, der drei Jahre älteren Karin, die in Zeuthen ausserhalb Berlins lebte, in einem lebhaften Briefwechsel gestanden, bis wir uns dann 1955/56 gelegentlich in Westberlin trafen, oft getrübt durch den Umstand, dass sie ständig zu depressivem Jammern neigte. Weitere kurzfristige Beziehungen standen unter dem Unstern meines Liebesgeschwurbels.

Mit Annette war es anders. Auch sie stammte aus der DDR, schon das verband uns. Sie war bei ihrer Mutter in Grabow in Mecklenburg aufgewachsen. Ihr Vater, ein in höchsten Nazikreisen verkehrender Archäologe, war 1946 in einem Lager gestorben. Mit 14 erfuhr Annette, hinter einer Tür lauschend, dass ihre leibliche Mutter eine andere war, nämlich die zweite Frau ihres Vaters, die – von ihr als Tante angesprochen – in Karlsruhe lebte. Nach dem Abitur wollte sie in Ostberlin studieren, bekam aber keinen Studienplatz. Man diktierte ihr ein Arbeitsjahr, das sie ohne Bezug auf ihre Studienwahl in einer Firma in Teltow, unmittelbar hintrer der südlichen Berliner Grenze zur DDR, absolvieren musste. Sie hatte eine kleine Wohnung in Berlin-Weissensee gemietet, lebte aber grossen Teils in einem Haus von Verwandten nahe dem Grunewald. Hier lernten wir uns über einen beiderseitigen Freund kennen. Beide waren wir ungebunden, mussten niemandem Rechenschaft geben, wenn auch Annette auf ihre grossbürgerlichen Verwandten angewiesen war und auf diese Rücksicht nehmen musste, insbesondere wenn diese aus Schleswig-Holstein, wo sie ihren eigentlichen Wohnsitz hatten, in Berlin weilten. Selbstverständlich besuchte sie immer wieder ihre von Multipler Sklerose gezeichnete kranke Mutter in Grabow.

Annette war eine 18-jährige, aussergewöhnlich schöne junge Frau. Sie wurde meine erste grosse Liebe, und umgekehrt ich wohl auch für sie. Am Anfang und nochmals nach dem Ende unserer intensiven zweijährigen Beziehung gab es traumatische Ereignisse, die sie vor allem psychisch in ihrer Existenz bedrohten, einer schon durch die familiären Umstände höchst fragilen Existenz. Ohne dass mir das damals ganz durchsichtig wurde, gelang es ihr, in und mit unserem lustvollen Zusammenleben das Trauma einer Vergewaltigung zu verarbeiten. Ein für unsere Beziehung prägendes Element: Sie fühlte sich ohne Wenn und Aber von mir angenommen, und ich mich von ihr.

Wohnte sie in Westberlin, sahen wir uns fast jeden Tag, trafen uns nachmittags in einem der vielen Berliner Cafés, gingen häufig ins Kino oder verbrachten einen «Bratkartoffelabend» bei ihr, für den ich beim Hühner-Hugo etwas Leckeres besorgte. Im ersten Jahr, als sie noch in Teltow arbeitete, holte ich sie bald einmal fast täglich vor 6 Uhr am Morgen ab (wofür ich selbst vor 5 Uhr aufstehen musste, um von Tempelhof mit dem Bus zu ihr zu gelangen) und begleitete sie, wieder im Bus, bis zum Grenzübergang nach Teltow. Manchmal besuchte ich sie auch in Ostberlin, übernachtete bei ihr (obwohl das Westberlinern verboten war) und kaufte am Morgen Brötchen fürs Frühstück. «Wir lebten wie die Tauben …»

Ich erinnere mich auch an Einladungen zu kleineren oder grösseren Anlässen bei ihren Verwandten in Berlin, bei denen ich mich in die Verhaltensformen und Tischsitten der gehobenen Gesellschaft einüben konnte. Ebenso an Besuche in Elmshorn, wo ich in dem herrschaftlichen Haus ihrer Verwandten freundlich aufgenommen wurde. Ein besonders gutes Verhältnis ergab sich zu Annettes Onkel, in dessen erlesener Bibliothek ich, seltsam beeindruckt, erstmals Werke von Ernst Jünger las. So lernte ich eine andere und für mich neue Lebenssphäre kennen.

*Brachte dich diese Welt nicht in Konflikt mit deinem im Theologiestudium anvisierten Ziel Pfarrer zu werden?*
Ja, das dokumentierte sich einmal darin, dass mein Studieneifer sichtlich nachliess, weil ich viel zu viel Zeit mit Annette verbrachte. Langsam kam mir auch zu Bewusstsein, dass sich der Eintritt in diese neue Welt kaum mit meinem Berufsziel vertrug. Schliesslich machte sich der Umstand, dass ich – ein Student, zumal Student der Theologie – dieser jungen Frau in der näheren Zukunft kaum eine Lebensperspektive zu bieten vermochte, langsam auch im Verhältnis zu meiner Liebsten direkt bemerkbar. Sie plante als Au-pair-girl einen längeren Sprachaufenthalt in England; meinerseits gab es in meinem Studium eine unerwartete Wendung.

*Was geschah?*
In einem Seminar, das Professor Fuchs im Wintersemester 1958/59 abhielt, ereignete sich gänzlich unerwartet und an sich belanglos etwas, das von grösster Wichtigkeit nicht nur für mein Studium, sondern für mein ganzes weiteres Leben werden sollte. Fuchs forderte vor Beginn eines Seminars einen Kommilitonen auf, ihn nach der Sitzung wegen der Aufnahme in die «Studienstiftung des deut-

schen Volkes» anzusprechen, was offenbar schon beschlossene Sache war. Dann fügte er hinzu: «Wenn sich sonst noch jemand berufen fühlt, in die Studienstiftung aufgenommen zu werden, möge er sich nachher auch bei ihm melden». Die ganze Sitzung über war ich nur noch mit der Frage beschäftigt, ob ich die Kühnheit haben sollte mich zu bewerben. Ich war kein durch kluge Äusserungen besonders auffälliger Student. Schliesslich wagte ich es. Er fragte nur: «Welche Note hatten Sie beim Hebraicum?», 1–2; «beim Graecum?», 1. «Ja, kommen Sie übermorgen zu mir». Nach dem ausführlicheren Gespräch bei diesem Besuch war das Aufnahmeverfahren lanciert. Ich musste weitere Gespräche bei zwei anderen Professoren ausserhalb des Fachs absolvieren und wurde danach tatsächlich in die Studienstiftung aufgenommen. Mit der finanziellen Förderung, die das bisherige Stipendium übertraf, war das Angebot verbunden, ein Jahr im Ausland zu studieren. Dafür kamen nach meiner Einschätzung für mich als evangelischen Theologen entweder Montpellier oder Zürich in Frage. Ich entschied mich für Zürich, weil dort Prof. Gerhard Ebeling, ein Mitstreiter und Freund von Ernst Fuchs, bekannt als Lutherforscher, systematische Theologie dozierte. Für die Wahl von Zürich sprach auch, dass ich den deutschen Sprachraum nicht verlassen musste. Ich verspürte – ähnlich meinem Vater, ganz im Gegensatz zu meiner Mutter – keine Lust, mich ganz fremden Verhältnissen auszusetzen und dort sprachlich eingewöhnen zu müssen, wenn ich nach Montpellier käme. Mir hätte das vielleicht gutgetan, aber ich war nicht bereit dazu. Die Fremdheit der Schweiz unterschätzte ich bei dieser Wahl.

So bin ich im Oktober 1959 nach Zürich gewissermassen ausgewandert, ohne zu ahnen, dass ich, erst 22-jährig, dort mein weiteres Leben verbringen würde. Der Studienaufenthalt war nur für ein Jahr geplant.

Der Wechsel von Berlin nach Zürich bedeutete Trennung von Annette. Sie schrieb mir mit einem roten Stift in meine Taschenagenda:

*Partir, c'est un peu de mourir*
*mourir à ce qu'on aime.*

Wir sahen uns nochmals zu Weihnachten 1959 in Berlin, als sie aus England, wo sie eine Au-pair-Stelle angetreten hatte, und ich aus Zürich zum Besuch meines Bruders Reinhard angereist war. Wir liebten uns wieder, aber in einer Stimmung des Abschieds – in Zürich bahnte sich bereits die neue Freundschaft mit Elisabeth an, dazu später mehr. Ein halbes Jahr danach erhielt ich aus England einen brieflichen Hilferuf. Im Einverständnis mit meiner neuen Freundin reiste ich nach Berlin. Annettes Verzweiflung hatte diesmal andere Gründe. Äusserlich konnte ich ihr helfen. Wir trafen uns dann zu einem letzten Abend in einem kleinen Lokal am Theodor-Heuss-Platz. Sie trug mir an, sich mit mir zu verloben. Das Gespräch erstickte in Tränen. Vor Monaten noch wäre es für mich das höchste Glück gewesen, mich mit ihr zu verloben, jetzt musste ich ablehnen. Sie bat mich, nochmals mit ihr zu schlafen. Wir taten es. Ein Abschied zum Guten, nicht zum Sterben. Sechs Wochen später verlobte sich Annette mit ihrem späteren Mann, einem Bankier. Wir blieben uns über das weitere Leben hin verbunden. Beim letzten Anruf aus Anlass von Annettes Geburtstag überbrachte mir ihr ältester Sohn die Nachricht, dass sie 81-jährig gestorben sei.

# 7. Und doch nicht Pastor werden

*« … nicht glaubwürdig zu sein. Das konnte und wollte ich nicht.»*

*Welche Erinnerungen hast du an deine Ankunft in Zürich?*
Ich traf dort am 15. Oktober 1959 ein. Die Ankunft wurde mir dadurch sehr erleichtert, dass mich ein schwäbischer Studienkollege, den ich aus Berlin kannte, am Bahnhof abholte und am nächsten Tag zu meinen neuen Wirtsleuten begleitete, bei denen er mir für die erste Zeit ein Zimmer besorgt hatte. Da konnte ich sechs Wochen bleiben, bis es von der Familie selbst genutzt werden sollte. Mir blieb so genügend Zeit, eine dauerhaftere Unterkunft zu finden. Ende November zog ich denn auch auf die andere Seite der Stadt nach Wollishofen um. Für die nächsten zwei Jahre lebte ich hier am Meisenweg in einem ruhig und hübsch gelegenen Haus. Mein Zimmer lag im ersten Stock, wo auch die zwei Söhne der Familie wohnten, der eine gleichaltrig und ebenfalls Student, der andere etwas jünger. Deren Mutter stammte aus Bayern und hatte wirklich das Herz auf dem rechten Fleck. Es waren zwei sehr angenehme Jahre, die ich dort zugebracht habe.

*Wie kamst du mit Schweizerdeutsch, mit dem Dialekt, zurecht?*
Nicht so leicht. An der Uni sprach man im Allgemeinen Hochdeutsch. Aber im Alltag, etwa beim Einkaufen, hatte ich meine Mühe mit dem alemannischen Dialekt, den man weder auf Anhieb verstand noch gar zu sprechen imstande war.

Doch das Leben in Zürich hatte gegenüber Berlin auch eine sehr vorteilhafte Seite: Es war wesentlich ruhiger, sodass ich wieder einen Grossteil meiner Zeit dem Studium widmete. Ich liess mich nicht mehr so ablenken wie zuvor, weder privat noch durch Nutzung der auch in Zürich vielfältigen kulturellen Angebote. Für den Wiedereinstieg ins Studium war es förderlich, dass ich in Zürich alle vier schwäbischen Studienkollegen antraf, mit denen ich schon in Berlin bekannt geworden war. Allesamt sehr helle Köpfe, vielseitig interessiert und bewandert, ständig miteinander im Austausch. Ich fühlte mich in ihrer Gruppe aufgehoben. In verschiedener Zusammensetzung trafen wir uns auch hier und da in einem Café oder zu einem Filmbesuch.

*Alles Theologen?*
Ja. Ich fand mich in diesem Kreis erstmals in eine anspruchsvolle Diskussion theologischer Probleme ein, die aufgrund von Vorlesungen und Lektüren aktuell waren, zum Beispiel wie das Verhältnis des historischen Jesus zum biblischen Christus zu bestimmen sei. Wir schrieben uns auch für ein philosophisches Seminar zur Metaphysik des Aristoteles ein und lasen gemeinsam Texte aus diesem Werk im griechischen Original. Generell studierte ich nun nicht mehr an einer kirchlichen Einrichtung, sondern an einer kantonalen Universität mit einer eigenen theologischen Fakultät. Da liessen sich viele Interessen befriedigen, zumal dem Besuch von Vorlesungen in anderen Fakultäten vom Studienplan her nichts im Wege lag. So nahm ich an einer Vorlesung über Statistik teil, interessierte mich aber besonders für Angebote der Philosophischen Fakultät I, welche die Geistes- und Sozialwissenschaften umfasste, und hier neben Philosophie vor allem für Germanistik, nämlich die Vorlesungen des Germanisten Emil Staiger. Er hielt sie von Montag bis Donnerstag je von 11–12 Uhr in der meist vollbesetzten Aula. Man kam dort auf ganz unangestrengte Art mit Kommilitonen aus anderen Disziplinen in persönlichen Kontakt, bei mir waren es vorwiegend Germanisten; man ging auch zusammen zum Mittagessen, sei es in den am Hirschenplatz unterhalb der Uni gelegenen Tea Room Wellenberg, sei es in die Mensa, wobei ich die ETH-Mensa an der Clausiusstrasse meist der vom Frauenverein betriebenen Uni-Mensa vorzog. – Ich studierte also in Zürich wesentlich engagierter und arbeitete konzentrierter, wozu das Umfeld viel beitrug. Das war die positive Seite.

*Was war denn die negative Seite deines Lebens in dieser ersten Zeit in Zürich?*
Es war nicht leicht für mich, ausserhalb der Uni in den neuen Verhältnissen heimisch zu werden. Die Differenz zum Leben in Deutschland bzw. in Berlin trat mir schnell vor Augen. Man merkte, dass Hochdeutsch nicht gut ankam; man merkte, dass die schweizerischen Kommilitonen, wenn man mit ihnen Kontakt hatte, in einer ganz anderen geschichtlichen Tradition lebten, von deren Fundus sie zehrten. Auffällig war für mich vor allem, dass die schweizerische Kriegserfahrung eine ganz andere, eine viel weniger prägende war als die deutsche. Die innere und äussere Verteidigung gegen Nazideutschland bildete die für die Gegenwart relevante historische Erinnerung. Ich erfuhr erstmals etwas von der Geschichte der Schweiz, wenn auch zunächst nur oberflächlich. Von der Kriegszeit bekam ich mit, welche Vorkehrungen für den Fall eines deutschen Angriffs getroffen worden waren, wie die Schweiz ihre völkerrechtliche Neutralität im Interesse ihres Überlebens geltend machte oder wie gegen ein drohendes Embargo die Lebensmittelversorgung mit der sogenannten «Anbauschlacht», d.h. einem Programm zur Förderung des inländischen Lebensmittelanbaus, sichergestellt wurde. Es waren Erinnerungssplitter, die mir zu Ohren kamen, Erwähnungen etwa des versehentlichen alliierten Bombardements von Schaffhausen und Umgebung oder der Zurückweisung von jüdischen Immigranten an der deutschen

Grenze. Im Ganzen war es eine mehr oder weniger fremde, vielfach auch von Ablehnung besonders gegenüber forsch auftretenden Deutschen durchzogene Umgebung, in die ich da kam. Mein Befremden wurde allerdings dadurch erträglicher, dass die Universität eine eigene Welt bildete, in der es sich ganz gut leben liess.

*Was bedeutete die Umsiedlung in die Schweiz für das Verhältnis zu Deiner Familie?*
Es war ausgeschlossen, dass wir uns in der Schweiz trafen. Nur bei meinen gelegentlichen, vor allem den längeren Besuchen in Berlin gab es persönliche Begegnungen mit Eltern und Geschwistern. Natürlich stand ich mit Ersteren weiter in einem regen Briefwechsel, durch den ich auch über das, was so in Ruhland passierte, ganz gut unterrichtet wurde. Einzig zwischen meinem Bruder Reinhard und mir entwickelte sich, nachdem er sich in Westberlin eingelebt hatte, dank meinen Besuchen ein engeres Verhältnis, obwohl unsere Interessen weit auseinanderlagen. Denn für sein persönliches Leben bestimmend waren Musik und die schriftstellerische Arbeit an einem Buch, um das er ein grosses Geheimnis machte. Sehr viel später erst erschien unter einem Pseudonym eine – nach seinem Anspruch – musikalisch komponierte Autobiographie seiner Kindheit und Jugend in Ruhland und Leipzig. Nun, seit 1959 in Westberlin, musste er für die Zulassung zum Studium wie alle DDR-Abiturienten noch einige Kurse besuchen und eine Ergänzungsprüfung ablegen, auch wenn er das Abitur an der Leipziger Thomasschule, einem Elitegymnasium, abgelegt hatte. Er lernte dabei Christina aus Ostberlin kennen: die Verständigung erfolgte über die durch Blicke vermittelte Langeweile beim neuerlichen Schulunterricht. Er bezog mit ihr bald eine Wohnung in Kladow; sie heirateten schon im Dezember 1961. Nach manchen Versuchen beruflich Fuss zu fassen, bekam er eine Anstellung als Nachrichtensprecher beim Sender Freies Berlin. Er stieg dort periodisch auf, wurde Redakteur, später Nachrichtenchef und 1995 bis zu seiner Pensionierung Chefredakteur des «Inforadios», eines öffentlich-rechtlichen Nachrichtensenders, dessen neuartige Konzeption er entworfen hatte. Bis 1990 blieben ihm jegliche Besuche in unserer Heimat und damit alle Kontakte zu den Ostverwandten unserer Generation verwehrt, sofern diese nicht bei besonderen Anlässen eine Erlaubnis zur Einreise nach Westberlin erhielten (unsere Eltern konnten hier nach der Pensionierung des Vaters seit 1978 Wohnsitz nehmen). Es gab also nach dem Mauerbau eine regelrechte Familienspaltung, die zu einer wachsenden Entfremdung zwischen beiden Teilen führte.

*Zurück zu dir in die Schweiz: Erlebtest du hier auch eine gekühlte Distanziertheit oder sogar Zurückweisung?*
Als Student hatte man das kaum zu befürchten, schon gar nicht an der Universität. Aber auch im Alltag, etwa beim Einkaufen, passierte mir das nicht. Bald lern-

te ich auch die Leute, die sich im Dialekt äusserten und – so mein Eindruck – nicht gern ins Hochdeutsch wechselten, ganz gut verstehen. Dazu trug wesentlich die neue Freundin Elisabeth bei, die ich nach kurzer Zeit an der Uni kennenlernte. Die Freundschaft vertiefte sich im Laufe des Jahres 1960 so, dass ihre Eltern – bei denen ich bald immer wieder mal eingeladen war – spürten, dass es ernst sein könnte. Das rief sie auf den Plan. Elisabeths Vater lud mich vor und empfing mich zu einem Gespräch in seinem Büro. Gemeinsam mit seinem Bruder betrieb er ein Restaurant in Luzern, das kulinarisch einen guten Ruf hatte. Er und sein Bruder waren bekannte und angesehene Leute, gut verwurzelt in der bürgerlichen Gesellschaft Luzerns. Der Vater besass ein grosses Haus, in dem seine ihrerseits begüterte Frau schaltete und waltete.

*Katholisch?*
Ja. Er zitierte mich, um mir eine Trennung von seiner Tochter nahezulegen. Es war vorgängig ein graphologisches Gutachten eingeholt worden, das ich aber erst viel später zu Gesicht bekam; es bestätigte etwas parteiisch die Vorbehalte, die gegenüber meiner Person bestanden, enthielt aber auch – wie ich heute sagen muss – einige zutreffende Punkte. Das Gespräch setzte mir sehr zu, brachte er doch Argumente vor, gegen die ich sachlich kaum etwas einwenden konnte, wenn ich meine Lebenssituation realistisch betrachtete – wie ich das schon in Bezug auf mein Verhältnis zu Annette hatte tun müssen. Zusammengefasst lauteten sie, ich sei Student, habe also keinen Beruf, um seine Tochter zu ernähren, sei nicht vermögend und sei evangelisch – drei Gründe, die für einen eingesessenen Luzerner eine Heirat ausschlossen. Für mich hiessen sie: Er ist nichts, hat nichts und ist nicht katholisch. Wäre ich ein katholischer Innerschweizer bürgerlicher Herkunft gewesen, würde ich mir vernünftigerweise – so musste ich mir eingestehen – in einer ähnlichen Situation von vornherein sagen: Ohne Beruf und Einkommen kann ich nicht ans Heiraten denken. Und einen Beruf, auf den mein Studium zusteuerte, hatte ich ja nicht einmal in Aussicht, weil ich zu diesem Zeitpunkt schon davon Abstand genommen hatte Pfarrer zu werden. Ich weiss nicht mehr, wie ich damals auf diesen Einwand im Gespräch und für mich reagiert habe. Generell war ich wohl in einer Art von naivem Zukunftsoptimismus davon überzeugt, dass es mit meinem Leben nicht schiefgehen könnte; konkret stand auch für mich und Elisabeth zu diesem Zeitpunkt eine Heirat nicht einmal blass am Horizont. Die Anführung der zwei anderen Gründe, die gegen die Weiterführung unserer Beziehung sprechen sollten, empörte mich bloss.

*Empfandest du denn vor allem Befremden gegenüber deiner neuen Schweizer Umgebung?*
Nein, natürlich nicht. Die kulturellen Angebote Zürichs, durchaus übersichtlich, sagten mir zu, zumal das Schauspielhaus noch in seiner grossen Tradition gutes Theater bot. Die gebirgige Topografie des Landes zog mich sehr an – ich war

keineswegs aufs Tiefland und die weiten mitteldeutschen Landschaften festgelegt, sondern hatte grosse Freude an Bergwanderungen. Vom politischen Leben bekam ich noch nicht viel mit; das Unverständnis gegenüber seinen spezifischen Eigenheiten, wie sie sich in den wiederholten Volksabstimmungen dokumentierten, wich aber langsam dem Interesse an der demokratischen und föderalistischen Struktur der «Willensnation» Schweiz, deren Viersprachigkeit mich besonders faszinierte.

*Wie verlief dein weiteres Theologiestudium?*
Es konzentrierte sich auf die Vorlesungen und Seminare bei Prof. Gerhard Ebeling, einem systematischen Theologen und bekannten Lutherforscher. Ich erhielt Einblick in die Theologie des jungen Luther und seine Entwicklung zum Reformator. In engem Anschluss an Luther entfaltete Ebeling aber auch für uns Studenten seine eigene systematische Theologie, die damals noch nicht gedruckt vorlag. Wir waren unmittelbar Zeugen von deren Werden, was dem frühmorgendlichen Besuch der entsprechenden Vorlesung einen besonderen Reiz gab.

Als das Ende meines Theologiestudiums in Sicht kam und sich damit ganz konkret die Berufsfrage stellte, bat ich Prof. Ebeling im November 1960 um ein Gespräch. Nachdem ich meine Schwierigkeiten in Bezug auf die Verkündigung der christlichen Botschaft angedeutet hatte, fragte er mich ganz direkt, was mir Jesus persönlich bedeute. Was ich darauf ehrlich antwortete, schien weder mir noch ihm ausreichend, um den Pfarrberuf überzeugend ausüben zu können. Er riet mir zum einen, das Theologiestudium dennoch nicht abzubrechen, wie ich erwogen hatte, sondern es regulär mit der üblichen Prüfung abzuschliessen. Für diese Empfehlung, die ich beherzigte, bin ich ihm ausserordentlich dankbar. Ebeling riet mir zum anderen, den Lehrerberuf anzusteuern und dafür als Zweitstudium klassische Philologie zu wählen, nicht aber Philosophie, weil das den Mann kaum ernähre. Diesem Rat bin ich nicht gefolgt.

*Du entschlossest dich also, das mit deiner Studienwahl vorgegebene urspüngliche Ziel aufzugeben, also nicht Pfarrer zu werden – aber das Theologiestudium dennoch abzuschliessen?*
So war es: im Gefolge jenes entscheidenden Gesprächs mit Prof. Ebeling fiel dieser Entschluss. Ich blieb, wie auch später, bei der theoretisch-wissenschaftlichen Arbeit an Bibel und Glaubensinhalten, konnte mir aber nicht mehr vorstellen, die diesbezüglich praktische Ausbildung im Vikariat und auf dem Predigerseminar zu machen. Denn in der Praxis kam es wenigstens damals noch darauf an, dass der Geistliche den christlichen Glauben mit seinen dogmatisch festgelegten Inhalten teilte, dass er also hinter dem stand, was er predigte und bei den Amtshandlungen sagte. Wenn man sich da durchschmuggeln wollte, was wohl manche versucht oder gemacht haben, hiess das schlussendlich, ein zwiespältiges Leben zu führen, ja nicht glaubwürdig zu sein. Das konnte und wollte ich nicht.

*Diese Schwierigkeiten mit dem Glauben: Kamen sie schleichend?*
Ja. Es ging auch nicht bloss um Dogmen und Überzeugungen. Die wachsende Abstandnahme von einem zukünftigen Pfarrberuf hing am Ende nicht zuletzt damit zusammen, dass ich gegenüber der ganzen Welt, in der ich aufgewachsen war, in Distanz geriet. Zum Zeitpunkt meines Entscheids war mir das allerdings noch nicht so bewusst wie später, obwohl ich bereits mit Annette eine andere, eher grossbürgerliche Welt erlebt hatte bzw. jetzt in Luzern in sie eintrat. Pfarrhäuser, in die ich besuchsweise kam, etwa zu meinem jüngsten Bruder, fühlten sich für Auge, Ohr und Nase immer ähnlich an, wie es mir aus Ruhland in Erinnerung war: Orte eines warmen familiären Lebens, bei dem kein grosser Wert auf eine geschmackvolle oder gar künstlerisch gestaltete Einrichtung gelegt worden war, wo eine gewisse Unordnung unvermeidlich schien, Orte der Verschränkung von Familienleben und Pfarramt unter Wahrung der absoluten Priorität für die Erfüllung der Amtspflichten.

*Wie hast du die Spannung bewältigt, die ja nun die letzten Semester deines Studiums durchzogen haben muss – die Spannung zwischen dem erforderlichen Einsatz für einen guten Abschluss und der inneren Entfremdung vom Glauben?*
Diese Spannung trat an verschiedenen Stellen zutage. Besondere Schwierigkeiten hatte ich mit der Systematischen Theologie, also mit der Gotteslehre, der Christologie, der Lehre von der Kirche usw. In diesen Gebieten ging es nicht mehr bloss um Interpretationen biblischer Texte, sondern vor allem um die Inhalte des evangelischen und somit auch meines eigenen Glaubens. Sie waren jahrhundertelang von Theologen ausgearbeitet, diskutiert und in kirchlichen Bekenntnisschriften festgelegt worden. Wie von intellektueller Blindheit geschlagen, blieben mir die grossen Zusammenhänge der Themen wie die Finessen ihrer Ausarbeitung vielfach verborgen. Gar nichts konnte ich mit den «eschatologischen» Fragen anfangen, den «letzten Dingen». Ebenso wenig öffnete sich die *Geschichte* dieser «Dogmen» meinem Interesse. Kein Wunder, dass ich in der mündlichen theologisch-theoretischen Abschlussprüfung in diesen Fächern die schlechteste Note hatte.

Paradoxerweise bekam ich die beste Note im Fach Praktische Theologie. Das hatte einerseits mit dem Prüfer, andererseits wohl auch damit zu tun, dass ich in einem Seminar, das der Theorie und Praxis der *Predigt* gewidmet war, in die persönliche Auseinandersetzung mit der hier anstehenden Aufgabe eingetreten war, eine Predigt zu halten – wenn auch nur vor Kommilitonen. Die Vorbereitung dafür verwickelte mich in einen intensiven Kampf mit mir selbst. Schliesslich entschied ich mich, statt einer Predigt ein Gespräch vorzutragen. In diesem Gespräch konnte ich zwei Stimmen, der Stimme des Zweifels und der Stimme des Glaubens, das Wort geben (s. Kap. 15). Vom Dozenten und von meinen Studienkollegen wurde das gar nicht so problematisch beurteilt, wie ich erwartet hatte, doch mir war klar geworden, dass mir der Schritt zur Verkündigung bleibend versagt wäre.

Noch härter war es, mich in Examensvorbereitungen zu stürzen. Für das Zürcher theologische Fakultätsexamen war – anders als in Berlin – gefordert, vorgängig ein Propädeutikum abzulegen. Man tat das normalerweise nach dem vierten Semester, ich aber stand im Frühjahr 1961 bereits im zehnten. Allerdings hielt ich diese auf den Mai 1961 anberaumte propädeutische Prüfung für etwas, das ich mit links hinter mich bringen würde. Eine grosse Täuschung.

*War das ein schriftliches oder ein mündliches Examen?*
Es gab einen schriftlichen und einen mündlichen Teil; es war der letztere, in dem ich ungenügende Leistungen erbrachte. Schon in der Bibelkunde haperte es; ich meinte, ich sei ausreichend beschlagen, aber das erwies sich als Fehleinschätzung. Im Fach Altes Testament wurde ich etwa gefragt, wo das Königsgesetz stehe. Fehlanzeige. Im Fach Neues Testament ging es darum, welche Personen in welcher Abfolge gemäss den vier Evangelien dem auferstandenen Jesus begegnen. Ich konnte nur die Emmaus-Jünger im Lukas-Evangelium richtig lokalisieren, im Ganzen also wieder Fehlanzeige. Und auch in den anderen Prüfungen glänzte ich nicht. Im Ergebnis bestand ich dieses Propädeutikum nur knapp. Ein Schock.

Er traf mich überraschend, aber auch heilsam. Schuld war – so sehe ich es heute – nicht nur meine Desorientiertheit im Theologiestudium, sondern die generelle Ungeklärtheit, ja Fragilität, meiner Stellung im Leben. Ich hatte nicht beachtet, weil einfach übersehen, dass eine Liebesbeziehung hier in der Luzerner Gesellschaft und jetzt in unserem Alter eine andere Wertigkeit als noch zuvor in Berlin hatte, also dazu zwang, deren langfristige Perspektiven in den Blick zu nehmen, was jedenfalls mir noch ganz fremd war. Als ob das über die Provokation hinaus irgendeine Bedeutung gehabt hätte, setzte ich bei Elisabeth durch, dass wir uns am 16. April 1961 in Berlin verlobten. Der Preis, den *sie* dafür zahlen musste, war hoch: Ihr wurde von ihrem Vater die weitere Finanzierung des Studiums versagt, sodass sie eine Stelle als Primarlehrerin suchen musste. Gott sei Dank hatte sie im Lehrerseminar Kreuzlingen Abitur gemacht, sich damit nach damaliger Regelung zur Primarlehrerin ausgebildet und anschliessend schon einmal eine Klasse für ein Jahr unterrichtet. Sie fand jetzt die Stelle in Schwerzenbach, einem von Zürich etwa zehn Kilometer entfernten Dorf.

Eine weitere Ablenkung von Studium und bevorstehender Prüfung bot die Silberhochzeit meiner Eltern, die sie am 25. April 1961 in Ruhland feierten. Wir hatten ein Visum bekommen und reisten über Berlin in die DDR ein. Für mich war es ein bewegendes Ereignis, erstmals wieder nach acht Jahren ins Elternhaus zu kommen. Schon der Fussweg vom Bahnhof zum Kirchplatz rückte mir vor Augen, dass ich ein anderer geworden war, nicht mehr der Ruhländer von einst. Die Distanzen schienen mir eminent verkürzt, die Häuser wirkten kleiner, als ich sie in Erinnerung hatte, alles sah ein bisschen armselig aus, von Aufbruch war nichts zu bemerken, vieles grau in grau, auch immer wieder Anzeichen von Verfall. Selbst die Atmosphäre zuhause hatte etwas Dumpfes, ein alter Alltag herrschte, als ob die Zeit so stehen geblieben wäre wie die Luft in unbewohnten Räumen. Ich musste während der Tage des Besuchs manche Enttäuschung abwehren, die der ehemals vertraute Ort und seine Bewohner ungewollt bereit hielten. Einem entspannten Erleben abträglich war zudem die untergründige Befürchtung, von Leuten der Staatssicherheit aufgesucht zu werden. Allerdings zerstreute sich die leichte Angst damit, dass ich in Begleitung einer Schweizerin eingereist war.

*Wie kamst du wieder ins Studium und damit in die Vorbereitung auf das theologische Abschlussexamen zurück?*
Der Schreckschuss des Propädeutikums führte dazu, dass ich mich auf die Hauptprüfung intensiv vorbereitete und mich vom Sommer 61 bis zum Mai 62 in den Stoff wirklich reinkniete. Um das leisten zu können, wechselte ich sogar für das Wintersemester 61/62 die Universität und immatrikulierte mich in Marburg, wohin auch Prof. Ernst Fuchs aus Berlin inzwischen berufen worden war. Ein wichtiger Grund war Elisabeths Wunsch, eine mehrmonatige Bedenkzeit zu haben, um sich die in Aussicht genommene Heirat durch den Kopf gehen zu lassen. Mir fiel diese Trennung schwer, zumal sie eine gewisse Ungewissheit über die Zukunft unserer Beziehung einschloss; emotional habe ich das Leben in der Ferne damals nicht gut bewältigt. Trotzdem arbeitete ich mit Volldampf. Zusammen mit einem Studienkollegen bemühte ich mich jeden Vormittag mittels Übersetzung von alttestamentlichen Texten um die Festigung meiner Hebräischkenntnisse, studierte Kommentare zu Büchern des Alten und Neuen Testaments und vertiefte mich in meine Nachschriften theologischer Vorlesungen. Die Repetition von Lehrstücken aus der systematischen Theologie fiel mir, wie angedeutet, schwer.

Gegen Ende des Semesters kehrte ich rasch nach Zürich zurück und setzte dort die Examensvorbereitung fort. Die Prüfungen fanden im Mai 62 statt. Auf vier schriftliche Klausuren, bei denen man aus je zwei Themen eines auswählen konnte, folgten sechs mündliche Prüfungen. Die Ansprüche waren hoch. Wenn ich mir im Nachhinein die Themen anschaue, die man bearbeiten sollte, denke ich: Mensch, was musste man an Wissen erworben und auch gespeichert haben, um zu bestehen! Ich konnte nicht glänzen, aber erbrachte gute Leistungen; ausgerechnet in praktischer Theologie gab es die Bestnote. So hatte ich mit diesem Studienabschluss im Mai 62 ein erstes Ziel erreicht, verfügte jedoch trotz meiner 25 Jahre immer noch nicht über einen konkreten Ausblick auf einen Beruf.

# 8. Posttheologische Philosophie.
## Lebensthema Erfahrung

*« ... ob ich nicht von Heidegger zu Kant wechseln sollte.»*

Ich kann mich nicht entsinnen, unmittelbar nach der theologischen Abschluss-prüfung im Mai 1962 den «Ernst des Lebens» wirklich vor Augen gehabt zu haben. Ich war ganz auf mein Zweitstudium ausgerichtet, für das ich bei der Studienstiftung die Verlängerung meines Stipendiums beantragte, was aber nicht bewilligt wurde. Da passierte etwas gänzlich Ungewolltes: Elisabeth wurde schwanger. Ja, was jetzt? Eine Abtreibung kam für uns nicht in Frage. Wir mussten also heiraten! Unter den damaligen Umständen war Elisabeth gezwungen, ihre Stelle, die sie gerade erst angetreten hatte, zu kündigen. Ich übernahm es, den Präsidenten der Schulpflege in Schwerzenbach mündlich zu orientieren, ein Canossagang. Ebenso schwer muss es Elisabeth gefallen sein, ihren Eltern Mitteilung zu machen. Diese reagierten jedoch, wie wir es nicht erwartet hatten: sie boten ihre Hilfe an. Auch ich war wieder in Luzern willkommen. Die standesamtliche Trauung fand bereits Ende Juni statt, die reformierte kirchliche Trauung 14 Tage später. Unsere Ehe kirchlich nach katholischem Ritus schliessen zu lassen, kam für mich nicht in Frage, weil das mit der Verpflichtung zur katholischen Erziehung unseres Kindes verbunden gewesen wäre. Zur Feier im kleinen Kreis reisten auch zwei alte Freunde aus Berlin an. Elisabeths Eltern nahmen nicht teil, schickten aber einen Blumenstrauss in das Hotel am Vierwaldstättersee, wohin uns unsere Hochzeitsreise führte. Und sie unterstützten uns sogar bis Ende 1962 grosszügig mit einem monatlich eintreffenden Geldbetrag.

Was nun tat *ich*? Über die Sommerferien konnte ich in der Bibliothek des Theologischen Seminars an deren Neukatalogisierung arbeiten und etwas Geld verdienen. Und erneut geschah ein kleines Wunder. Schon zu Beginn der Zürcher Zeit hatte ich, wie bereits kurz erwähnt, im Wintersemester 1959/60 zusammen mit den schwäbischen Studienkollegen ein philosophisches Seminar bei Prof. Rudolf Meyer besucht. Thema war die Metaphysik des Aristoteles. Alle fünf hatten wir uns rege beteiligt, ich selbst auch mit einem Referat, und waren mit unseren in der Diskussion bekundeten Kenntnissen aufgefallen. (Die Erfahrung, dass Schweizer Studienkollegen nicht so schnell bei Wort waren wie wir deutschen Theologen, führte bei mir insgeheim zu einer gewissen Überheblichkeit, bis ich merkte, dass bei manchem Schweizer mehr dahinter war, als man vermutete.) Auch nachdem die schwäbischen Kommilitonen nach Deutschland zurückgekehrt waren, setzte ich während des Theologiestudiums den Besuch der Seminare von Prof. Meyer fort. Schon in Berlin war ich gewissermassen zweispurig gefahren und hatte an der FU eine ganze Reihe von Vorlesungen auf dem Gebiet der Philosophie besucht. Aber dort wie hier war ich nur ein Student – nunmehr allerdings mit einem Studienabschluss in Theologie. Und so war es eine Kühnheit, mich bei Prof. Meyer zu erkundigen, ob ich nicht als Assistent am Philosophischen Seminar angestellt werden könnte. Es gab noch keine derartige Stelle, die Einrichtung von Assistenzen bahnte sich ausser für die schon länger etablierten Assistenzärzte erst an. Insofern ging es um eine Neuerung, die das ganze Seminar betraf. Seminarvorsteher war Prof. Hans Barth, in der breiteren Öffentlichkeit Zürichs dank seiner Tätigkeit als früherer NZZ-Redaktor bekannt und angesehen, weil er in der Nazi-Zeit mutig gegen schweizerische Tendenzen der Anpassung ideologiekritisch eingetreten war. Er besetzte seit 1945 die neu eingerichtete Professur für politische Philosophie und lehrte ähnlich engagiert, wie er als Journalist bei der NZZ gewirkt hatte. Trotz geringem Interesse an organisatorischen Neuerungen legte er der Einrichtung einer Assistentenstelle nichts in den Weg und überliess die Initiative Prof. Meyer. Wie ich erst später erfuhr, hatte dieser noch einen anderen Kandidaten im Auge, der schon länger bei ihm studierte und auch promovieren wollte, aber als selbständig erwerbender Kaufmann das Angebot ablehnte, eine schlecht bezahlte Assistenz zu übernehmen. Und so kam ich mit viel Glück zum Zug.

Auf den 1. Dezember 1962 wurde ich als Assistent ohne wissenschaftlichen Abschluss angestellt, konnte dann aber dank der Unterstützung durch einen Theologieprofessor beim Erziehungsdirektor geltend machen, dass mein theologisches Examen einen philosophienahen wissenschaftlichen Abschluss darstelle, sodass ich drei Monate später in die höhere Kategorie eingereiht und entsprechend besser besoldet wurde. Unser Lebensunterhalt war damit – wenn auch knapp – gesichert. Wir bewohnten in Schwerzenbach zu einem relativ günstigen Mietzins eine 3-Zimmer-Wohnung in einem gerade erst erstellten Neubau. Unser Sohn Felix kam im Januar 1963 auf die Welt. Elisabeths Eltern hatten sich endgültig mit ihrem ersten Schwiegersohn versöhnt. Sie waren eine grosse Hilfe, indem wir nicht selten in ihrem geräumigen Haus in Luzern für ein paar Tage oder sogar Wochen wohnen durften.

*Du warst jetzt im gleichen Fachgebiet sowohl Assistent wie Student. Wie ging das zusammen?*

Wenn ich in der Studienberatung oder zur Mitarbeit in Lehrveranstaltungen der Professoren eingesetzt worden wäre, hätte das nicht gepasst. Beruflich tätig war ich aber vor allem in der und für die Bibliothek des Philosophischen Seminars, also gewissermassen als Bibliothekar. Angesichts der wachsenden Studentenzahlen drängte es sich auf, den unzureichenden Bücherbestand des Seminars zu vergrössern. So arbeitete ich nicht nur Anträge auf Finanzierung von Anschaffungen aus, sondern auch einen neuen Plan für die Katalogisierung, den ich dann selbst umsetzte. Die Gesuche um mehr Geld wurden regelmässig bewilligt, es war die Zeit des Ausbaus der Universität. Ich gab Bestellungen auf, katalogisierte die Neueingänge und ordnete sie ein, leitete die Rechnungen weiter und überwachte den Seminarkredit. Wie irgendein Büroangestellter fuhr ich jeden Tag mit der Bahn nach Zürich zur Universität, meist zusammen mit Christof Werner, dem in der Nachbarschaft wohnenden Assistenten des Theologischen Seminars, der mich mit den örtlichen Gegebenheiten und den administrativen Abläufen im Umgang mit den Behörden bekannt machte. Erst etwa zwei Jahre später bekam ich insbesondere von Prof. Meyer zusätzliche Aufgaben wie die administrative Begleitung seiner Lehrveranstaltungen. 1966 durfte ich das erste Mal in der Lehre tätig sein, weil mir Prof. Wilhelm Keller die Durchführung seines Proseminars anvertraute. Ich hatte einen grossen Lehrerfolg, sodass sich in der zweiten Sitzung die Zahl der Teilnehmer verdoppelte. Etwas später, während seiner Zeit als Dekan, übertrug mir Prof. Keller gelegentlich auch die Leitung seines Seminars – jeweils eine Viertelstunde vor dessen Beginn.

Neben meiner Tätigkeit blieb mir von Anfang an genügend Zeit, um mich dem Studium zu widmen. Der Besuch von Lehrveranstaltungen und die Erbringung von Studienleistungen gehörte ganz selbstverständlich zu meiner Anstellung. Ich war also in der Philosophie angekommen. Meinen Kommilitonen gegenüber hatte ich nicht nur das Alter voraus, sondern vor allem das abgeschlossene Theologiestudium. Und das in zweifacher Hinsicht: Es schien mir auch später, dass sich Philosophie vor allem als Zweitstudium empfehlen liess, wenn man bereits in der Materie einer Wissenschaft zuhause war und auf dieses Vorwissen die philosophische Reflexion – sei es erkenntnis- oder wissenschaftstheoretischer sei es ontologischer oder ethischer Art – richten konnte. Als zweiten Vorteil empfand ich es, speziell Theologie studiert zu haben. Nicht das erworbene theologische Wissen und nicht irgendeine weltanschauliche Sicherheit verschafften mir diesen Vorteil, sondern die Erfahrung, dass es dabei um etwas Wesentliches gegangen war, wie immer man es in Worte fassen mochte. Ich verknüpfe es bis heute mit der Frage nach dem Sinn des Lebens.

*Hattest du eine akademische Karriere mit Dissertation, Habilitation und Professur vor Augen oder war es eher so: «Jetzt mache ich mal»?*
Weder noch. Ich habe mich das häufig selbst gefragt, weil ich immer wieder auf meine persönlichen Zielsetzungen angesprochen wurde. Eine solche Laufbahn stand wohl vage am Horizont, aber sicher nicht im Vordergrund. Klar, man hatte mich schon als Jungen mit dem Spitzwort «Professor» belegt. Diesen Beruf zu ergreifen – das bekam jedoch erst nach meiner Promotion den Charakter einer bewussten Zielsetzung. Vorläufig war ich nicht besorgt um meine Zukunft. Ich

gab meiner Liebe zur Philosophie nach und verzichtete auf ein Studium, das zu einem sicheren Brotberuf führen würde. Es geschah also auch nicht zufällig, dass ich mich zum Philosophiestudium entschloss. Und nicht nur in diesem allgemeinen Sinne, dass «ein ehemaliger Theologe immer ein Philosoph» sei: So hatte sich – nach dem Bericht des jüdischen Gelehrten Franz Rosenzweig – der Begründer der Wissenschaft des Judentums, Leopold Zunz, gegenüber Hermann Cohen geäussert, als dieser das Breslauer Rabbinerseminar verliess, um sich an der Berliner Universität der Philosophie zu widmen. Massgebend war für mich vielmehr jenes unterirdische Interesse am philosophischen Denken, das sich bei mir schon in meiner Schulzeit herausgebildet hatte.

*Gab es da irgendwann ein Initialerlebnis?*
So würde ich das nicht nennen. Aber ich habe etwas aufbewahrt, das mein frühes Interesse belegt: das Exzerpt einer kleinen 26-seitigen Schrift «Bibel und Philosophie über den Sinn des Lebens» von Hans Hermann Walz (erschienen 1948). Mein Exzerpt stammt vom 11. April 1953, also aus der Zeit kurz nach meiner Ankunft in Westberlin. Es fasst sehr schön zusammen, was der Autor unter Bezugnahme auf die Existenzphilosophie zum Thema ausführt. Das Wort «Existenzphilosophie» hatte für mich etwas Geheimnisvolles: Was sollte denn an «Existenz» philosophisch zu bedenken sein? Mit der Lektüre dieser kleinen Schrift eröffnete sich mir offenbar ein Zugang. An der Oberschule in Senftenberg war philosophisch nur etwas von dialektischem Materialismus zu hören gewesen, und das nicht einmal besonders kraftvoll. Im Nachhinein erstaunt mich, dass ich mich ohne Anleitung so früh und so verständig, wie das Exzerpt bekundet, mit jener die zeitgenössische Philosophie im Gefolge des französischen Existenzialisten Jean-Paul Sartre stark bestimmenden Richtung beschäftigt habe. In der Luisenstiftung las und im Theater sah man Stücke dieses Autors, ohne deren philosophischen Hintergrund so recht zu verstehen. Ich kann aber nicht sagen, dass die Philosophie während meiner Westberliner Schulzeit eine zentrale Rolle gespielt hätte, es war eher die Mathematik.

Eine ausdrückliche Annäherung an philosophische Sachfragen fand erst während des Studiums statt: in den Vorlesungen von Prof. Fuchs angesichts von dessen vielfachen Bezugnahmen auf die Existenzphilosophie Martin Heideggers oder mit dem Besuch philosophischer Vorlesungen an der Freien Universität. Dort ist mir eine Veranstaltung besonders in Erinnerung geblieben: Paul Tillich, der 1933 in die USA emigriert war, hielt 1958 während einer Woche eine Vorlesung über «Biblische Religion und Ontologie». Im Anschluss daran studierte ich gründlich sein Buch «Mut zum Sein», sozusagen als Antidot zu der von Heidegger betonten Grundstimmung der Angst. Und die Vorlesungen von Prof. Wilhelm Weischedel boten eine mich packende Einführung in die Philosophie Kants und des deutschen Idealismus. Er las im Auditorium maximum; seine Anziehungskraft beruhte vor allem auf seiner Fähigkeit, auch schwierigste Gedankengänge verständlich zu vermitteln. Als kleiner Student fühlte man sich einerseits in der Masse geborgen, traute sich aber andererseits auch nicht, den entrückten Professor anzusprechen, selbst wenn er in der Vorlesungspause mit seinem Assistenten durch die grosse Eingangshalle wandelte.

*Wie verlief nun dein Zweitstudium an der Philosophischen Fakultät I in Zürich?*
Neben dem Hauptfach belegte man zwei Nebenfächer. Als erstes Nebenfach wählte ich im Rückgriff auf meine theologische Ausbildung Hebräische Sprache und Literatur, als zweites Soziologie. Auf letzterem Gebiet musste ich erst Fuss fassen; das Angebot an Lehrveranstaltungen war bis zur 1966 erfolgten Einrichtung einer ordentlichen Professur bescheiden. Mit der Berufung von Prof. Peter Heintz und seinen Vorlesungen zur allgemeinen Theorie sozialer Systeme wurde das Studium des Faches für mich sehr anspruchsvoll. In der Philosophie hörte ich vor allem die Vorlesungen von Prof. Meyer und nahm zunehmend aktiv an den von ihm, aber auch den von Prof. Keller durchgeführten Seminaren teil, in denen ich mich in die Phänomenologie Edmund Husserls einarbeitete. Mit der Zeit drängte es sich dabei auf, an den Abschluss des Studiums zu denken und zwar für mich durch direkte Promotion zum Dr. phil., ohne zuvor das Lizentiat (Magisterprüfung) abzulegen. Dieser Weg erforderte die vorgängige Abfassung einer Doktorarbeit (Dissertation). Welchen Ansprüchen man dabei zu genügen hatte, hing vom begleitenden «Doktorvater» ab, aber natürlich auch von den eigenen beruflichen Zielsetzungen.

Der erste Schritt bestand in der Wahl eines Themas. Ich liess es mir nicht vom Professor vorgeben, sondern machte mich schon relativ früh auf die Suche. Es trat mir erstmals im Wintersemester 1960/61 vor Augen. Prof. Ebeling liess einmal in einem Seminar über «Die Philosophie Martin Heideggers und die Theologie» die Bemerkung fallen, dass der Erfahrungsbegriff Heideggers einer Untersuchung harre. Ich dachte in diesem Moment: «Ja, das wäre doch was für mich». Aber erst etwa drei Jahre später nahm ich die Idee auf und machte mich an die Arbeit, indem ich zunächst einmal einen grossen Teil von Heideggers Werk las, wie es damals – noch recht überschaubar – vorlag. Um interessante Gesichtspunkte für die Untersuchung von dessen Erfahrungs*begriff* zu finden, beschäftigte ich mich zeitgleich ganz allgemein mit dem Bedeutungsfeld des *Wortes* Erfahrung, wie es in der alltäglichen Sprache verwendet wird.

*Was fandest du dabei heraus?*
Alltäglich reden wir davon, dass wir eine Erfahrung *gemacht* haben. Was besagt dieses «machen»? Zum einen kann es heißen, einer Erfahrung unfreiwillig und unwillkürlich ausgesetzt zu sein, sie also gewissermaßen zu *erleiden*. In dieser Weise macht z. B. ein Wissenschaftler die Erfahrung, dass sein Forschungsplan an einem unbeachteten Detail scheitert, oder ein Politiker, dass ihn seine Partei fallen lässt. Solche «Widerfahrnisse» negieren etwas: Eine Erwartung wird nicht

erfüllt, eine Einstellung muss revidiert werden, sogar das Leben eines Menschen im Ganzen ändert sich. – Zum anderen bedeutet «machen», Erfahrungen zu *suchen*, um mit ihnen sein Wissen zu vermehren. Das beinhaltet mehr, als dass man sich ihnen einfach aussetzt, indem man zum Beispiel auf Reisen geht; es beinhaltet eine Anstrengung, eine Zielsetzung und einen Plan.

Für meine weitere Analyse blieb es jedoch besonders wichtig, dass in der Umgangssprache vor allem dann von *Erfahrungen* die Rede ist, wenn die Kenntnisnahme eines Sachverhalts ein passives Moment besitzt, wenn das Subjekt betroffen ist, wenn für es also der erfahrene Sachverhalt «redet». Auch demjenigen, der Erfahrungen sucht und für deren Findung besondere Vorkehrungen trifft, müssen sie zustoßen.

Von «Erfahrung» reden wir schliesslich, wenn wir auf Einsicht und Wissen eines Menschen Bezug nehmen und ihn als *erfahren* bezeichnen. Solcher Erfahrungsbesitz ist zumeist lebensweltlicher Natur. Er kann sowohl in einer Kunst(-fertigkeit) bestehen, zum Beispiel in technischen Kenntnissen bei der Behebung von Fahrzeugdefekten, als auch im richtigen «Gefühl» für das in einer konkreten Situation Machbare oder im schmerzlichen «Wissen» eines leidgeprüften Menschen. Dagegen steht im Raum der Wissenschaft obenan, dass Erfahrungswissen durch neue Erfahrungen verändert oder ganz liquidiert werden kann.

*Was zog an diesem Befund dein philosophisches Interesse besonders an?*
Das klärte sich erst im Laufe meiner Arbeit an der Dissertation. Zuerst drohte ich mit dem gewählten Thema zu scheitern. Denn ich stiess bei Heidegger nur in seinem Buch «Kant und das Problem der Metaphysik» (1929) auf für eine akademische Untersuchung des Erfahrungsbegriffs brauchbare Ausführungen. Deshalb erschien es mir bald fraglich, ob ich bei dieser Textlage und dem sich andeutenden Schwierigkeitsgrad der geplanten Arbeit dem Thema gewachsen wäre.

Doch Heideggers spannende Auseinandersetzung mit *Kants* Erfahrungskonzept regte mich zur Frage an, ob ich nicht von Heidegger zu Kant wechseln sollte. Das konnte wiederum vermessen erscheinen und wäre es wohl auch gewesen, wenn die Kantforschung damals den heutigen Stand gehabt hätte. Aber die erste Sichtung der Literatur ergab, dass zu Kants Erfahrungsbegriff neben einigen Aufsätzen nur das bekannte Buch «Kants Theorie der Erfahrung» von Hermann Cohen existierte, mit dem er 1871 die Bewegung des Neukantianismus inaugurierte, sowie die schmale Dissertation eines anderen Autors aus dem Jahr 1909. So wandte ich mich den Texten Kants selbst zu, in denen er sein Erfahrungsverständnis entfaltete. Und da gab es viel zu entdecken, insbesondere beim Studium von zwei dicken Bänden, in denen aus dem Nachlass seine Reflexionen zur Metaphysik und ihrer Kritik versammelt waren; Kant hatte sich lebenslang damit beschäftigt, ob die metaphysischen Thesen über Gott, Freiheit und Unsterblichkeit Bodenhaftung in unserer Erfahrungswelt besässen. Als besonders fruchtbar er-

wies sich eine Vielzahl von Aufzeichnungen aus dem Jahr 1769. Bei der Analyse
dieser kürzeren oder längeren Notizen wurde klar, dass und wie Kant auf Erfah-
rungskonzepte anderer Philosophen des 17. und vor allem des 18. Jahrhunderts
Bezug nahm. So wurde ich dazu veranlasst, den Quellen von Kants Erfahrungsbegriff nachzugehen. Dabei führten mich schon meine ersten Forschungen
schnell viel weiter zurück, als ich geplant hatte. Das Erfahrungsverständnis in der
Philosophie der griechischen Antike, insbesondere im Werk des Aristoteles, trat
in mein Blickfeld.

So wandte ich mich dem Erfahrungsbegriff bei Platon und Aristoteles zu.
Ich gewann hierbei Einsichten, die begriffsgeschichtlich hochgradig relevant waren. Die Ausarbeitung dieses ersten Teils der Dissertation legte ich meinem Doktorvater Prof. Meyer vor, der davon angetan war, wie sich bei einer achtstündigen
Besprechung zeigte. Anschliessend stellte sich die Frage, ob ich nun diese Be-
griffsgeschichte bis ins Mittelalter und die frühe Neuzeit fortführen sollte. Nach
ersten Versuchen nahm ich aber der Fülle des Materials wegen davon Abstand
und beschränkte mich auf eine knappe Untersuchung des Erfahrungskonzeptes
bei jenen Autoren des 17. und 18. Jahrhunderts, auf die das kantische nachweis-
lich einen Bezug hatte.

*Du bliebst aber nicht, wie ich vermute, bei solchen quellengeschichtlichen Studien
stehen.*
Nein, der zweite und der analytisch zentrale dritte Teil der Dissertation liefern
eine inhaltliche Interpretation von Kants Erfahrungsbegriff vor und nach 1781,
d. h. vor und nach Erscheinen der «Kritik der reinen Vernunft», dem Hauptwerk
Kants. Dieser war zur Einsicht gelangt, dass jeglicher Anspruch auf Erkenntnis
oder Wissen nur dann gerechtfertigt sei, wenn dafür ein Erfahrungsbezug nach-
gewiesen werden kann: Wissenschaft gedeihe nur auf dem Boden der Erfahrung,
und das müsse sich Philosophie bei der Beurteilung der Fähigkeiten des menschlichen Geistes zum Leitfaden nehmen.

Wenn sich der Philosoph Kant so prononciert zur Erfahrung bekennt, wie
er es tat, drängte sich mir die Frage auf, ob seine Kritik an aller himmelwärts
strebenden Metaphysik nicht selbst auf einem Widerfahrnis, einer von ihm persönlich erlebten Erfahrung, beruhen könnte. Dieser kühnen Hypothese ist der
abschliessende vierte Teil der Dissertation gewidmet. Ich musste für sie einen
überzeugenden Beleg liefern. Den fand ich in einer frühen Schrift Kants, in der er
selbst erzählt, wie er Berichten über scheinbar als zutreffend bestätigte «Gesich-
ter» des «Geistersehers» Emanuel Swedenborg zu trauen und der verführeri-
schen Hoffnung nachzugeben begann, endlich das Geheimnis der geistigen Welt
lüften zu können. Jäh stürzte er dann aus solchen metaphysischen Spekulationen
ab, als er jene Berichte und ein von ihm gelesenes dickes Werk Swedenborgs als
«Unsinn» erkennen musste. Das beschämende Widerfahrnis, sich in seinem
geistigen Leben von einem Gaukler verführt zu sehen, machte für ihn, so mein

Schluss, die Abstützung auf Erfahrung zum Kriterium der Erwahrung von hochfliegenden Erkenntnisansprüchen. Seine daraus folgende Kritik an jedweder metaphysischen Spekulation wurde zur Grenzsetzung für den Einsatz menschlicher Vernunft im Bereich der *theoretischen* Annäherung an das, «was die Welt im Innersten zusammenhält».

*Das klingt nach sehr viel und höchst intensiver Arbeit.*
Ich geriet im Frühjahr 1967 in einen richtigen Schreibrausch, sodass ich oft zwölf Stunden pro Tag am Schreibtisch sass und während dreier Monate nicht weniger als 180 Seiten auf meiner Schreibmaschine zu Papier brachte. Eine derartige Schreiberfahrung habe ich in meinem Leben nie wieder gemacht. Als es mir am Schluss gelang, die These von Kants persönlicher Erfahrung mit der Verführbarkeit des Geistes hinreichend zu stützen, wurde ich von einem unglaublichen Glücksgefühl erfasst – seinerseits ein einmaliges Erlebnis.

Im Juni 67 konnte ich die Dissertation abgeben. Sie wurde mit dem höchsten Prädikat ausgezeichnet. Nun hatte ich mehr als ein halbes Jahr Zeit, um mich auf die Doktorprüfung vorzubereiten. Für die Prüfer im Hauptfach stellte ich eine Liste von ca. 25 philosophischen Hauptwerken aus allen Epochen von der Antike bis in die Gegenwart zusammen. Für mich selbst notierte ich auf Zetteln in Kurzform deren Inhalt und nahm diese zur Repetition auf Wanderungen mit. Die vierstündige Klausur hatte «Platons Ideenlehre und ihre aristotelische Kritik» zum Thema, die zwei je dreiviertelstündigen mündlichen Prüfungen Hegels «Phänomenologie des Geistes» bei Prof. Meyer und Heideggers «Sein und Zeit» bei Prof. Keller. Im ersten Nebenfach musste man eine dreitägige Hausarbeit schreiben; bei mir ging es im Fach «Hebräische Sprache und Literatur» um die kosmogonischen Vorstellungen im Alten Testament und ihren altorientalischen Hintergrund. Die halbstündige mündliche Prüfung bei Prof. Maag betraf einen Text aus dem Buch Amos. Mit der mündlichen Prüfung im zweiten Nebenfach Soziologie war die grösste Hürde zu überspringen, hatte ich doch nur ein soziologisches Schmalspurstudium absolviert. Mein Prüfungsgebiet bei Prof. Heintz war Soziologie der Erziehung und Bildung. Mit dieser letzten Prüfung entschied sich, ob ich «summa cum laude» abschliessen würde, mussten dafür doch alle Prüfungsteile mit 6 (sehr gut) bewertet sein. Die halbstündige Prüfung verlief ganz ordentlich, ich hatte aber das Gefühl, dass es für eine 6 nicht reichen würde. Fünf Minuten vor Ende erbat ich mir, eine Frage zu einer gerade diskutierten Theorie stellen zu dürfen; mit der Frage sprach ich ein Problem an, das auch den Prüfer aufhorchen liess und mir die beste Note bescherte. Von einem «summa cum laude» hatte ich vorher nur wie von einem grossen Lottogewinn zu träumen gewagt.

*In dieser letzten Phase mit ihrer ungeheuren Produktivität kamst du, so scheint es, wirklich in der Philosophie an – auf einem Weg, der sich anfänglich nicht einfach*

*anbot, sondern mit Bedenken übersät war. Du spürtest jetzt, dass du in diesem Fach etwas zu leisten imstande bist.*
Mit der erfolgreichen Promotion war jetzt im Januar 1968 mein weiterer Lebensweg ein Stück weit vorgezeichnet. Die riesige Anstrengung, die ich hinter mir hatte, gab mir eine gewisse Sicherheit. Vielleicht auch zuviel davon, weil ja für die akademische Laufbahn, die sich nun eröffnete, eine weitere grosse Leistung zu erbringen war, die Habilitation. Aber die Promotion war ein Einstieg, der gelungene Einstieg in den Beruf des Philosophen.

*Hat dich das Thema «Erfahrung» später weiter beschäftigt?*
Durchaus. Immer wieder befasste ich mich damit, wie die angeführten Aspekte des Erfahrens zu gewichten seien und welche Rolle sie je für wissenschaftliche, religiöse und philosophische Erfahrung spielten. Zuletzt traten zwei Fragen in den Vordergrund: Wieviel Erfahrung braucht Philosophie? Wieviel Erfahrung verträgt Philosophie? Ich kann auf sie keine allgemeine oder gar definitive Antwort geben.

*Zurück zu deinem privaten Leben in den 1960er Jahren. Dein Sohn, der Felix, kam – wie Du gesagt hast – im Januar 1963 auf die Welt, er war also 1968 schon fünf. In der Zeit der Arbeit an der Dissertation fand daneben offenbar auch ein ruhiges Familienleben statt.*
Da staune ich noch heute, insbesondere für das letzte Jahr. Meine Frau beschloss nämlich just 1967, ihr Studium wiederaufzunehmen. Das brachte es mit sich, dass wir gewisse Vorkehrungen treffen mussten. Im Blick auf Felix standen uns Elisabeths Eltern in Luzern zur Seite, sodass er sich dort auch für längere Zeit aufhalten konnte und ihm das sehr gefiel.

*Deine Ausrichtung auf eine akademische Karriere wurde also mit Wohlwollen und Unterstützung begleitet?*
Ja. Wir hatten in jenem Haus in Schwerzenbach, in dem wir seit 1962 lebten, eine Nebenwohnung dazu gemietet, wo ich mich einrichten und für meine Arbeit zurückziehen konnte. Das war sehr vorteilhaft.

*Es scheint auch nichts Krisenhaftes gegeben zu haben in dieser Zeit.*
Das war nicht ganz so, weil sich meine Frau nicht nur dazu entschlossen hatte, ihr fünf Jahre früher unterbrochenes Studium von Germanistik und Kunstgeschichte fortzuführen, um später bei erneuter Berufsaufnahme nicht mehr bloss als Primarlehrerin tätig sein, sondern auch an einem Gymnasium unterrichten zu können. Sie wollte ausserdem eine Psychoanalyse machen. Und ich erinnere mich, dass ich zunächst gegen beide Vorhaben heftige Einwände hatte. Ich war damals von meinem Elternhaus her, wo sich der Vater nie aktiv in der Küche betätigte, noch sehr patriarchalisch geprägt. Aber Elisabeth setzte sich durch.

Schwieriger noch als das Studium war es für mich die Analyse zu akzeptieren. Ich besass keinerlei Begriff von einer analytischen Psychotherapie, obwohl es damals gerade die Jahre waren, in denen man mit der Psychoanalyse unentwegt in Kontakt kam. Und es waren wilde Jahre, in denen so manche Beziehung durcheinandergeschüttelt wurde. Wir hatten uns etwa einer Gruppe von miteinander befreundeten bzw. verheirateten Paaren angeschlossen, die sich in der Hauptsache aus Psychotherapeuten zusammensetzte, und zwar Psychotherapeuten, die ausserhalb oder am Rande der gängigen Schulen arbeiteten. Wir trafen uns häufig an Wochenenden ausserhalb Zürichs in dem oder jenem Ferienhaus, wo es teilweise ziemlich hoch herging und man beispielsweise über phänomenologische Zugänge zu psychischen Erkrankungen oder recht erregt über die Aktionskunst eines Hermann Nitsch diskutierte. Aber im Hinblick auf eine Analyse meiner Frau wurde es mir unheimlich: Würde jetzt nicht ein Dritter – und zwar als Intimus – in unsere Beziehung eintreten? Was eine Analyse wirklich war, habe ich erst später besser zu verstehen gelernt, zuerst bei meiner zweiten Frau und dann in meiner eigenen Analyse.

# 9. Unter den Achtundsechzigern

*« Wir verloren hierbei den Blick auf die Realität.»*

*Wir stehen im Frühjahr 1968, eine Uni-Karriere anzustreben lag nach der erfolgreichen Promotion nun auf der Hand.*
Das lässt sich leicht sagen. Einfach weitermachen, ein neues Buch schreiben? Ich spürte über das ganze erste Halbjahr 1968 hin eine gewisse Leere, verbunden mit dem Bedürfnis, eine Zeit lang von der akademischen Philosophie abzulassen und etwas Praktisches zu betreiben. Das war wohl dem Umstand geschuldet, dass ich mich geistig in den vergangenen zwei Jahren aufs Heftigste angestrengt und ausgegeben hatte. Ich wollte mich praktisch-politisch engagieren. Dem stand entgegen, dass ich Ausländer war – doch vielleicht ging das universitätspolitisch? Die Frage stellte sich mir nicht nur aus meiner persönlichen Lebenssituation heraus, sondern aufgrund einer an der Uni immer spürbarer werdenden atmosphärischen Veränderung.

*Eine Stimmung des Aufbruchs lag in der Luft, fast überall in der westlichen Welt.*
Die traditionelle Universität war, beginnend in Kalifornien und später besonders in Paris und Berlin, in eine immer unaufhaltsamer werdende Bewegung der Reform geraten. Einen Anstoss dafür gab die von San Francisco ausgehende Hippiebewegung. Sie griff die Wohlstandsideale der Mittelschicht an und setzte sich für ein von Zwängen und bürgerlichen Tabus, insbesondere auch von Sexualtabus befreites Leben ein. Das Schlagwort *Flower-Power*, geprägt von Allen Ginsberg, lief um die Welt. Die Hippies brachten unter dem Motto *Make love, not war* wieder eine Friedensbewegung in Schwung, propagierten und lebten die freie Liebe, huldigten dem Drogenkonsum. Und sie interessierten sich für fernöstliche Religionen.
Dramatisch verliefen die Maiunruhen in Paris: Am 3. Mai 1968 besetzten linke Studenten die Räume der Sorbonne, um gegen die Schließung der Universität von Nanterre am Morgen desselben Tages zu protestieren. Nach der Räumung des Gebäudes und der Festnahme von 500 Studenten kam es zu heftigen Unruhen im Quartier Latin, die sich in den folgenden Tagen fortsetzten und in der Nacht vom 10. auf den 11. Mai zu regelrechten Strassenschlachten mit Hunderten von Verletzten führten. Das harte polizeiliche Vorgehen provozierte eine Welle der Solidarisierung mit den Pariser Studenten weit über Frankreich hinaus.

Auch Arbeiter stellten sich auf die Seite der Studenten und riefen zu einem eintägigen Generalstreik auf. Das Regime de Gaulle war bis zum Zerreissen gefordert. Von noch grösserem Einfluss auf die Entwicklung speziell an den Deutschschweizer Universitäten war die westdeutsche Studentenbewegung. Weitgehend getragen vom Sozialistischen Deutschen Studentenbund, kämpfte sie für grosse gesellschaftliche Veränderungen. Für die Universitäten forderte sie eine gründliche Reform; ihr Kernslogan, kreiert im November 1967: *Unter den Talaren – Muff von 1000 Jahren.* Die Enttabuisierung der Sexualität, theoretisch gestützt auf die Schriften von Wilhelm Reich, wurde für die politische Agitation instrumentalisiert, vollzog sich aber auch ganz unabhängig davon. Nach dem Tod des Studenten Benno Ohnesorg bei einer Westberliner Demonstration am 2. Juni 1967 und nach dem Mordanschlag auf Rudi Dutschke am 11. April 1968 kam es an den nachfolgenden Ostertagen überall in der Bundesrepublik zu Unruhen, ja Strassenschlachten. Wir – und natürlich nicht nur wir Assistenten – wurden im Gefolge dieser zunächst auf Reform und bald auch auf Revolution sinnenden Studentenbewegung wach. Schweizerische Reaktionen blieben nicht aus: Im Sommer 1968 entzündeten sich Unruhen, die im Zusammenhang mit der Forderung standen, in einem damals leerstehenden Gebäude des Warenhauses «Globus» in Zürich ein autonomes Jugendzentrum einzurichten (Globuskrawall). Die sich daran anschliessende 68erBewegung verlief hierzulande, insbesondere an den Universitäten, wesentlich moderater als anderswo.

*Wie trat diese Bewegung in deinem Umfeld in Erscheinung?*
Ansteckend war vor allem der Gedanke einer tiefgreifenden Universitätsreform, der sich in den Köpfen linker und linksradikaler Studenten mit der Idee einer grundlegenden gesellschaftlichen Veränderung paarte. Die dafür entwickelten Ideen nährten sich von den Schriften des jungen Marx, später auch von dessen Hauptwerk «Das Kapital», an die zeitgenössische Situation angepasster von den Schriften Theodor W. Adornos und vor allem Herbert Marcuses. Dieser postulierte, angelehnt an Schriften Sigmund Freuds, die Überwindung des Leistungsprinzips zu Gunsten der Herrschaft des Lustprinzips, welche die qualitative Differenz zwischen der neuen und der bestehenden Gesellschaft ausmachen sollte. Längerfristig von grösserer Wirkung an den Universitäten war das just 1968 erscheinende, von Jürgen Habermas verfasste Suhrkamp-Bändchen «Technik und Wissenschaft als ‚Ideologie'». Das Buch lieferte bereits eine kritische Antwort auf Herbert Marcuse; eine Antwort, die zu einer wesentlich rationaleren Diskussion über die spätkapitalistische Gesellschaft führte und den Radikalen ihren Einfluss abkaufte. Denn Habermas machte nun geltend, dass die Wissenschaft Träger des reformerischen Fortschritts der Gesellschaft sein könne und solle, sofern sie die ihr immanente emanzipatorische Tendenz erkennen und in die Praxis umsetzen würde.

Ich wurde wie viele aufmerksame Zeitgenossen in Unruhe versetzt. Da trat etwas ans Licht, das unser gewohntes akademisches Leben aufstörte. Im Gespräch mit einem Kollegen, Hans-Ueli Wintsch, Assistent am Pädagogischen Institut, der auch zu dem früher erwähnten Freundeskreis gehörte, entstand die Idee, man müsste die Assistenten an der Uni Zürich in einer Vereinigung zusammenführen und ihnen so eine eigene Stimme geben, mit der die drohende ideologische Verfestigung im Streit zwischen Studenten- und Professorenschaft aufgehalten und vielleicht aufgelöst werden könnte. Ein solches Engagement drängte sich nach unserer Meinung angesichts der auch an den Schweizer Universitäten angespannten Situation sogar auf.

Als Mitglied des kantonalen Parlaments (für die SP) kannte sich Wintsch im politischen Leben aus und wusste Rat, wie man die Gründung einer Assistentenvereinigung angehen könnte.

*Wie gingt ihr vor?*
Er schlug vor, dass wir uns für ein Gespräch beim Rektor der Universität anmelden sollten. Für mich war es bis dato unvorstellbar gewesen, einen Rektor – die Spitze der Universität – mit einem solchen Anliegen direkt anzusprechen, ohne zuvor den «Dienstweg» zu beschreiten. Aber wir bekamen umstandslos und zeitnah einen Termin. Ich war auch höchst unsicher, wie ich unser Anliegen vorbringen sollte; die in meinem Herkunftsland geprägte, fast unterwürfige Einstellung zu hierarchisch übergeordneten Personen und Institutionen hemmte mich. Tatsächlich wurden wir sehr freundlich empfangen, das Gespräch verlief geradezu wunderbar. Der Rektor bekundete nicht nur volles Verständnis, sondern empfahl sogar die Gründung einer Vereinigung der Assistenten an der Universität Zürich (VAUZ). Sie sollte die Stimme des Mittelbaus in den bereits sehr kontroversen Gesprächen zwischen Professoren und Studenten – wohl auch in vermittelnder Funktion – zur Geltung bringen. Die Auseinandersetzungen mit der Studentenschaft, vertreten durch den Kleinen und Grossen Studentenrat, drohten schon aus dem Ruder zu laufen. Es war erwünscht, dass die Universität in der Assistentenschaft einen Ansprechpartner besass.

Mit offiziellem Segen konnten Wintsch und ich nun ans Werk gehen. Die Gründungsversammlung fand am 11. Juli 1968 statt. Ich wurde zum Präsidenten der VAUZ gewählt; mein Kollege Hans-Ueli Wintsch hatte sich zurückgezogen, um sich anderen Dingen zu widmen. Auch organisatorisch musste die Assistentenvereinigung zuerst einmal Gestalt annehmen: es brauchte Statuten, der Vorstand musste sich konstituieren, die Zusammenarbeit mit den Assistentengremien der verschiedenen Fakultäten war zu regeln. Hinzu kam, dass uns sofort der Vorentwurf der Erziehungsdirektion zu einem neuen Universitätsgesetz zur Stellungnahme unterbreitet wurde. Die Ausarbeitung dieser Stellungnahme bildete für die nächsten Monate den Schwerpunkt unserer Vorstandsarbeit.

*Wie etablierte sich die neue Vereinigung in der Universität Zürich?*
Das war nicht leicht, denn zwischen den führenden Köpfen der Studenten- und der Professorenschaft bestanden unterschiedliche gesellschaftspolitische Orientierungen und voneinander stark abweichende Auffassungen über die wesentlichen Aufgaben einer Universität. Das erschwerte den Dialog in hohem Masse, machte es auch uns fast unmöglich, eine gewissermassen neutrale Position zu beziehen und auf Universitäts- wie Fakultätsebene Vermittlung zu schaffen. Das gelang auch erst später, nachdem der ideologisch verhärtete Streit bzw. Kampf dank Ernüchterung und einer auf beiden Seiten neu gewonnenen pragmatischen Einstellung abgeklungen war. Der Vorstand der VAUZ neigte damals eher dazu, die Forderungen der Studenten zu unterstützen, was nicht zuletzt mich als Präsidenten dann und wann in Schwierigkeiten brachte. Die etwas einseitige Orientierung zeigte sich besonders deutlich bei der Ausarbeitung unserer Stellungnahme zu einem neuen Universitätsgesetz, mit der wir uns ein erhebliches Misstrauen in grossen Teilen der Dozentenschaft einhandelten. Wir entschlossen uns nämlich, nicht nur eine Stellungnahme, sondern einen eigenen Gesetzesentwurf zu produzieren.

*Trautet ihr euch das zu, einen eigenen Gesetzesentwurf zu verfassen?*
Es war ziemlich vermessen, wie ich heute sagen muss. Für uns stand vor allem die innere Reform der Universität durch Einführung eines Mitbestimmungsrechts für Assistenten- und Studentenschaft im Fokus. Wir verhakten uns dabei in vielen Diskussionen, um uns schliesslich mit der Studentenschaft auf die sogenannte *Drittelsparität* festzulegen. Wir verloren hierbei, würde ich heute sagen, den Blick auf die Realität – was sich nach Abschluss der Vernehmlassung im Herbst 1970 darin zeigte, dass unser Entwurf gar nicht in der Stellungnahme der Gesamtuniversität berücksichtigt wurde. Aber es machte Freude, an einem Gesetzestext zu arbeiten, insbesondere an einem Gesetz, in dem die eigenen Belange neu zur Sprache kamen. Und wir taten das in interfakultärer Zusammenarbeit unglaublich intensiv. Der schliesslich fertiggestellte Text wurde von der dafür einberufenen Vollversammlung der Assistenten im Februar 1969 mit grosser Mehrheit verabschiedet und konnte anschliessend eingereicht werden.

*Was meinte damals «Drittelsparität»?*
In allen universitären Gremien sollten – so Vorstellung und Forderung – Professoren, Assistenten und Studenten zu je einem Drittel mit gleichem Stimmrecht Einsitz nehmen. Natürlich war das illusorisch, zumal weder der Studentenrat noch die VAUZ in der Lage gewesen wären, eine entsprechende Zahl von Kandidaten zu finden, die bereit waren, neben Studium oder Assistenz die erforderliche Zeit für die Mitarbeit in den Gremien aufzubringen.

*Gab es auch Erfolge, oder seid ihr mit euren Vorstellungen im weiteren Reformpro-zess der Universität gescheitert?*
Was die radikale Forderung nach Drittelsparität betrifft, so sind alle «Revolutio-näre» gescheitert. Es gab zwar in der Philosophischen Fakultät I Ansätze zu ihrer Verwirklichung, da eine Minderheit von Professoren dahinterstand, aber eben nur eine Minderheit, die auf den heftigsten Widerstand seitens der konservativen Kollegen stiess. Andere Forderungen fanden jedoch nach und nach Gehör. Ab 1970 wurde zunächst die Mit*sprache* (ohne Stimmrecht) einer kleinen Zahl von Vertretern der Studenten- und Assistentenschaft in den universitären Gremien eingeführt, die relativ bald in Mit*bestimmung*, also Einsitznahme mit Stimm-recht, mündete.

In anderen Fragen gab es klare Erfolge. Universität und Öffentlichkeit wur-den mit der Gündung der VAUZ überhaupt erst auf die Arbeit und prekäre Stel-lung der Assistenten zwischen Studium und Beruf aufmerksam gemacht. Man leitete eine Bestandesaufnahme der beruflichen Realität des Mittelbaus in die Wege und klärte dabei, wie hoch die effektive Beanspruchung durch Verwal-tungsaufgaben war und sein durfte, wenn ein Einsatz im Lehr- und Forschungs-betrieb, auch im Interesse einer eigenen wissenschaftlichen Karriere, in Frage kam. Der transitorische Charakter des Assistentendaseins brachte Kollisionen zwischen faktischer Tätigkeit und beruflichem Ziel mit sich, sodass sich die Frage aufdrängte, ob nicht ein besonderer Mittelbauberuf geschaffen werden solle, der neben sozialer Sicherung berufliche Aufstiegsmöglichkeiten bieten würde. Die VAUZ nahm sich auch Problemen der Entlöhnung an und konnte sich, nicht zuletzt dank der Unterstützung durch die Assistenzärzte, eine beträchtliche Er-höhung der Saläre gutschreiben.

*Was bedeutete dieses universitätspolitische Engagement für dich?*
Einerseits belastete es mich zeitlich sehr stark, sodass ich kaum zu konzentrierter Arbeit an einer Habilitationsschrift kam. Da ich selbst wie auch viele andere Kol-legen eher zur Kritik der konservativen professoralen Positionen neigte und zu-gunsten der Anliegen der Studentenschaft Stellung nahm, war es nicht leicht, eine Mittlerrolle einzunehmen. Dass ich mir im Blick auf eine Universitätskarrie-re schaden könnte, wurde mir nur selten bewusst. Andererseits brachte mir die Arbeit als Präsident der VAUZ auch persönlich viel: die Verbindung zu anderen Fakultäten und deren Forschungen, freundschaftliche Beziehungen mit den Kol-legen, Erfahrung in der Leitung einer Körperschaft.

Aus Anlass des 50-jährigen Jubiläums war ich 2018 zu einem Vortrag über die Gründung und die ersten Jahre der VAUZ sowie zu einer Rede bei der offizi-ellen Feier eingeladen. Der Rektor der Universität kam zu meinem Vortrag, er verstand sich mit dem derzeitigen Vorstand der VAUZ aufs Beste. Die Vereini-gung – so mein Eindruck – ist heute offensichtlich in den universitären Alltag eingegliedert und vertritt professionell die Anliegen des Mittelbaus. Bei allem immer wieder auftretenden Reformbedarf ist von einem kritischen oder gar revolutionären Eifer, wie er uns vor 50 Jahren beflügelte, nichts mehr zu spüren. Man hat heute eine Funktion, eine klar umschriebene Funktion innerhalb der Universität; die Assistenten besitzen ein Mitbestimmungsrecht; ihre Stimme ist gefragt, zumal es immer wieder ganz praktische Probleme gibt.

*Die Mitsprache der Assistenten ist mittlerweile etabliert, vom revolutionären Geist von damals ist nichts mehr zu spüren.*
Die gänzlich veränderte Atmosphäre, in der die VAUZ heute arbeitet, wird besonders spürbar, wenn man sie mit der Stimmung vergleicht, die im Jahr 1971 herrschte. Für das Ende des Sommersemesters wurde von radikalen studentischen Gruppierungen eine sogenannte «Antifaschistische und antikapitalistische Informationswoche» anberaumt, die vom 6. bis 10. Juli 1971 durchgeführt werden sollte, aber schon am zweiten Tag mit der offiziell verfügten Schliessung des Hauptgebäudes endete. Man muss sich vorstellen, dass damals an einer Seite des Lichthofs vier Fahnen mit den Porträts von Marx, Engels, Lenin und Mao hingen. Ich war – 18 Jahre zuvor sechzehnjährig aus der DDR geflohen – wie viele Uniangehörige entsetzt und ratlos.

*Die Porträts von Marx, Engels, Lenin und Mao im Lichthof der Uni – das kann man sich heute gar nicht mehr vorstellen. Wie erlebtest du die aufgeheizte Stimmung?*
Persönlich ist mir noch das Go-in, die überfallsmässig erfolgende Sprengung der letzten Sitzung des Senatsausschusses im Sommersemester am Nachmittag des 16. Juli 1971 in Erinnerung. Das Go-in war nahe dran, in eine Schlägerei zwischen den Professoren und den Eindringlingen vom Kleinen Studentenrat auszuarten, nachdem der Rektor die Sitzung für geschlossen erklärt hatte. Die Absicht der Studenten war es, die heftig geführten Diskussionen um den Einsatz von Gewalt bei der Durchsetzung reformerischer Ziele in revolutionäre Praxis überzuleiten; gegen ihre Anführer wurde im Winter ein Disziplinarverfahren durchgeführt. Noch am Vormittag des 16. Juli waren Hansruedi Isler, Dr. med. und Kopfwehspezialist, damaliger Präsident der VAUZ, und ich bei Dr. Alfred Gilgen, dem neuen Erziehungsdirektor, gesessen. Wir hatten ihm versichert, mit der VAUZ weiterhin einen konstruktiven Reformkurs zu verfolgen. Unsere Vereinigung, die ich ab Herbst 1971 für ein halbes Jahr nochmals präsidierte, verfolgte einen solchen Reformkurs weiter, ohne aber – mindestens meinerseits – noch von weittragenden Reformzielen beflügelt zu sein. Praktische Vermittlung zwischen den gegensätzlichen Positionen der Universitätsleitung und grosser Teile der Professorenschaft einerseits, der Studentenschaft mit zum Teil linksradikalen Agitatoren andererseits sah ich als unsere Aufgabe an. Das wurde aktuell, als eine Verordnung über die Benutzung der Räumlichkeiten der Universität und das Disziplinarrecht zu neuerlichen Auseinandersetzungen führte, bei denen sich

nun auch auf Seiten der Studenten eine bisher schweigende Mehrheit zu Wort meldete und die Rückkehr zu einem normalen Universitätsbetrieb einforderte. Ein grosses öffentliches Podiumsgespräch, das – von mir moderiert – am 1. Februar 1972 im Lichthof der Universität stattfand, liess vorerst nur die unvereinbaren Positionen öffentlich sichtbar werden. Doch ebbte die Aufregung langsam ab. Am Dies academicus 1972 durfte ich für die Assistentenschaft eine kurze Rede halten, die ich anstehenden Problemen des Mittelbaus widmete und dabei Enttäuschung zu Verlauf und Ergebnis der universitären Debatte über ein neues Unigesetz durchklingen liess.

*Wie standest du philosophisch zu der 68er Studentenbewegung?*
Das ergab sich im Laufe der 1960er Jahre und war das Ergebnis eines längeren Prozesses. Zu dessen Vorstellung muss ich etwas ausholen. Während meines Theologiestudiums machte ich mir kaum gesellschaftstheoretische Gedanken. Ich war zunächst durch die Inanspruchnahme der Existenzphilosophie Heideggers geprägt, entwickelte aber dann ein eminentes Interesse an den neu erscheinenden Schriften des «späten» Heidegger, in denen er sich als der Existenzphilosophie entwachsen deklarierte und nun mit dem Begriff der «ontologischen Differenz von Seiendem und Sein» das Bedenken des Seins als solchen in den Vordergrund stellte. Ich hörte auch seinen Vortrag «Der Weg zur Sprache», den er am 28. Januar 1959 im Ernst-Reuter-Haus der Technischen Universität Berlin hielt; als Leitfaden diente ihm die «Wegformel»: «Die Sprache als die Sprache zur Sprache bringen». Er sprach in einem abgedunkelten Raum vor einem nicht allzu zahlreichen Publikum. Man hörte ihm wie gebannt zu.

Physisch noch näher bin ich Heidegger gekommen, als er am Tag nach dem Vortrag bei Prof. Ernst Fuchs weilte und an einem Gespräch in dessen Sozietät, einem Kreis seiner fortgeschrittenen Studenten, teilnahm. In diesem kleinen Kreis war Heidegger sofort der unbestrittene Meister, dem allseits grosse Ehrerbietung und mehr bekundet wurde. Niemand wagte es, gegen den von ihm vorgegebenen Duktus des Gesprächs Einwände zu erheben oder ihm sogar zu widersprechen. Bis zum Anfang der 1960er Jahre war er in meinem geistigen Umfeld philosophisch die beherrschende Figur, an der man überhaupt nicht vorbeikam.

Später gewann ich nochmals einen anderen Eindruck. Heidegger nahm auf Einladung von Prof. Gerhard Ebeling im Wintersemester 1960/61 an einer der letzten Sitzungen des von ihm geleiteten Seminars über «Die Philosophie Heideggers und die Theologie» selbst teil. Offensichtlich war er als Professor mit Studenten in seinem Element. Er trat uns gegenüber ganz anders auf als erwartet, nämlich als gewandter und sympathischer, gelegentlich sogar humorvoller Pädagoge. Es ging unter anderem um die Frage, was eine Definition sei. Nachdem er Antworten gesammelt hatte, die ihn offenbar noch nicht befriedigten, sagte er «Und jetzt kommt Heidegger» und schrieb «Be-stimmung» auf die Tafel; eine Definition gebe – so wohl seine Intention – dem definierten Begriff eine Stimme.

*Wenn ich an deine Dissertation denke, dann gab es in den 1960er Jahren einen Wechsel in deiner philosophischen Ausrichtung, die zunächst nicht viel mit der damals aufkeimenden Gesellschaftskritik zu tun hatte.*
Es war der Wechsel zu Kants Philosophie, im Besonderen zu seiner Vernunftkritik. Hingegen berührte mich die seit den 50er Jahren aufkommende Gesellschaftskritik zunächst nur von ferne. Oberflächlich btrachtet war sie auch nie Heideggers Sache, so kritisch er sich gegenüber der akademischen, ja traditionellen Philosophie überhaupt äusserte und so sehr er damit auch allgemeine gesellschaftliche Tendenzen als Verfehlungen dessen anklagte, worauf es ihm ankam, sich nämlich im Denken für die Enthüllung des «Seins» zu öffnen.

Die gesellschaftlich durchschlagende Veränderung in der deutschsprachigen philosophischen Welt und der damit einhergehende Wechsel der allgemeinen Stimmungslage ging vielmehr von Frankfurt aus – ich denke, das kann man so allgemein sagen. An dessen Universität wirkten seit 1949 Theodor W. Adorno und Max Horkheimer, die sich entschlossen hatten, aus dem Exil in den USA nach Deutschland zurückzukehren. Insbesondere die von ihnen noch in Amerika gemeinsam verfasste «Dialektik der Aufklärung» (publiziert 1947) machte sie in Deutschland bekannt. Das Werk handelte von der Verkehrung aufklärerischer Vernunft in ihr Gegenteil: Das Ziel vernünftiger Naturbeherrschung schlägt im Zuge seiner Verwirklichung durch die moderne technisch-wissenschaftliche Zivilisation in Naturverfallenheit um. Die Autoren betteten ihre – primär auf amerikanische Verhältnisse bezogene – Analyse der Unterhaltungsindustrie sowie der Wurzeln des Antisemitismus in diese Vernunftgeschichte ein. Von Horkheimer lagen seit den 30er Jahren eine Reihe sozialtheoretischer Aufsätze vor, mit denen er seine «Kritische Theorie der Gesellschaft» begründete. Er grenzte sie dadurch von jedweder «traditionellen Theorie» ab, dass er sie unter die Aufgabe einer «Kritik der instrumentellen Vernunft» stellte. Adorno trat mit seinen kulturpolitischen Analysen hervor; ich besitze noch die erste Auflage der 1963 in der «edition Suhrkamp» erschienenen «Eingriffe. Neun kritische Modelle». Langsam drang der Ruf der Frankfurter Gesellschaftskritik trotz ihres marxistischen Hintergrunds in der breiteren Öffentlichkeit durch und kam auch bei mir in Zürich an. Es waren nicht so sehr die Personen, sondern das von ihnen Vertretene, das Einfluss gewann. «Kritik» wurde zum Schlagwort der Stunde – nicht Kritik nach Kants Muster, für den sowohl deren negative, zerstörerische als auch ihre positive, aufbauende Seite gleichermassen wichtig gewesen waren. Kritisch analysiert wurde vor allem, wie der dem modernen Menschen vertraute Gebrauch seines Verstandes ins Perverse entgleitet, indem er sich quasi unbewusst in eine gänzlich ökonomisch verwaltete Lebensform pressen lässt. Stark vereinfacht lässt sich vielleicht sagen, dass diese Kritik auf einen Verstand zielte, der Gutes will, aber Schlechtes schafft.

*Wie standest du zu den Frankfurter Philosophen?*

Ich besass zunächst keine persönliche Beziehung zu dieser neuen philosophischen Richtung und hatte auch kein besonderes Interesse an ihr. Man hörte davon, ich empfand keine Veranlassung, mich in die einschlägigen Schriften zu vertiefen, war ich doch noch im Blick auf «Erfahrung», das Thema meiner Dissertation, ganz mit Heidegger-Studien beschäftigt wie anschliessend mit der kantischen Philosophie. In Frankfurt aber ging es um Hegel und Marx, pauschal gesagt. Auf Grund des Hinweises einer Studienkollegin nahm ich dennoch die Gelegenheit wahr, nach Abschluss des Zürcher Sommersemesters 1964 nach Frankfurt fahren zu können, wo noch die letzte Semesterwoche im Gange war. Ich wollte mir nun ein persönliches Bild von den dort lehrenden Professoren machen. Horkheimer hatte sich schon aus dem Semester verabschiedet, aber Adorno erlebte ich in vivo, ebenso in Vorlesungen Jürgen Habermas und andere, damals noch wenig bekannte Dozenten.

*Wie hast du Adorno in Vorlesung und Seminar erlebt?*

Ich lernte einen doppelten Adorno kennen. Der eine hielt eine Vorlesung über philosophische Systeme, in der er die These aufstellte, dass der Systembegriff heute zum Abbild der verwalteten Welt geworden sei, der andere Adorno ein Seminar über Kants «Kritik der praktischen Vernunft». Zwischen beiden Veranstaltungen bestand eine deutliche atmosphärische Differenz. Die Vorlesung war sehr polemisch gehalten und auf dem Boden gesellschaftskritischer Analysen angebaut. Adornos Stimme hatte auch einen schreierischen Akzent. Er redete vor vielleicht 300 Studenten in einem bis auf den letzten Platz gefüllten Saal wie auf einer Bühne; er sprach frei in einer Art Predigtton und war mir ganz und gar nicht sympathisch. Ich fand auch seine Ausführungen inhaltlich zu undifferenziert. Ganz anders im Kant-Seminar. Hier traf ich auf einen feinsinnigen Adorno, der mit einem Proust-Zitat das Seminar begann, damit auf das Sitzungsthema hinführte, gut auf studentische Äusserungen hörte, das Gespräch vorantrieb, sehr sympathisch.

Später, etwa 1967, fand ich Interesse an den Schriften Herbert Marcuses, der noch vor Karl Marx für die Studentenbewegung mindestens zeitweise der wegweisende Autor wurde. Die Studenten orientierten sich kaum an Adorno und schon gar nicht an dem pessimistischen Horkheimer. Marcuse war leichter greif- und zitierbar, besser ins Politische umsetzbar.

*In politische Programme umsetzbar?*

In der Tat; er bildete jedenfalls philosophischerseits für viele Studenten den ideologischen Humus. Ich selbst kann nur sagen, dass mich Marcuses Gesellschaftskritik, die sich vor allem in seinem Buch «Der eindimensionale Mensch» (dt. 1967) repräsentiert fand, durchaus überzeugte: die Kritik an der modernen Reduktion des Individuums auf ein soziales Atom. Anders verhielt es sich mit seinem schon 1957 erschienenen Buch «Eros und Kultur» (bekannter unter dem Titel «Triebstruktur und Gesellschaft»). In seiner stark utopischen Ausrichtung faszinierte es, ohne zu überzeugen. Die Verknüpfung einer Freud- mit einer Marx-Lektüre war imponierend. Marcuse konstatierte, dass sich die aktuellen gesellschaftlichen Entwicklungen nicht mehr mit den Begriffen der psychoanalytischen Ich- und Massenpsychologie beschreiben liessen, erblickte aber gerade in diesem damals breit diskutierten *Veralten* der Psychoanalyse eine Chance: Statt mit Freuds Theorie gesellschaftlich-politische Tatsachen erklären zu wollen, schien es ihm möglich und angezeigt, sie auf das zu beziehen, was den Individuen in der hochentwickelten technologischen Gesellschaft durch Repression mittels der Durchsetzung des Leistungsprinzips angetan werde.

Besonders aufschlussreich schien mir der Gedanke, dass der Eros im Konflikt zwischen Lust und Realität bei nur vorgeblicher, in Wahrheit kommerzialisierter Liberalisierung gerade seine von gesellschaftlichen Zwängen befreiende Funktion einbüsse. Dialektisch denkend, glaubte Marcuse, dass das moderne Leistungsprinzip dadurch zu überwinden sei, dass es gewissermassen auf die Spitze getrieben werde. Und zwar in folgender Weise: Die modernen Produktionsverhältnisse liessen es zu, die Individuen gänzlich von der Last fremdbestimmter Arbeit zu befreien, indem die industrielle Produktion vollständig automatisiert werde. Das war eine Vision, die sich vielleicht auf damals schon virulente Vorstellungen technischer Perfektionierung stützte. Für Marcuse beinhaltete sie indes die Aussicht, mittels einer Selbstdegradierung des Leistungsprinzips wieder dem Lustprinzip Geltung zu verschaffen – mit Konsequenzen, die bis zur Überwindung des Todes führen sollten. Für mich fand diese utopische Seite von Marcuses Gesellschaftskritik ihren lebhaftesten und anschaulichsten Ausdruck in «Zabriskie Point», einem Film von Michelangelo Antonioni, welcher der Flower-Power- und Hippiebewegung ein Denkmal setzte. Eine Sequenz daraus: Zwei Jugendliche, auf ihrer Flucht ins Death Valley geraten, geben sich gänzlich dem Lustprinzip hin; unter dem Einfluss von Joints halluzinieren sie Dutzende weiterer Paare, die sich überall in der Wüste, in Fels und Staub, lieben. Im Hintergrund sieht man Schornsteine rauchen, im Vordergrund wird freier erotischer Lebensgenuss zelebriert. In einer anderen Sequenz erlebt die junge Frau, die ihren Chef in einer hypertechnisierten Villa hoch auf einem Felshang aufgesucht hatte, dann aber aus dem Haus geflohen war, wie die Villa explodiert; dreizehnmal wird diese Explosion aus unterschiedlichen Perspektiven gezeigt.

*Wenn ich dich richtig verstehe, hast du anfangs der 1970er Jahre gedacht, dass diese Utopie durchaus im Leben greifen könnte, dass solche grundlegenden Veränderungen der gesellschaftlichen Verhältnisse möglich wären. Zugespitzt: Du warst von dieser Utopie auch ein Stück weit beseelt.*
Ja, ich war von ihr angetan, ohne dass ich je an die Möglichkeit ihrer realen Verwirklichung glaubte oder mich dafür hätte einsetzen wollen. Neben seiner Theo-

rie faszinierte mich Marcuse auch in Person, als ich ihn 1970 bei den Stuttgarter Hegel-Tagen erlebte. Und zwar beim Podiumsgespräch mit dem fast gleichaltrigen Karl Löwith. Dieser, ein kleiner Herr, weisshaarig, ein renommierter akademischer Philosoph, Kritiker der grossen geschichtsphilosophischen Entwürfe von Hegel und Marx, stand auf der Bühne dem grossgewachsenen Herbert Marcuse gegenüber, einem Mann mit kräftiger Gesichtsfarbe und lebendiger Gestik, irgendwie durchschlagend im Aussehen und Auftreten. Es war ein eigentümliches und für sich sprechendes Bild, vor dem mir die Diskussion inhaltlich schnell aus dem Fokus geriet. Vor dem Veranstaltungsraum verteilten kommunistische Gruppen Flugblätter, auf denen Marcuse wegen seines Verrats an der marxistischen Kernlehre angegriffen wurde.

*Diese interessierte damals wohl kaum noch ernstlich?*
Nein, insbesondere an die geschichtliche Sendung der Arbeiterklasse glaubte im Westen wohl niemand mehr, nachdem schon in den 1920er Jahren durch marxistische Intellektuelle in der Theorie die «Partei» an die Stelle der Arbeiterklasse gesetzt worden war. In der Praxis übernahm die KPdSU die Führungsrolle bei der Durchführung der Revolution. Marcuses Versuch, nun den kalifornischen Hippies die Bedeutung von Revolutionsträgern zu geben, brachte generell klassische Marxisten in Rage. Natürlich hatte er mit der «Partei» nichts am Hut.

*Also auch nicht mit der kommunistischen Partei?*
Sogar nicht mit dem abstrakten Subjekt «Partei». Sondern er glaubte, in der Hippie-Bewegung eine Revolution unserer Gesellschaft angelegt zu finden. Dieses Ziel verfehlten für Marcuse auch die demokratischen sozialistischen Bewegungen, weil sie ihm ideologisch zu stark ökonomisch-technisch geprägt erschienen und sozusagen die Relevanz des Geldes nie in Frage zogen.

Anfangs 1979 schrieb ich Marcuse direkt, um ihn zu einem Vortrag in der Philosophischen Gesellschaft Zürich einzuladen. Er stellte in Aussicht, die Einladung anzunehmen, sofern es seine Gesundheit erlaube. Obwohl er die Reise nach Europa angetreten hatte, kam es nicht mehr dazu; er starb am 29. Juli 1979. In meinem damaligen Brief an ihn hiess es: «Stiller als andernorts und gleichwohl intensiv haben wir uns auch an der Zürcher Universität in den ‹bewegten› Jahren mit ihren Arbeiten beschäftigt, die in so förderlicher Weise dazu zwangen, den Standort der ‹Kritik› zu bedenken. Heute, in einer weitgehend durch Inaktivität, ja Resignation bestimmten Situation, besteht bei vielen, den ehemaligen Studenten der 68er Jahre und der neuen Studentengeneration, fürs erste das Bedürfnis, sich in ein Verhältnis zu den geistigen und politischen Vorgängen jener Zeit zu setzen: ein Verhältnis, in dem sich die allgemeine Rückzugstendenz umkehren müsste. Es wäre, glaube ich, ausserordentlich förderlich, Sie dazu persönlich hören zu können.»

*Du warst als promovierter Assistent 1970 schon in der Lehre tätig. Hast du dabei auch die Gesellschaftskritik Frankfurter Provenienz aufgegriffen?*

Ja, dazu drängten mich teils eigenes Interesse teils Wünsche der Studenten. Ein Kollege, Kurt Weisshaupt, und ich erwirkten bei unseren Professoren die Erlaubnis, im Sommersemester 1970 selbständig ein Proseminar zum Thema «Was ist Dialektik?» anzubieten. Als Textbasis diente uns die literarisch dokumentierte Auseinandersetzung zwischen Karl R. Popper und Theodor W. Adorno über Reichweite und Relevanz dialektischen Denkens. Die Diskussionen im Seminar trieben zum Teil ins Politische ab, vor allem mit den Interventionen radikaler Studenten; ich erinnere mich an einen jungen Italiener, der auf einen Tisch sprang, um gegen das akademische Gerede zu wettern. Die Fortsetzung im folgenden Semester war für uns kaum noch zu bewältigen. Obwohl es um die Dialektik in *Hegels* Philosophie ging, also um eine höchst anspruchsvolle Thematik, versammelten sich ca. 250 teilnahmewillige junge Leute. Wir mussten in die Aula ausweichen. Um den unerwarteten Andrang überhaupt irgendwie bewältigen zu können, bildeten wir zwei Grossgruppen und teilten diese wiederum in je 12 Arbeitsgruppen auf, in denen die Studierenden gemäss unseren Anweisungen selbständig arbeiten sollten. Da eine angemessene didaktische Leitung für uns Dozenten kaum möglich war, zogen wir uns bald das Misstrauen unserer Professoren zu. Das wurde noch grösser und wuchs sich zu einer heftigen Kritik am Ende des Semesters aus, als von studentischer Seite gefordert wurde, Weisshaupt und ich sollten im kommenden Semester ein Seminar – bisher das Privileg von Professoren – über die Philosophie von Karl Marx durchführen. Damit war eine Grenze überschritten. Wir schlingerten an einer Entlassung knapp vorbei. Es entstand eine geistige Leere. Dazu trug wesentlich bei, dass sich eine ganze Reihe «unserer» Studenten enttäuscht von Universität und Studium abwandte. Die radikaleren unter ihnen beschlossen, sich unter die Arbeiter in Fabriken und Betrieben zu begeben und dort für die Revolution zu kämpfen.

*Wie würdest du die danach im politisch-gesellschaftlichen Raum herrschende Stimmung beschreiben?*

Ich kann nur etwas zur Atmosphäre sagen, wie ich sie damals an der Universität, insbesondere im Bereich der Geisteswissenschaften erlebte. Und so auch zu meiner eigenen Stimmungslage. Was ausserordentlich deutlich zu spüren war: Die zwischen 1969 und 1971 herrschende Erregung, wenn ich so sagen darf, schwand dahin. Das Gefühl des Aufbruchs wich weitgehend. Man befand sich wieder in der Normalität des Elfenbeinturms. Es gab zwar inneruniversitär bei aller «Normalisierung» des Unterrichtsbetriebs wesentliche Veränderungen. Die für die Gremien auf den verschiedenen Ebenen erkämpfte Mitsprache von Assistenten und Studenten ging bald in Mitbestimmung über. Die Hierarchien wurden flacher, was sich gerade in den einzelnen Instituten im Verhältnis zwischen Lehrkörper und Studenten positiv auswirkte. In und ausserhalb der Universität hatten sich auch die Beziehungen zwischen den Geschlechtern entkrampft. In meinem Angebot von Lehrveranstaltungen überwogen jetzt erkenntnistheoretische und philosophiegeschichtliche Themen. Auch innerlich wandte ich mich vom Strom gesellschaftskritischer Philosophie ab, weil sie mir zwangsläufig einer Ideologie verpflichtet schien. So entschloss ich mich schon im Sommersemester 1971, ein Proseminar zur Frage «Was heisst ‹glauben›?» abzuhalten und damit zur akademischen Philosophie zurückzukehren – auch im Interesse der Ausarbeitung meiner Habilitationsschrift. Eine etwas langweilige Atmosphäre breitete sich aus.

*Was meinst du damit, die sich ausbreitende Stimmung sei von Langeweile geprägt gewesen?*
Man kann das auch anders sehen, nämlich als eine Beruhigung, die dem Studium, der Ausbildung, der wissenschaftlichen Forschung weit mehr diente als die vorgängige, durch gesellschaftlich-politische Zielsetzungen so erregte Zeit. Man lehrte und studierte wieder gewissermassen den Regeln gemäss, die sich seit vielen Jahrzehnten etabliert hatten. Aber meinen Empfindungen nach, soweit ich sie richtig in Erinnerung habe, fehlten Impulse, mir selbst und vielen anderen. Dazu kam 1973 die Ölkrise, die dann auch die staatlichen Mittel, die der Universität zur Verfügung standen, reduzierte und dazu führte, dass manche der geplanten Vorhaben zunächst nicht verwirklicht werden konnten. Man war vielleicht auch in der jetzt studierenden Generation dabei angekommen, dass man sich um die Zukunft da und dort etwas mehr Sorgen machen müsse, als es vorgängig der Fall schien. Die 60er Jahre waren meinem Eindruck nach Aufbruchszeiten gewesen, Zeiten wachsenden Wohlstandes, Zeiten wirtschaftlicher Belebung. Mit der Ölkrise und der breiten Diskussion um die Ablösung des quantitativen durch ein qualitatives Wachstum erlebte das ganze Aufstiegs-Denken eine Art Delle. Nicht zuletzt trat für mich die Frage: «Was wird eigentlich aus mir?» ins Zentrum und damit auch die Frage der Karriere an der Uni. Die eigentliche Studienzeit war zu Ende.

*Wie sah es in deinem privaten Leben aus?*
Das gravierendste Ereignis war die Scheidung im Juni 1972. Nach zehnjähriger Ehe gingen wir auseinander. Unmittelbarer Anlass war, dass ich mich verliebt und Elisabeth damit so provoziert hatte, dass sie die Scheidung beantragte. So weit hätte es an sich nicht kommen müssen. Denn einerseits entschloss sich die neue Liebe wieder zu ihrem früheren Freund, nachdem dieser aus dem Ausland zurückgekehrt war; andererseits drang Sohn Felix immer wieder in mich, doch zu uns nach Hause zurückzukommen. Beides ging mir sehr nahe. Aber das Gefühl der Befreiung, das mich nach der vorläufigen Ablösung von Elisabeth und dem Einzug in eine neue Wohnung in einem Nachbarort überkam, war stärker.

*Hatte das möglichweise auch mit den gesellschaftlichen Veränderungen insbesondere im Verhältnis der Geschlechter, die eben seit 68 passiert waren, zu tun oder eher nicht?*

In einem gewissen Sinne ja, aber sicher nicht allein. Meine für mich selbst ungeklärten Sehnsüchte taten das Ihre dazu und liessen mir die Beziehung zu Elisabeth entleert erscheinen. Und ausserdem leuchtete schon bald ein neuer Stern auf: Alice, die ich als Teilnehmerin an einer meiner frühen Lehrveranstaltungen kannte und mit der ich mich bei einer Party, an der ich sie zusammen mit ihrem Mann traf, sehr gut verstand. Bald darauf zu gut, sodass auch ihre Ehe platzte. Wir wohnten zwar die nächsten drei Jahre über an getrennten Orten, sie in Zürich, ich in Dübendorf, wohin ich aus Schwerzenbach gezogen war, trafen uns aber fast täglich.

*Was zog dich an dieser Frau an, dass du so schnell wieder eine neue Beziehung begannst?*

Sie war eine Intellektuelle, hatte mit einer geschichtsphilosophischen Dissertation im Fach Geschichte promoviert und bildete sich im Daseinsanalytischen Institut zur analytischen Psychotherapeutin aus. Wir mussten uns nicht über das Fehlen von beidseits interessierenden Gesprächsthemen Sorgen machen – Heideggers Philosophie gehörte ganz zentral dazu. Ich gewann dabei aber auch tiefere Einblicke in Wesen und Praxis analytischer Psychotherapie. Alice' Mentor, Medard Boss, hatte unter dem Titel «Daseinsanalyse» eine neue psychoanalytische Schule begründet, die sich philosophisch auf die Nachkriegsschriften Heideggers stützte. Schon früh präferierte Alice demgegenüber dessen anthropologisch auswertbares Werk «Sein und Zeit» (1927) und gelangte darüber, insbesondere im Blick auf den Begriff des Unbewussten, in eine zunächst noch fruchtbare Diskussion mit Boss. Seit den 80er Jahren entwickelte sie dann eine eigene daseinsanalytische Theorie, die auf einer Verknüpfung der frühen Anthropologie Heideggers mit dem von Jean-Paul Sartre in «Das Sein und das Nichts» (1943) ontologisch untermauerten Existenzialismus einerseits und Elementen der Psychoanalyse Freuds andererseits aufbaute. Diese Theorie bildete die Basis der praktischen Ausbildung in einem «Daseinsanalytischen Seminar» und den Leitfaden für die Tätigkeit der von Alice präsidierten «Gesellschaft für hermeneutische Anthropologie». Ich selbst arbeitete bis 2021 in deren Vorstand mit, hielt Vorträge und führte Seminare zu philosophischen Aspekten der jeweiligen Jahresthemen durch.

Die Beziehung zu Alice und die damit verbundene Bekanntschaft mit der Daseinsanalyse bewogen mich 1973 auch dazu, dass ich selbst eine Analyse begann: zunächst probeweise bei einem bekannten Zürcher Psychoanalytiker, der mir nach fünf Sitzungen zwar empfahl, eine Analyse zu beginnen, mich aber nicht unter seine Analysanden aufnahm. Nach einer Bedenkzeit entschloss ich mich zur Analyse bei einem Daseinsanalytiker. Diesen suchte ich zwei- bis dreimal pro Woche auf. Die Analysestunden liefen nach den Vorgaben Freuds ab. Was das Äussere betraf, so lag ich auf der Couch, der Analytiker sass hinter mir auf einem Sessel, für mich unsichtbar. Als nach gut drei Jahren ein Zwischenergebnis erreicht war, machte sich bei mir starker Widerstand gegen eine Fortsetzung geltend, sodass ich die Analyse abbrach. Ich möchte im Rückblick diese «Kur» nicht missen, denn sie brachte mir Einsichten in die seelische Basis von Problemen, denen ich zuvor einfach ausgeliefert schien, mit denen ich nun aber besser umgehen konnte

# 10. Der lange Weg zur Professur

*«Heute wundere ich mich über meine Sorglosigkeit.»*

*Du sprachst von einer veränderten Stimmung, die nach Ende der 68er Bewegung im akademischen Raum um sich griff. Wie gingst du mit der neuen Situation um?*
Ich versuchte, die von mir empfundene Leere auf verschiedene Weise zu kompensieren, universitär etwa durch Beteiligung an der Planung von interdisziplinären Ringvorlesungen. Vor allem aber verstärkte sich – eine Art Nachwirkung meines universitätspolitischen Engagements – das Bedürfnis, selbst mit philosophischen Beiträgen die Arena der öffentlichen Diskussionen zu betreten.

Ein Projekt des Ausbruchs aus der akademischen Isolation hiess «Philosophie aktuell». Es bestand in der Begründung einer Taschenbuchreihe dieses Namens. Das Vorhaben entwickelte sich in Gesprächen mit dem Kollegen und Freund Walther Ch. Zimmerli aus dem Bedürfnis heraus, Philosophie an die zentralen Themen der Zeit heranzuführen. Wir zogen Hans Saner bei, der Assistent von Karl Jaspers in Basel gewesen war, dessen Nachlass betreute und in ähnlichem Sinne wie sein Lehrer aktuelle Probleme in essayistischer Form aufgriff. Als Verlag nahmen wir Schwabe in Basel in Aussicht, bei dem meine Dissertation erschienen war; auch bestand zwischen dessen Lektor Jakob Lanz und Hans Saner eine freundschaftliche Verbindung. Nach mancherlei Anläufen gelang es schliesslich, auch den Verleger Dr. Christian Overstolz vom Projekt zu überzeugen.

1974 erschienen die ersten drei Bände, alle zu wissenschaftstheoretischen Problemen, wie sie damals en vogue waren: der Wissenschaftskritik einerseits, der interdisziplinären Zusammenarbeit andererseits. Es folgten Bände zu den Themen Gewissen, Technik, Kommunikation oder Gewalt, grösstenteils Sammlungen von Beiträgen verschiedener, eigens für das jeweilige Thema ausgewählter deutschsprachiger Autoren, dem Umfang nach unter 200 Seiten. Leider kam die Reihe nicht über zehn Bände hinaus, weil der Absatz nicht befriedigend war. Das hatte verschiedene Gründe: Der Verlag war nicht schon auf dem Taschenbuchmarkt präsent, setzte keine besonderen Werbemittel ein und konnte nicht wie bei eingeführten Taschenbuchreihen monatlich mindestens zwei neue Taschenbücher auf den Markt bringen – auch wir als Herausgeber wären völlig überfordert gewesen.

Trotzdem zogen wir Vorteile aus unserer kurzzeitigen Herausgebertätigkeit. Denn neben dem geistigen Gewinn verschaffte uns die Anknüpfung vielfältiger Kontakte eine gewisse Bekanntheit im akademischen Raum. Und ich lernte handwerklich Einiges, was mir für meine spätere, ziemlich ausgedehnte editorische Arbeit von grossem Nutzen war.

Ohne dass mir das so recht bewusst gewesen war, hatte ich seit bereits drei Jahren die Möglichkeit zur Beteiligung an der öffentlichen Diskussion von Zeitfragen, nämlich dank der Einladung, für das Feuilleton der Neuen Zürcher Zeitung (NZZ) zu schreiben, und zwar worüber immer. Das hatte mir Werner Weber, Chef des Feuilletons der NZZ, bei einem Besuch in seinem Büro angeboten. Das Gespräch war durch Vermittlung von Walter Bernet, Professor für praktische Theologie, zustande gekommen, mit dem ich, mit dem aber auch Werner Weber befreundet war. Mir war Letzterer nur aus seiner Kolumne auf der ersten Seite der Wochenendbeilage «Literatur und Kunst» bekannt, wo er jüngst erschienene Werke der zeitgenössischen Literatur besprach. Sein Urteil entschied häufig über deren literarisches Schicksal. Umso überraschender verlief die persönliche Begegnung. Ich sass einem auch menschlich an mir interessierten Mann ohne Allüren gegenüber, nicht einem «Literaturpapst». Keine Vereinbarung musste jetzt oder später unterschrieben werden, sein Wort galt. Ziemlich verdutzt ging ich als freier Mitarbeiter der NZZ nach Hause.

Schon im September 1968 konnte ich einen ersten Artikel in der NZZ publizieren, eine Rezension. Dem folgten bald der Nachruf auf Karl Jaspers (den zu schreiben ich als besondere Ehre empfand), weiterhin Rezensionen, Gedenkartikel, Tagungs- und Kongressberichte sowie – zum Teil sogar recht ausführliche – Beiträge zu Themen, die mich persönlich beschäftigten, dabei aber von allgemeinem Interesse waren beziehungsweise sein sollten. Für die NZZ arbeiten zu können, eröffnete mir selbst neue Perspektiven beim Lesen, Beurteilen und Schreiben, war aber auch für meine weitere berufliche Laufbahn von grossem Nutzen. Es wurde mir bewusst, wie gross und vielgestaltig das Leserpublikum war, das man in einer Zeitung wie der NZZ erreichte. So wurde ich im Laufe der Zeit bei geselligen Anlässen von Unbekannten immer wieder auf den einen oder anderen Artikel angesprochen, ich erhielt zustimmende oder kritische Rückmeldungen.

*Fördertest du so auch deine berufliche Karriere im engeren Sinne?*
Wohl kaum. Es drängte sich nach Ablauf meines universitätspolitischen Engagements vielmehr auf, meine wissenschaftliche Laufbahn unter der Zielsetzung aufzugleisen, die Voraussetzungen für die Anstellung als Professor an einer Universität zu erfüllen. Die erfolgreiche Promotion und ein gewisser Lehrerfolg legten es nahe, sich auf ein solches Ziel auszurichten. Um es aber zu erreichen, musste ich die Habilitation in Philosophie anstreben.

*Was bedeutete das konkret?*
Es hiess, nach der Dissertation eine weitere wissenschaftliche Publikation von grösserem Umfang zu verfassen. Einige Zeitschriften- und Zeitungsartikel vorzulegen genügte nicht, weil das nicht als hinreichende wissenschaftliche Leistung anerkannt wurde. Ich begann nach einem Thema zu suchen, tat das aber nicht mit voller Intensität – abgelenkt durch den zeitaufwändigen Einsatz für die Assistentenvereinigung einerseits, durch die geschilderten publizistischen Tätigkeiten andererseits. Dadurch verlor ich viel Zeit, wie man sagen muss, wenn man auf die Karriere fokussiert ist. Und ich verpasste eine günstige Phase, in der man bei entsprechender Leistung dank des Ausbaus der Zürcher Universität ziemlich schnell zu einer Professur fand, wie ich an gleichaltrigen Kollegen beobachten konnte.

*In welche Richtung ging deine Suche nach einem neuen Projekt?*
Zunächst wollte ich mich systematisch allgemein mit dem Begriff des *Ursprungs* befassen, nämlich mit den Problemen, die sich bei jedweder Suche nach Ursprüngen stellen, gehe es um die Herkunft einer Familie, den Urknall, Gott als Schöpfer oder die letzte Basis unseres Wissens überhaupt. Philosophisch gesehen, so machte ich mir klar, haben diese Probleme mit der doppelten Bedeutung des Wortes «Ursprung» zu tun: Es verweist erstens auf den *Anfang* oder das Erste, von dem etwas ausgeht, bildlich gesprochen auf seine Quelle; zweitens auf die Wirkungsmacht des Anfangs oder Ersten und bezeichnet so den zeitlichen wie sachlichen *Grund* des Entspringenden. Ich wollte dieses Thema angehen, ohne mich dabei auf die Auseinandersetzung mit einem dafür einschlägigen Autor zu beschränken. Doch genau das passierte mir. Bei der parallellaufenden biographischen Beschäftigung mit dem als «Neukantianer» eingestuften Philosophen Hermann Cohen stiess ich auf einen Denker, welcher sich am Anfang des 20. Jahrhunderts der Frage des Ursprungs wissenschaftlicher Erkenntnis mit Leidenschaft gewidmet hatte. Seine These, dass Erkenntnis ihren Ursprung allein im Denken habe, nicht auch in der sinnlichen Erfahrung, dass sie also rein logisch zu begründen sei, war mir bei meiner kantischen Prägung fremd, aber gerade das reizte mich.

Dazu kam ein Zweites, mit dem sich meine Arbeitsbasis erweiterte. Cohens jüngerer Kollege Paul Natorp, ebenfalls Professor an der Universität Marburg, hatte sich dessen Position angeschlossen, arbeitete aber an den zu Erkenntnis führenden Denkprozessen primär heraus, dass sie synthetisch verfuhren, also Einheit schufen. In der Literatur zu der von beiden Philosophen entwickelten logischen Grundlegung der Wissenschaft fand dieser Unterschied kaum Beachtung. Nun entdeckte ich bei Recherchen in der Marburger Universitätsbibliothek zwei handschriftliche, bisher unbekannte Texte, in denen sich Natorp ausführlich mit Cohens einschlägigem Hauptwerk «Logik der reinen Erkenntnis» (1902) auseinandersetzte. Er hatte den ersten Text, eine geplante Rezension, vor der Publikation Cohen vorgelegt, der aber mit Natorps kritischer Darstellung des Werks nicht einverstanden war. Um keine öffentlich sichtbare Zwietracht zwischen den beiden Häuptern der inzwischen entstandenen «Marburger Schule» aufkommen zu lassen, unterdrückte Natorp seine Besprechung – ebenso wie eine später verfasste Kritik. Die Auswertung beider Texte erwies sich als sehr fruchtbar. Ich hatte damit zum Thema meiner Habilitationsschrift gefunden. Unter dem Titel «Ursprung und Einheit» dachte ich die für die Theorie wissenschaftlicher Erkenntnis grundlegende Auseinandersetzung zwischen beiden Philosophen durch. Im zweiten Teil fügte ich die Quellen in Transkription bei: die erwähnten zwei und weitere einschlägige Texte sowie den umfangreichen Briefwechsel zwischen Cohen und Natorp, fast alles aus dem Nachlass Natorps ausgegraben und transkribiert.

Unter grossem zeitlichem Druck stellte ich die Schrift fertig und reichte sie im Juli 1973 ein. Sie wurde von einer dafür bestellten Kommission der Fakultät als hinreichend beurteilt und ich im Februar 1974 zur Probevorlesung vor den Professoren der Philosophischen Fakultät I eingeladen. Aus den von mir vorgeschlagenen drei Themen war «Das Wesen einer Sache» gewählt worden, wie mir eine Woche zuvor mitgeteilt wurde. Nun stand ich ca. 50 Professoren der Geisteswissenschaften gegenüber, einer beeindruckenden Versammlung von Wissen und Weisheit. Schnell entpuppte sich, dass ich mit dem Thema ein wegen seiner Weite ziemlich kühnes Vorhaben angegangen war, das mir auch zum Fallstrick hätte werden können; doch stiess ich in der dem Vortrag folgenden inhaltlichen Diskussion meiner Ausführungen auf Wohlwollen – sichtbar insbesondere, als ich auf die Frage, ob auch der Teufel ein Wesen habe, antwortete: das müsse man darauf ankommen lassen, und damit allgemeines Lachen auslöste.

Fortan war ich also Privatdozent für «Philosophie mit besonderer Berücksichtigung ihrer Geschichte». Meine Antrittsvorlesung hielt ich im Juni 1975 über «Die Angst des Philosophen». Auch das ein Hinweis darauf, wie stark sich das philosophische Klima verändert hatte.

*Die «Angst des Philosophen» als Titel der Antrittsvorlesung, was hattest du dabei im Auge?*
Ich machte in meinem Vortrag zunächst wieder eine starke Anleihe bei Heidegger: In seiner Freiburger Antrittsvorlesung von 1929 hatte er das Leben des Philosophen, der nach dem Sinn von «Sein» sucht, unter die Begegnung mit dem «Nichts» gestellt und als eine solche Begegnung die Erfahrung abgründiger Angst namhaft gemacht, wie sie beim Verlust jedweden Halts im Leben auftreten könne. Ich interpretierte diese vor das Nichts bringende Angst für die Gegenwart als Angst des Philosophen vor dem Verlust aller geläufigen Kategorien, mit denen wir unsere Erfahrungen – und gerade die schlimmen – einzuordnen und damit zu bewältigen pflegen. Hintergründig liess ich spüren, was ich selbst als bedrängend empfand, dass das Dahinschwinden gesicherter kategorialer Ordnung der Welt um sich greife – einer Ordnung, um die in der klassischen deut-

schen Philosophie von Kant bis Hegel mit Erfolg, wie es schien, nochmals gerungen worden war.

Als ich meinen Vortrag in der vollbesetzten Aula beendet hatte, herrschte eine Minute lang Schweigen, bevor Beifall aufklang. Nach Veröffentlichung des Textes schrieb mir der Tübinger Psychoanalytiker Wolfgang Loch, die Angst des Philosophen kündige vielleicht eine vierte Beleidigung des menschlichen Selbstgefühls an: nach der Infragestellung (1) der kosmischen Sonderstellung der Erde durch Kopernikus, (2) der Sonderstellung des Menschen unter den Lebewesen durch Darwin, (3) der Herrschaft des Bewusstseins im Menschen durch Freud. Was ich damals – für manche ziemlich absurd – als Angst des Philosophen ansprach, dünkt mich heute wie eine Ahnung des Erschreckens, das «postmodernes» Denken sehr bald auslöste.

*Um zunächst einen lebenspraktischen Aspekt der folgenden Jahre anzusprechen: Wie stand es mit der ökonomischen Seite deines Lebens nach der Habilitation?*
Ökonomisch gesehen hatte die Habilitation keinerlei Vorteile. Ja, da ich im Jahr darauf die Assistentenstelle, die ich zwölf Jahre innegehabt hatte, räumen musste, büsste ich mein monatliches Einkommen ein; die Vergütung eines Lehrauftrags als Privatdozent konnte das nicht kompensieren. Abgesehen von den finanziellen Einbussen erlebte ich eine generelle Enttäuschung. Von Prof. Meyer, bei dem ich Assistent gewesen und mit dem ich intensiv zusammengearbeitet hatte, war mir vage in Aussicht gestellt worden, dass ich nach der Habilitation mit einer Anstellung als Assistenzprofessor rechnen könne. Dem stand nun aber 1974 vor allem als Folge der Ölkrise entgegen, dass mangels entsprechender Mittel der grosszügige Ausbau des Lehrkörpers gestoppt und entsprechende Pläne auf Eis gelegt wurden. Zur Überbrückung bemühte ich mich beim Schweizerischen Nationalfonds um ein Forschungsstipendium. Ich erhielt es für zwei Jahre. Als Forschungsaufgabe hatte ich mir im Anschluss an das Thema meiner Dissertation die Geschichte des Erfahrungsbegriffs im 19. Jahrhundert gewählt. Die Zeit verging schnell, zu schnell. Zu viel anderes beschäftigte mich oder trieb mich um, kurz: nach zwei Jahren lag kein druckfertiges Manuskript bereit und befand sich auch nicht in Vorbereitung. Meine akademische Karriere war ernstlich bedroht. Heute wundere ich mich über meine Sorglosigkeit.

*Die Zeit davor warst du noch zuversichtlich gewesen. Gab es in diesen Jahren Momente grosser Unsicherheit, wie es allgemein mit dem Leben weitergehen könne, oder hattest du immer die Grundzuversicht: Irgendwann wird sich da schon etwas Vernünftiges für mich ergeben?*
Ich hatte lange so eine Grundzuversicht, obwohl mich auch immer wieder Zweifel überkamen. Meine publizistische Tätigkeit überspielte zwar diese Zweifel, anderes nährte sie, vor allem der Umstand, dass meine Habilitationsschrift nicht schon veröffentlicht war. Nach dem Erwerb der Venia legendi schob ich die Pu-

blikation des Manuskripts auf, um es grundlegend zu überarbeiten. Das hat sich inhaltlich zwar gelohnt, zog sich aber aus diversen Gründen viel zu lange hin. Erst 1984 lag das Manuskript dem Verlag druckfertig vor.

*Die Jahre nach der Habilitation waren für dich, wie du andeutetest, generell keine einfache Zeit. Gab es in Zürich Lichtblicke?*
Zunächst muss ich auf einen Verzicht zu sprechen kommen, einen Verzicht, der mir sehr schwerfiel, weil ich mit ihm die Chance vergab, meine akademische Laufbahn frühzeitig zu sichern. 1973, also schon vor meiner Habilitation, wurde ich zu einem Vortrag an die Kirchliche Hochschule Bethel bei Bielefeld eingeladen, wo eine ordentliche Philosophieprofessur neu zu besetzen war. Der Vortrag mit dem Thema «Metakritik des kritischen Rationalismus» kam gut an und erhöhte meine Berufungschancen. Nach langen Überlegungen sagte ich aber ab, und zwar noch bevor in Bethel ein Entscheid gefällt wurde. Das hatte drei Gründe: Erstens sah ich mich dort von meinen Überzeugungen und Interessen her am falschen Ort, hatte ich mich doch seit meinem Theologiestudium von theologischen Denk- wie von christlichen Lebensräumen und insbesondere von deren Atmosphären weitgehend entfernt. Zweitens bestand auch in Bethel selbst das Problem, ob ich nicht als Renegat die dortigen Theologiestudenten mit meinen philosophischen Vorlesungen und Seminaren in Zweifel stürzen und von ihrem beruflichen Ziel ablenken oder wegführen könnte. Vor allem aber konnte ich mir drittens nur schwer vorstellen, wieder nach Deutschland zurückzukehren und mich damit aus der Schweiz zu verabschieden, wo ich mich nun schon 14 Jahre aufhielt. Und mehr als das: wo ich in einem vielfältigen Geflecht persönlicher Beziehungen lebte, wo mir sehr gute Arbeitsbedingungen zur Verfügung standen, wo ich tendenziell eine neue Heimat gefunden hatte. Und noch etwas: Alice, meine neue Freundin (und spätere zweite Frau) hätte mich schon aus beruflichen Gründen kaum nach Bethel begleitet.

*War denn nach 1974 die seinerzeit in Aussicht gestellte Assistenzprofessur an der Universität Zürich gänzlich illusorisch geworden?*
Glücklicherweise nein, aber erst 1978 klappte es. Der bisherige Ordinarius für Systematische Philosophie und Psychologie trat altershalber zurück, und als seine Nachfolgerin wurde eine Professorin für empirische Psychologie gewählt, die spezifisch Schlafforschung betrieb. Damit war der philosophische Anteil der Professur nicht mehr gedeckt. Er wurde einer neu geschaffenen Assistenzprofessur zugewiesen, die ich versehen sollte, und zwar mit dem Auftrag, über Phänomenologie und philosophische Anthropologie Vorlesungen zu halten. Das kam auch meinen eigenen Interessen sehr entgegen. Da die Anstellung als Assistenzprofessor aber auf zweimal drei Jahre befristet war, musste ich mich rechtzeitig andernorts nach einer Professur umsehen. In Zürich stand unmittelbar keine Nachfolge an, für die ich hätte kandidieren können.

*Du musstest dich also in der Folge an anderen Universitäten um eine Philosophie-professur bewerben.*

Erst 1979/80 gab es Ausschreibungen, bei denen meine Bewerbung nicht ganz aussichtslos erschien. Ich hatte wohl in den Jahren zuvor immer schon derartige Ausschreibungen beachtet, doch davon abgesehen, irgendwo zu kandidieren, wenn mein Profil nicht auf die Beschreibung der Stelle passte. Auf meine Meldungen hin wurde ich jetzt zu Probevorträgen an den Universitäten Bochum, Basel und Bonn eingeladen. Meine Chancen in Bochum verdarb ich mir selbst durch eine völlig unzureichende Vorbereitung meiner Probevorlesung, die ich zu Gunsten der nur zwei Tage früher stattfindenden entsprechenden Basler Vorstellung vernachlässigt hatte. Noch im Schlafwagen auf der Fahrt nach Köln arbeitete ich daran. Ein miserables Gefühl bemächtigte sich meiner. Am frühen Morgen setzte ich mich während des Umsteigeaufenthalts in den Kölner Dom, aber das besserte auch nichts. Die Kalamität erklärte ich mir so, dass ich mir eigentlich nicht vorstellen konnte, nach Bochum zu wechseln. Angesichts von Heirat und Gründung einer neuen Familie kam für mich nur eine deutsche Universität in Frage, die von Zürich nicht zu weit entfernt war und sich mit dem Zug innerhalb von Stunden erreichen liess; ich hätte die Stelle dann dort, wie so manche deutschen Kollegen, jeweils Dienstag, Mittwoch und Donnerstag versehen. Seinerzeit begann diese Praxis um sich zu greifen. Die Bochumer Universität hatte einen guten Ruf, lag aber geographisch für mich ausser Reichweite.

*Hat dich dein Scheitern dort nicht trotzdem geschmerzt?*

Na ja, mein Auftritt war kläglich und schadete auch meinem Ruf. Aber wesentlich schmerzhafter war es für mich, als auch meine Bewerbung in Basel scheiterte. Da ich dort während zweier Semester den zurückgetretenen Philosophieprofessor vertreten durfte, hatte ich mir gute Chancen ausgerechnet. Mein Probevortrag über Philosophie des Alltags war für mein eigenes Verständnis innovativ, fand aber in der Berufungskommission keine Gnade. Ein Abend, an dem ich in der Zeit meiner Vertretung bei dem verbliebenen Basler Philosophieprofessor privat zum Essen eingeladen gewesen war, hatte wohl schon entschieden. Es war eine der schlimmsten Einladungen, die ich je durchstehen musste, das Gespräch glich eher einem Verhör, gegen Ende machte er – wohl um meine Reaktion zu testen – in schlüpfriger, ja widerlicher Weise Anspielungen auf delikate Episoden im Leben des Philosophen Max Scheler.

*Und wie verlief die Bewerbung in Bonn?*

Die Atmosphäre gefiel mir dort sehr, ich hätte mir vorstellen können, einen Ruf auf die ausgeschriebene Professur anzunehmen und trotzdem in Zürich wohnen zu bleiben. In meinem Vortrag im Juni 1980 behandelte ich das philosophische Realitätsproblem im Ausgang von Kant. Ich kam immerhin auf die dem Ministerium eingereichte Liste der für die Besetzung in Frage kommenden Bewerber, allerdings nur auf den dritten Platz. Der zurecht Erstplatzierte sagte nach den Berufungsverhandlungen noch ab; der an zweiter Stelle folgende und schon in Bonn tätige Kandidat war umstritten – seine Wahl wäre eine Hausberufung gewesen. Als der Streit in der Fakultät zu lange anhielt, wurde die Stelle vom Ministerium gestrichen. Dass meine Bewerbung fehlschlug, lag diesmal nicht an mir; ich weiss, dass ich in Bonn sehr willkommen gewesen wäre.

*Nach deinem rund 20-jährigen Leben in der Schweiz warst du hierzulande wohl auch so fest verankert, dass eine Rückkehr nach Deutschland für dich nicht mehr in Frage kam.*

Die Scheidung meiner ersten Ehe im Juni 1972 hätte theoretisch ein – letzter – Anlass zum Verlassen der Schweiz sein können, wurde es aber schon aus beruflichen Gründen nicht. 1977 hatten Alice und ich geheiratet, unsere Tochter Sibylle kam im gleichen Jahr zur Welt, unser Sohn Matthias zwei Jahre später. Da drängte sich auch eine Konsolidierung meines staatsbürgerlichen Status auf.

*Das heisst, du hast dich um den Schweizer Pass bemüht.*

Ja, 1979 begann ich mich um die Einbürgerung zu bemühen. Die Grundbedingung erfüllte ich, denn ich hatte zwölf Jahre ununterbrochen in der Schweiz und – als mit einer Schweizerin verheiratet – bei Abschluss des Verfahrens mindestens fünf Jahre am gleichen Ort gelebt. Der Vorgang zog sich aus mir unbekannten Gründen in die Länge. Gegen sein Ende hin bekamen wir zu Hause Besuch von einem Beauftragten der Einbürgerungskommission Zürich, beruflich ein Geldbriefträger. Da ich geübt war, mich im Dialekt zu äussern, erfüllte ich eine weitere Bedingung für die Aufnahme ins Schweizer Bürgerrecht. Ich befasste mich auch, wie gefordert, mit der Schweizer Geschichte, und zwar aus Interesse ziemlich intensiv. Der Vertreter der Kommission hatte mir auf meine Bitte hin die 100 Fragen zugestellt, auf die ich die Antworten wissen sollte. Vor dem Abendessen, zu dem wir ihn eingeladen hatte, liess ich mich probehalber von ihm prüfen. Es ging unter anderem um den tiefsten und den höchsten Punkt der Schweiz, vom letzteren, nämlich der Dufourspitze im Wallis, zum Namensgeber, dem General im Sonderbundskrieg zwischen den katholischen und den reformierten Kantonen von 1847 und dessen erstem Tagesbefehl (wo ich allerdings passen musste). Der Abend verlief offenbar zur Zufriedenheit des Besuchers, denn ich wurde nun vor die Kommission geladen. Statt wie üblich einen kurzen Vortrag über den Werdegang eines Gesetzes zu halten, hatte ich mir ausbedungen, über die in jenen Jahren vieldiskutierte Revision der schweizerischen Bundesverfassung sprechen zu dürfen, mit der ich mich schon bei der Vorbereitung eines philosophischen Symposiums befasst hatte. Es schlossen sich Fragen des Vorsitzenden zum Zürcher Reformator Bullinger an und zuletzt die Aufforderung, Jahr und Tag der Gründung der Universität Zürich zu nennen. Das Jahr wusste ich, aber den Tag? Grinsend fragte der Vorsitzende nach, wann wir denn jährlich den Dies academicus feierten. Ich wurde bei allgemeiner Heiterkeit entlassen. Seit 1982 bin ich also eingebürgert und mitsamt der Familie Bürger der Stadt Zürich.

*Musstest du jetzt auch Militärdienst leisten?*
Das war zunächst offen, weil bis zu einem gewissen Alter grundsätzlich alle männlichen Schweizer Bürger zum Militärdienst verpflichtet sind. Jedenfalls wurde ich für die militärische Musterung aufgeboten. Sie fand in einer Kaserne an einem trüben Septembermorgen statt. Etwa zehn Herren mittleren Alters wie ich standen hundert jungen Leuten gegenüber, beide Gruppen wurden einer besonderen Beurteilung ihrer Tauglichkeit unterworfen. Die Älteren mussten sich nicht sportlich beweisen, sondern wurden zu ihrer Gesundheit befragt. Im Resultat gab es für sie zwei Möglichkeiten: Man wurde entweder zum militärischen Hilfsdienst eingeteilt oder ausgemustert. Meine starke Kurzsichtigkeit machte mich militärdienstuntauglich. Der diensthabende Offizier fragte mich zum Schluss, ob ich das bedaure. Die Erinnerung an die Musterung in Thomas Manns «Felix Krull» kam auf; vermutlich habe ich die Frage, mokant lächelnd, bejaht.

*Vom Militärdienst wurdest du also befreit – aber nicht vom Zivilschutz, oder doch?*
Eine Grundausbildung im *Zivilschutz* hatte ich schon früher absolviert. Ein weiterer Kurs sollte dazu fähig machen, im Ernstfall als Chef eines grösseren Schutzraums eingesetzt zu werden. Der Kursleiter hielt am zweiten Tag einen Vortrag darüber, was alles für einen längeren Aufenthalt im Schutzraum vorbereitet werden müsse, unter anderem Formulare für Wechselfälle des Lebens wie Geburt, Heirat oder Tod. Ich vermochte nicht mehr zuzuhören, meldete mich dringlich zu Wort und erzählte mit Zittern in der Stimme, wie ich als Siebenjähriger einen Bombenangriff im häuslichen Keller erlebt hätte, die Angst, das Pfeifen der Bomben, bevor sie in der nächsten Umgebung einschlugen. Es komme mir alles so realitätsfremd vor, was ich da höre. Stille trat ein im Raum, bevor ein anderer Kursteilnehmer von einer ähnlichen Erfahrung sprach. Der Kursleiter unterbrach den Unterricht und zog mich in ein Gespräch, in dessen Folge ich nach Hause entlassen wurde, was mir schliesslich auch recht war.

*Deine Einbürgerung konnte sicher förderlich für deine Karriere sein. Trotzdem gerietest du beruflich nach 1982 in eine immer prekärere Situation, wenn ich das richtig sehe.*
Ja, die zeitliche Befristung der Assistenzprofessur nahm ständig bedrohlichere Züge an. Gott sei Dank schaffte ich es 1984 endlich, die Überarbeitung meiner Habilitationsschrift abzuschliessen. Die Nachfolge meines altershalber zurücktretenden akademischen Lehrers Rudolf W. Meyer stand für 1985 an: nach menschlichem Ermessen meine letzte Chance.

*Du warst also ein Kandidat für diese Nachfolge. Was bekamst du von dem Berufungsverfahren mit?*
Die Fakultät hatte eine Berufungskommission gebildet, die am Ende ihrer Arbeit eine Liste von maximal drei Kandidaten vorlegen sollte, die für die Professur in Frage kamen. Sie entschied offenbar, auf eine Ausschreibung – wie es später im Allgemeinen üblich wurde – zu verzichten und nur zwei ehemalige Schüler von Prof. Meyer in Betracht zu ziehen. Der Konkurrenzkandidat für die Nachfolge war mein Freund Walther Ch. Zimmerli, inzwischen schon ein angesehener Professor in Deutschland. Ich musste ein Schriftenverzeichnis und meine wichtigsten Veröffentlichungen einreichen. Am meisten zählte, dass ich – wenn auch nur erst als druckfertiges Manuskript – «Cohen und Natorp» in einer gänzlich neu bearbeiteten stark erweiterten Fassung vorlegen konnte.

Die Philosophische Fakultät setzte mich auf den ersten Platz einer Zweierliste. Der Vorschlag ging an die zuständigen kantonalen Instanzen, die Hochschulkommission und den Erziehungsrat. Über die näheren Verhandlungen dort war nichts zu erfahren, nur einmal hörte ich zu meiner Beunruhigung, dass Zimmerli von einem Mitglied des Erziehungsrats nochmals für den ersten Platz ins Spiel gebracht worden war. Der Erziehungsrat war frei, der eingereichten Liste zu folgen oder auch nicht. Als ich das vernahm und sich der Entscheid verzögerte, kamen in mir erstmals richtige Existenzängste auf. Ich war inzwischen 48, ein für akademische Berufungen relativ hohes Alter; die Assistenzprofessur, die ich innehatte, wäre nicht verlängerbar gewesen. Dann erreichte mich im Juli 1985, als ich mit der Familie im Tessin in den Ferien weilte, eine Postkarte. Ein Mitarbeiter der Erziehungsdirektion, mit dem ich bekannt war, teilte mir mit, der Entscheid sei zu meinen Gunsten gefallen, ich würde berufen. Alice, meine Frau, stand in der Küche, ich sagte es ihr. Es war ein Moment, wie ich ihn vorher und nachher nicht erlebt habe. Die Existenzängste fielen mit einem Schlag von mir, von uns ab, eine riesige Erleichterung trat ein.

*Ein Glücksmoment. – Was hat diese Konkurrenzsituation zu Walther Zimmerli mit eurer Freundschaft gemacht?*
Wir haben darüber gesprochen. Aber es hat unserer Freundschaft nicht geschadet oder sie gar kaputt gemacht. Obwohl er gern nach Zürich gekommen wäre, konnte er den Entscheid besser verkraften, weil er bereits eine ordentliche Professur in Deutschland innehatte. Es gab später nochmals, wiederum in einer Berufungssache, Spannungen zwischen uns, aber die Freundschaft hat bis heute gehalten, obwohl persönliche Begegnungen spärlicher wurden und unsere geistigen Interessen auseinander gingen.

*Im Juli 1985 bekommst du also die Nachricht, dass du berufen wirst. Wie lief es weiter?*

Die Verhandlungen mit dem Erziehungsdirektor über die Anstellungsbedingungen gingen schnell über die Bühne, sodass ich schon auf den 16. Oktober 1985 – das heisst auf den Beginn des Wintersemesters – berufen wurde. Im Rückblick kann und muss ich wohl sagen, dass ich damit im 49. Lebensjahr jene Stellung im Leben erreicht hatte, die mir wohl ab 20, wenn auch nur halb bewusst, und ab 35 dann bewusst vor Augen gestanden war.

# 11. Akademisches Dasein.
## Die Wende in der alten Heimat, familiär beleuchtet

*«So vergingen mehr als zehn Jahre, bis ich zum ersten Mal am Grab meines Vaters stand.»*

*Welche beruflichen Verpflichtungen hattest du als ordentlicher Professor?*
Man hatte Lehrverpflichtungen im Umfang von sechs Wochenstunden pro Semester. Ich teilte mir sie so auf, dass ich eine zweistündige Vorlesung und zwei Seminare, das eine für Studienanfänger, das andere für Fortgeschrittene anbot; dazu kam gelegentlich ein Kolloquium für Studierende, die vor dem Abschluss ihres Studiums standen. Viel Zeit beanspruchte die Besprechung von Seminararbeiten, die Studierende schreiben mussten: Aufsätze zu einem von mir vorgegebenen Thema im Umfang von etwa 15 bis 20 Seiten. Besonders anspruchsvoll war die Betreuung von Lizentiats- und Doktorarbeiten. Ausserdem fielen zunehmend Verwaltungsaufgaben an, vor allem als ich zwischen 1988 und 1998 die Leitung des Philosophischen Seminars innehatte. Allerdings musste ich nie das Dekanat der Philosophischen Fakultät I übernehmen, amtierte jedoch unter anderem einige Jahre als Präsident der Universitätskommission zur Förderung des akademischen Nachwuchses. Diese Tätigkeit brachte mich in interessante Kontakte mit jungen Wissenschaftlern aus allen Disziplinen, die an der Universität vertreten waren. Die Entscheidungen der Kommission hatte ich vor dem Erziehungsrat des Kantons zu vertreten, der für die Vergabe der Stipendien zuständig war – auch eine gute Erfahrung.

*Wie hast du deine Lehrtätigkeit erlebt?*
Ich hatte an ihr eigentlich durchwegs Freude, natürlich insbesondere dann, wenn meine Vorbereitungen mir selbst neue Einsichten brachten und ich am Feedback der Studierenden spürte, dass sie mit Interesse an den Vorlesungen und Seminaren teilnahmen. So erging es mir bei der Darstellung der Philosophie in der griechischen Antike, wo mich der Wandel des Mythos zum Logos besonders faszinierte, oder der Philosophie Kants im Kontext des 18. Jahrhunderts. Für die Vorlesung über die Philosophie in der Zeit von Renaissance und Humanismus brachte ich nur wenige Vorkenntnisse mit, musste mir also den Stoff erst erarbei-

ten; kunstgeschichtlich hatte mich – vornehmlich auf Reisen – diese bewegte Epoche immer schon in ihren Bann gezogen. Aus dem Kreis der Teilnehmer konnte ich eine Studentin mit Schwerpunkt Kunstgeschichte dafür gewinnen, in einem Referat einen knappen Überblick über die damalige Entwicklung der Bildenden Kunst zu geben. Für mich stand in dieser Zeit weniger die umstrittene philosophische Abgrenzung gegen spätmittelalterliches Denken im Fokus als der komplexe Weg zur Neuen Wissenschaft Galileis, für den das Buch der Natur vom göttlichen Geometer mit mathematischen Buchstaben geschrieben worden war, sodass es nun wissenschaftlich und technisch aufschlüsselbar erschien. Die Themen meiner Seminare waren meistens den Vorlesungen zugeordnet, die Studierenden konnten sich so deren Stoff vertieft aneignen.

*Deine Vorlesungen waren wohl auch gut besucht?*
Meinem Gefühl nach, ja. Natürlich gab es je nach Thematik Unterschiede in der Hörerzahl. Mit der Zeit bildete sich ein Hörerstamm. Ich hielt in der Hauptsache philosophiegeschichtliche Vorlesungen, die sich über den ganzen Zeitraum von der Antike bis ins 20. Jahrhundert erstreckten, teils in der Form eines mehrsemestrigen Kurses, teils je in einem Semester über einzelne Philosophen wie Kant, Husserl oder Heidegger. Bei der Ausrichtung auf Personen und deren Werk legte ich immer Originaltexte zugrunde. Daneben las ich auch über Natur und Naturrecht, erkenntnistheoretische Probleme oder philosophische Anthropologie. Die zweistündigen Vorlesungen fanden je mittwochs von 10 bis 12 Uhr statt. Vielfach bereitete ich mich unmittelbar am frühen Mittwochmorgen darauf vor. Ich hatte eine handschriftliche Vorlage, sprach aber weitgehend frei.

*Wie kamst du mit den technischen, gesellschaftlichen und kulturellen Entwicklungen der Zeit zurecht?*
Mir war immer daran gelegen, sehr gut informiert zu sein und mitzubekommen, worum es Generation für Generation den jungen Leuten ging, die bei mir studierten. Ich habe den Eindruck, dass mir das gelungen ist, bis ich die 60 überschritten hatte, also bis in die Nähe der Jahrhundertwende. Dann merkte ich plötzlich, und zwar vor allem in Bezug auf die rasante Umwälzung der Kommunikationstechnologien, dass es mir schwerer fiel, mich in die Sorgen und Interessen der 20-Jährigen zu versetzen. Zu jeder Zeit aber lag mir viel am Gespräch mit den Studierenden. Dazu ergab sich Gelegenheit sowohl bei der Besprechung von Arbeiten, die sie geschrieben hatten oder schreiben wollten, als auch bei kleinen Studienreisen, etwa während eines Seminars über die Philosophie Rousseaus an dessen schweizerische Aufenthaltsorte im Val de Travers und auf der Petersinsel. Oder bei einem Seminar, das wir gemeinsam für ein paar Tage ins französische Département Haute-Saône in ein privat bewirtschaftetes Herrenhaus verlegten.

*Bliebst du nach deiner Emeritierung noch in der Lehre tätig?*
Vor meiner Abschiedsvorlesung, die ich am 30. Juni 2004 unter dem Titel «Das Ende bedenken» in der Aula der Universität hielt, konnte ich mir den Dienstag und Mittwoch im nächsten Semester ohne Seminar und Vorlesung nicht recht vorstellen. Als es dann so weit war, hatte ich keinerlei Mühe mit einer anderweitigen Nutzung dieser Tage. Um am Ball zu bleiben, gründete ich zusammen mit Daniel Hell, Chefarzt der Psychiatrischen Universitätsklinik Zürich, und dem Psychiater Daniel Strassberg, der bei mir promoviert hatte, eine einfache Gesellschaft mit dem Namen «Entresol». Unter dem Schirm der Medizinischen Fakultät boten wir für Fachpersonen aus Medizin und Psychotherapie einen zertifizierten 4-semestrigen Kurs in Philosophie an. Hier konnte ich mich weiter, thematisch abwechslungsreich, als Dozent betätigen – und das in enger und sehr fruchtbarer Zusammenarbeit mit Daniel Strassberg, zu dem sich etwas später noch Michael Pfister gesellte. Erst 2012 zog ich mich zurück, bot aber bis anfangs 2020 ganz privat Lektüreseminare an, in denen wir uns mit für das Verständnis des Seelischen förderlichen philosophischen Texten beschäftigten. Ich genoss dabei administrative und inhaltliche Unterstützung durch Barbara Handwerker und ihren Mann Bernhard Küchenhoff.

*Wo lag der Schwerpunkt deiner Aktivitäten jenseits deiner engeren beruflichen Verpflichtungen?*
Da passierte tatsächlich ziemlich viel. Wie es sich für einen Professor gehörte, aber auch leicht ergab, übte ich eine rege Vortragstätigkeit aus, meldete mich zu Tagungen an oder bekam Einladungen, bei irgendwelchen Anlässen zu sprechen. Vor allem Einladungen nach Italien – Macerata, Neapel, Salerno, Rom, Turin, Gargnano del Garda – waren mir sehr willkommen, weil die dortigen Tagungen immer ausserordentlich gastfreundlich organisiert wurden. Mit besonderem Vergnügen denke ich an Macerata 1990 zurück, an die geographische Lage der Stadt auf einem Hügel in den Marken, an das aus Anlass eines Gründungsjubiläums sehr einladend renovierte Hauptgebäude der Universität, in dem wir tagten, vor allem aber an den Ausflug nach Recanati, den Geburtsort des Dichters Giacomo Leopardi, wo wir in dessen Geburtshaus von einer Gräfin aus der Nachkommenschaft des Dichters begrüsst wurden und die Privatbibliothek, die Leopardis Vater aufgebaut hatte, besichtigen durften. Den Abschluss bildete ein Essen in einem direkt am Meer gelegenen Lokal, bei dem vor dem Hauptgang nicht weniger als 24 Vorspeisen serviert wurden – wenn ich weinselig mich nicht verzählt habe. Im Kontrast zu diesem Ambiente ist mir eine Tagung des «Engeren Kreises der Allgemeinen Gesellschaft für Philosophie in Deutschland» in Hamburg in Erinnerung, an der wir in einem kahlen, ungeheizten Hörsaal in Regenmänteln den Vorträgen lauschten, bis man frierend endlich weglief. Natürlich machten die meisten Kongresse und Tagungen in Deutschland wie anderswo den Teilneh-

mern über den philosophischen Austausch mit Kollegen hinaus auch attraktive kulturelle Angebote.

Interessante Einblicke in eine andere, mir bislang ganz fremde Welt verschaffte mir die Einladung zu einem Symposium der Freimaurer-Akademie der Grossloge von Österreich in Wien, wo ich im Juni 1994 über «Zeitgenössische Denkweisen» sprach. Am Morgen noch mit dem Frankfurter Kollegen Alfred Schmidt, Hauptvertreter der Kritischen Theorie in der Nachfolge Max Horkheimers, am Frühstückstisch sitzend, entpuppte er sich in der öffentlichen Sitzung der Grossloge als deren «Meister vom Stuhl». Und um in Österreich zu bleiben: Zu einem Höhepunkt meiner Auslandsreisen wurde die Einladung zur Teilnahme an einem «Festspieldialog» der Salzburger Festspiele 1994. Die Einladung ging von Michael W. Fischer aus, dem Salzburger Professor für Rechtsphilosophie, mit dem ich seit seiner Zürcher Zeit als Assistent von Prof. Hermann Lübbe in regelmässiger Verbindung stand. Nach dem Besuch der Aufführung der Oper «Boris Godunow» unter der musikalischen Leitung von Claudio Abbado am Vortag bestritt ich in einem Foyer des Festspielhauses zusammen mit dem damaligen belgischen Aussenminister Willy Claes den zugehörigen Festspieldialog zum Thema «Politik und Utopie». In meinem einführenden Vortrag plädierte ich für eine Kultur der Überschreitungen und verkündete selbst die Utopie eines jährlichen Weltruhetags.

Nochmals zurück nach Italien, an den Gardasee. Hier in Gargnano del Garda fand im Oktober 2002 ein Kant-Symposium statt, zu dem mich italienische Freunde in Mailand abholten. Wieder eine Überraschung, die schon kurz vor Ankunft begann, als wir durch den Ort Salò fuhren. Salò? Gab es diesen Ort wirklich? Nicht nur im Film «Salò oder Die 120 Tage von Sodom» des italienischen Regisseurs Pasolini, von dem ich nur gehört, den ich mir aber nie zugemutet hatte? Salò: 1943/1944 Hauptstadt der faschistischen Sozialrepublik Benito Mussolinis. In Gargnano, einen Ort weiter, tagten wir im Palazzo Feltrinelli, der in der Zeit der Republik von Salò Sitz der Staatskanzlei Mussolinis gewesen war. Von dem historischen Spuk war nichts mehr zu spüren.

*Einen grossen Teil deiner Zeit beanspruchte auch die Arbeit als Herausgeber. Was bewog dich dazu?*
Spontan kann ich nur sagen: Es machte mir Freude. Und es ergab sich einfach so, zuerst mit unserer jungen Reihe «Philosophie aktuell», dann mit der von mir besorgten Ausgabe der Werke Hermann Cohens, weiter zwischen 1982 und 1993 mit dem Umstand, dass ich Redakteur des deutschsprachigen Teils der «Studia Philosophica» war, des Jahrbuchs der Schweizerischen Philosophischen Gesellschaft. Auch am Ende von Tagungen tauchte häufig das Bedürfnis auf, die gehaltenen Vorträge in Sammelbänden zu publizieren. Nach der Jahrtausendwende nahm allerdings das Interesse der Verlage an derartigen Publikationen ab, weil sie immer weniger Käufer fanden. Ich selbst konzentrierte nun meine Herausge-

bertätigkeit auf den «Grundriss der Geschichte der Philosophie», eine gänzlich neue Ausgabe des alten, erstmals in den 1860er Jahren erschienenen «Ueberweg».

*Wie ich deinem Lebenslauf entnehme, hast du in den 1990er Jahren eine « Schweizerische Gesellschaft für die Erforschung des 18. Jahrhunderts» gegründet und geleitet. Wie kam es dazu?*

Zu deren Gründung wurde ich von Werner Schneiders, Vorsitzender der entsprechenden Deutschen 18. Jahrhundert-Gesellschaft, angeregt. Es geschah während einer Tagung zum Thema «Aufklärung als Mission», die in Luxemburg stattfand, am Ende eines Ausflugs nach Vianden bei einem Abendessen im Kreis von Kollegen. Das sachliche Argument war überzeugend: Die Schweiz, deren geistig-kulturelles Leben gerade im 18. Jahrhundert durch dessen Repräsentanten nach ganz Europa ausgestrahlt habe, biete doch reichen Stoff für die nähere Erforschung ihres «Siècle des Lumières». Aber ich? Obwohl ich mich philosophiehistorisch einigermassen beschlagen fühlte, fehlte mir jedoch das allgemeine geschichtliche wie das kulturgeschichtliche Fachwissen über die Schweiz im 18. Jahrhundert. Trotzdem entschloss ich mich, es mit der Gründung zu versuchen. Ohne davon zu wissen, kam ich damit entsprechenden Absichten in der französischen Schweiz zuvor. Als im ersten Vorstand die westschweizerische Forschung personell nicht in genügendem Masse repräsentiert war, gab es fast einen Eclat. Dank der Vermittlung westschweizerischer Kollegen liess sich eine Spaltung abwenden, den berechtigten Wünschen aus der Romandie wurde Genüge getan, die Gesellschaft blühte auf. Ich amtierte von 1989 bis 1991 als Präsident, wesentlich unterstützt von Simone Zurbuchen, die das Sekretariat übernahm, später auch für zwei Jahre die Leitung der Gesellschaft. Im Fokus unserer Arbeit standen keineswegs nur philosophische Themen. Ich nenne bloss die Titel von zwei Tagungspublikationen: «Gesundheit und Krankheit im 18. Jahrhundert» oder «Alte Löcher – neue Blicke. Zürich im 18. Jahrhundert». Mit letzterem Band ging es darum, unser Wissen über das soziale, politische und kulturelle Leben Zürichs zu bereichern, und dabei gerade die widersprüchlichen Aspekte einer äusserlich zwar ruhigen, aber innerlich sehr bewegten Zeit zu erschliessen.

Wie später als Mitglied des Vorstandes der Schweizerischen Akademie der Geistes- und Sozialwissenschaften lernte ich schon in der Gesellschaft zur Erforschung des schweizerischen 18. Jahrhunderts ganz persönlich kennen, wie nicht nur die kulturelle, sondern auch die politische Schweiz in ihrer Mehrsprachigkeit tickt. In eidgenössischen Gremien äusserte sich jedes Mitglied in seiner Muttersprache (allerdings nicht in der jeweiligen Mundart), wobei vorausgesetzt war, dass man als Deutschsprachiger mindestens Französisch, wenn nicht auch Italienisch verstand, und umgekehrt. Mein Französisch war weder aktiv noch passiv sehr gut, aber ich hörte mich schnell ein und genoss es sogar, mit der schweizerisch-französischen Kultur in engeren Kontakt zu kommen.

*Dein Hauptarbeitsgebiet blieb aber doch das Werk Hermann Cohens?*
Das würde ich so nicht mehr sagen. Denn mit der Lehrtätigkeit, mit der Ausarbeitung von Vorträgen und besonders mit meinem Engagement beim «Ueberweg», aber auch mit der ganz allgemein veränderten Interessenlage verschoben sich auch meine Interessen und damit die Schwerpunkte meiner Arbeit. Trotzdem nahm die Betreuung von Dissertationen im Bereich der Cohen-Forschung und die Pflege der Kontakte zwischen den nun zahlreicher gewordenen Cohen- bzw. Neukantianismus-Forschern einen nicht unerheblichen Teil meiner Zeit in Anspruch. Doch davon soll im folgenden Kapitel 12 ausführlicher die Rede sein.

*Du sprachst von einer Verschiebung deiner Interessen und meintest damit wohl auch, dass sich für dich neue philosophische Arbeitsgebiete auftaten.*
Als in den 1980er Jahren *Ethik* überraschend in den Fokus der akademischen Philosophie in Europa trat, begann es auch mich zu reizen, die sich damit eröffnenden neuen Aufgabengebiete anzugehen. Diese ergaben sich aus gesellschaftlichen Herausforderungen, die unter anderem der fragwürdige Umgang mit der «Natur» im Allgemeinen, speziell mit der «Natur» anderer Lebewesen und des Menschen angesichts möglich werdender genetischer Transformationen auslöste. Allerdings liess ich dieses auch ins Politische gehende Engagement schon anfangs der 90er Jahre wieder hinter mir (Kapitel 13).

Grössere lebenszeitliche Reichweite hatte für mich der Bereich der *Philosophiegeschichte*, und zwar sowohl praktisch in Form philosophiehistorischer Forschung und ihrer Dokumentation wie theoretisch in Form der Reflexion auf Methode und Ziel der Philosophiegeschichtsschreibung (Kapitel 14). Und schon seit meinem Theologiestudium bewegte mich – wenngleich mit wechselnder Intensität – mein Lebensproblem, wenn ich so sagen darf: das Schicksal *metaphysischer* Bemühungen um Ausweis und Sicherung der geistigen Fundamente eines «guten» Lebens (Kapitel 15).

*Wie stand es um das familiäre Leben?*
Nach mehrmaligem Umzug fanden wir 1985 in einer neu gebauten Dreihäusersiedlung im Zürcher Seefeld eine Wohnung, die unseren Bedürfnissen weitgehend gerecht wurde. Sibylle und Matthias, unsere zwei Kinder, fanden hier die günstigsten Bedingungen für die Zeit ihres Heranwachsens. Ich konnte mit meinen Büchern ein grosszügiges Arbeitszimmer beziehen, Alice arbeitete frühmorgens, wenn alle noch schliefen, in der Veranda an ihrem ersten Buch über Daseinsanalyse, die sie später am Tag in ihrer ausserhäusigen Praxis therapeutisch betrieb. Auch für die Freizeit der Erwachsenen war gesorgt, unter anderem mit einer Boole-Bahn. Die Häuser standen in einem Park, auf den wir in unserer auf drei Etagen gelegenen 6-Zimmer-Wohnung verschiedene Ausblicke hatten. Für unsere Katze legten wir aus einem Balkon eine Verbindung zu einer nahen grossen Kiefer, sodass sie selbstbestimmt ein und aus gehen konnte. Persönliche Kon-

takte mit den unmittelbaren Nachbarn spielten sich ein. Mit der Zeit kannte man fast alle Mitbewohner der Siedlung, nicht zuletzt dank der in den ersten Jahren gemeinsam organisierten Feste. Der Architekt René Haubensak, der mit seiner englischen Frau, einer Kunstmalerin, auch in unserem Haus wohnte, hatte die Wohnungen höchst abwechslungsreich gestaltet, die Wände ohne rechte Winkel, die drei Etagen je in eine andere Himmelsrichtung ausgelegt. Wir erlebten, was *Wohnen* heisst.

*Wie entwickelten sich die Kontakte zu deiner Herkunftsfamilie?*
Das Verhältnis zu meinen Eltern nahm eine Wendung, als sie nach der Pensionierung meines Vaters 1978 nach Westberlin umziehen konnten. Sie holten nun nach, was ihnen lange Jahre verwehrt worden war, insbesondere was das Reisen betraf. So besuchten sie mehrfach auch uns in Zürich. Per Auto fuhr ich mit ihnen dann etwa über den Gotthard ins Rhonetal oder nach Genf und von dort an den Lac d'Annecy oder über Basel ins Elsass und in die Vogesen. Mein Vater genoss es besonders, neue Landschaften zu er-fahren, was wiederum mein Reisevergnügen steigerte. In Umkehrung der Rollen konnte der Sohn den Eltern etwas bieten und damit auch Dank abstatten für das, was sie für ihn getan hatten.

Völlig überraschend starb mein Vater nach einem schweren Herzinfarkt schon im Januar 1981, 71 Jahre alt. Wie betäubt fuhr ich sofort nach Berlin. Er war noch im Krankenhaus aufgebahrt, vor ihm stehend und liebevoll seine Stirn streichelnd nahm ich Abschied. Er sollte in Ruhland, der langjährigen Stätte seines Wirkens, beigesetzt werden. Für die Überführung des Sarges wurden 14 Tage veranschlagt. Alice und mir wurde die Einreise bewilligt. Die ganze Familie war am Morgen des Tages der Beerdigung in unserem alten Pfarrhaus versammelt, als mein jüngster Bruder Andreas mitteilen musste, dass der Sarg nicht rechtzeitig eintreffen würde. Da er offenkundig bewusst zurückgehalten worden war, lag die Vermutung nahe, dass die staatlichen Behörden einen sich durch die Kleinstadt zum Friedhof bewegenden grossen Trauerzug verhindern wollten. Die Kirche war bis auf den letzten Platz gefüllt. 40 Geistliche aus der ganzen schlesischen Kirchenprovinz gaben ihrem Amtsbruder das letzte Geleit. Vor dem Altar stand die leere Sarglafette. Völlig verstört und doch durch die überaus grosse Anteilnahme der Gemeinde im Innersten berührt, nahmen wir an dieser Stätte des 40-jährigen Wirkens unseres Vaters Abschied von ihm. Die Beisetzung fand eine Woche später statt; für uns oder auch nur für mich nochmals eine Einreiseerlaubnis zu bekommen, war aussichtslos. So vergingen mehr als zehn Jahre, bis ich zum ersten Mal am Grab meines Vaters stand.

Die Kontakte zu meinen Geschwistern belebten sich erst nach der politischen «Wende» von 1990/91. Auch im familiären Bereich öffneten sich viele Türen. Besonders intensiv erlebte ich das während meiner Besuche bei meinem Bruder Reinhard und seiner Frau Tina in Berlin. Sie lebten in Glienicke, ganz nahe der ehemaligen Grenze zur DDR. Wenn ich sie besuchte, machten wir zu dritt immer wieder Ausflüge in die Mark Brandenburg, um in deren kargen Kiefernwäldern und ärmlichen Dörfern auf eine wie aus der Zeit gefallene, aber doch heimatlich anmutende Atmosphäre zu stossen und dabei alte Sehenswürdigkeiten, Schlösser, Kirchen oder Friedhöfe aus preussischer Zeit aufzuspüren. Besonderen Spass machte es, auf Strassen, die für Berliner jahrzehntelang versperrt gewesen waren, nun umstandslos in die Umgebung zu gelangen und so die neu gewonnene Freiheit auszuleben.

Langsamer intensivierten sich die Beziehungen zu meinen anderen Geschwistern. Andreas, der Jüngste von uns, war Superintendent in Niesky nordwestlich von Görlitz. Bei meinen Besuchen machte er mich mit der Geschichte dieser westschlesischen Region bekannt. Niesky, so erfuhr ich, war eine 1742 von böhmischen Exulanten gegründete Kolonie der Herrnhuter Brüdergemeine, die sich ihrerseits dem Wirken des Grafen von Zinzendorf verdankte. Man befand sich an Orten, wo der Pietismus noch immer gelebt wurde. Dessen besonders eindrucksvolle Zeugen waren der völlig weiss getünchte bilderlose Gottesdienstsaal und der Friedhof der Brüdergemeine. Während die ins Extrem getriebene Bilderlosigkeit der Gottesverehrung nicht mein Ding war, verzauberte mich geradezu die Gestaltung der Gräber. Nur die Namen der Verstorbenen mit Geburts- und Todesjahr waren auf den weissen, der Grösse nach quasi identischen kleinen Grabsteinen verzeichnet; und das Bewegendste: Für den zeitlich rückwärts gerichteten Blick versanken die Steine auf dem Gräberfeld langsam im Grasboden, bis der sie völlig überdeckte.

Eine Lebertransplantation mit 54 ermöglichte Andreas ein Leben für neun weitere Jahre, bis er 2011 starb. Der «kleine» und der «grosse» Bruder, wie er es in einer Rede zu meinem 70. Geburtstag ausdrückte, hatten in diesen Jahren zueinander gefunden.

Reinhard erlitt kurz nach Andreas' Tod bei einer Operation einen schweren Schlaganfall, der ihn jedweder Fähigkeit zu verbaler Kommunikation beraubte. Besuche beim kranken Bruder hinterliessen bei mir nur tiefe Traurigkeit. Er starb im April 2014. Bei seiner Beerdigung war es sehr tröstlich, Zeuge der Bekundungen hoher Wertschätzung seiner Person durch Freunde und Berufskollegen zu sein.

*Und was verband – und verbindet – dich mit deinen beiden Schwestern?*
Zu meinen zwei Schwestern und ihren Familien entwickelte sich in den 1990er Jahren ein sehr herzliches Verhältnis. Gegenseitige Besuche kamen trotz der grossen räumlichen Distanz vermehrt zustande. Gisela und ihr Mann Horst fuhren aus Wittstock mit ihrem Auto zu uns nach Zürich, von wo aus wir verschiedene Ausflüge unternahmen, und anschliessend ins bündnerische Ardez, einen Ort im Unterengadin, wo meine Frau 1994 zusammen mit einer Freundin ein Ferienhaus gekauft hatte. Ebenso Irmtraut mit ihrem Siegfried, der – gehbehindert – den Ausblick von unserem Balkon genoss, während seine Frau mit uns

recht weite Wanderungen unternahm. Häufiger noch war ich bei meinen Schwestern zu Gast. Bei Gisela sind mir die Ausflüge in Erinnerung geblieben, die uns von Wittstock aus an die Müritz oder zu Orten führten, die mit dem Namen von Theodor Fontane verknüpft waren.

Mit Leipzig, wo Irmtraut mit ihrer Familie wohnte, verband und verbindet mich viel. Es ist die Stadt meiner Mutter und ihrer Eltern. Nach dem Krieg war ich häufig bei der «Leipziger Oma» zu Besuch gewesen; ihr sie auszeichnendes Merkmal: Sie konnte Skat spielen. Oder ein anderer Bezugspunkt: Mein Vater hatte mich, 12-jährig, auf einem denkwürdigen frühmorgendlichen Fussmarsch von der Wohnung der Oma in Stötteritz bis zum Hauptbahnhof sexuell aufgeklärt.

Ab 1990 zogen mich Vielfalt und Intensität des familiären Lebens meiner Schwester Irmtraut nach Leipzig. Manchmal wohnte ich provisorisch sei es bei ihr, sei es bei meiner Nichte Konstanze, häufig aber auch in einem Hotel. Motetten in der Thomaskirche, Konzerte im Gewandhaus, ebenso hausmusikalische Darbietungen entführten in Sphären, die mein Alltag nicht kannte. Mit Vergnügen denke ich an einen Familienausflug zurück, der uns über Schulpforta, ein Elitegymnasium, das Nietzsche besucht hatte, an die Unstrut führte, auf der wir eine kleine Bootsreise unternahmen. Meinen 70. Geburtstag konnte ich nach einem grossen Fest in Zürich zum zweiten Mal im Leipziger Mendelssohn-Haus feiern, das Jürgen, der Lebenspartner Konstanzes, unter seinen Fittichen hatte. Es war eines der letzten Familientreffen, an dem meine und die folgende Generation fast vollständig vertreten waren; nur leider nicht mehr unter dem Schirm unserer Mutter, die als Familienoberhaupt zu früheren familiären Zusammenkünften nach Berlin eingeladen hatte, aber am 7. Januar 2006 gestorben war.

Und last but not least: Ich nutzte Leipzig auch als Zwischenhalt bei Reisen in meinen Heimatort Ruhland, wo ich seit 2000 an dort stattfindenden Treffen meines Grundschuljahrgangs teilnahm. Es waren immer bewegende Treffen, an denen der verstorbenen Mitschüler gedacht wurde und ich in den alt gewordenen Gesichtern der lebenden die ehemaligen Klassenkameraden wiederzuerkennen suchte: Treffen, die jedes Mal mit einem gemeinsamen Ausflug in die nähere Umgebung – etwa nach Dresden oder in die aus den Gruben des Braunkohletagebaus neu erstandene Senftenberger Seenlandschaft – verknüpft waren.

# 12. Wer war Hermann Cohen? Biographische Recherche und philosophische Erschliessung

«*In der affektiven Betroffenheit durch das Leiden anderer Menschen wird – und das ist entscheidend – der blosse ‹Nebenmensch› zum ‹Mitmensch›.*»

*Die vielleicht zentralste Figur deiner philosophischen Arbeitswelt war Hermann Cohen. Sprechen wir über ihn.*

Schon in den 1960er Jahren hatte ich begonnen, mich mit einem Philosophen zu befassen, der damals im Schatten stand, ja fast vergessen wirkte: mit dem Philosophen Hermann Cohen (1842–1918). Ein Philosophieprofessor im zweiten deutschen Kaiserreich, der an der Universität Marburg lehrte und dieser im ersten Jahrzehnt des 20. Jahrhunderts für Studenten aus ganz Europa den Ruf eines attraktiven Studienorts verschaffte. Seit den 1920er Jahren war er als Philosoph einer zu Ende gegangenen Epoche abgestempelt und damit ins Archiv der akademischen Philosophie abgelegt. Nur als Autor seines Spät- und Nachlasswerks «Religion der Vernunft aus den Quellen des Judentums» galt er noch etwas, und zwar bevorzugt in jüdischen Kreisen. In diesen wurde er auch nach dem 2. Weltkrieg weiter rezipiert, diskutiert und insbesondere wegen seines Antizionismus kritisiert. Entsprechend dieser Engführung hielt Karl Löwith (vgl. Kap. 9) zum 50. Jahrestag von Cohens Tod in einer Sitzung der Philosophisch-historischen Klasse der Heidelberger Akademie der Wissenschaften seine Gedenkrede über dessen *Religion*sphilosophie.

*Wie kamst du auf diesen historisch bekannten, in der zeitgenössischen akademischen Philosophie aber fast keine Rolle mehr spielenden Mann?*

Meine Annäherung an ihn hatte eine zweifache Wurzel. Sie ergab sich *einerseits* daraus, dass ich mir Mitte der 1950er Jahre autodidaktisch Kenntnisse der jüngsten deutschen Geschichte angeeignet hatte und mich so mit der sogenannten «Endlösung» der «Judenfrage», dem – damals noch nicht so genannten – Holocaust konfrontierte. Während der Ruhländer Grundschulzeit wurden wir Schüler zwar gelegentlich und kollektiv an Vormittagen ins Kino am Marktplatz geschickt, wo wir Filme über die Helden der russischen Revolution oder des Zweiten Weltkriegs zu sehen bekamen, und auch einmal einen russischen Film über das Konzentrationslager Auschwitz. Ich kann mich aber nicht erinnern, dass dieser Film in mir 11-jährigem Jungen eine nachwirkende Reaktion ausgelöst oder mich gar verstört hätte – auch wenn sich meine Eltern darüber aufregten, dass uns Kindern derartige Bilder aufgedrängt würden. Erst mit 17, schon im Westen, machte ich mich schrittweise mit den Geschehnissen der Nazizeit bekannt, wofür etwa die Lektüre von Egon Kogons Buch «Der SS-Staat» und, wie schon erwähnt, die Familie meiner Schulfreundin Susanne grosse Bedeutung hatten. In einer Besprechung des Buchs «Das Dritte Reich und die Juden» (hgg. von Léon Poliakov und Josef Wulf), die in den Mitteilungen der «Humanitas» vom Herbst 1956 erschien, ging ich eingangs kritisch auf die damals von der Bundesregierung ausgegebene Parole «Versöhnung mit der Vergangenheit» ein: Es gehe vielmehr, schrieb ich, «um das uneingeschränkte Schuldbekenntnis, um ein unauslöschliches Ja zur nicht sühnbaren Schuld». Gerade deshalb beschäftigte mich in den folgenden Jahren immer wieder, ob und wie ich einen wenn auch noch so kleinen Beitrag zur Schuldbewältigung leisten könnte.

*War das nicht eine Anmassung?*
Eine Anmassung blieb es für mich immer. Auch wenn mir bei der später dann und wann auftauchenden Frage nach meiner Motivation manchmal das Wort «Wiedergutmachung» durch den Kopf ging, so bezog sich das auf die Abtragung der Schuld des Vergessens, welche die akademische Philosophie Cohen gegenüber auf sich geladen hatte. Doch auch die Arbeit an Leben und Werk Cohens konnte sich nur unter dem Ja zur Schuld vollziehen, auf das ich immer wieder zugetrieben wurde, zuletzt noch beim Besuch des KZ Auschwitz am 16. Oktober 2004. Auf Einladung eines polnischen Studenten, der in Zürich bei mir an seiner Dissertation gearbeitet hatte, war ich nach Krakau gefahren. Er geleitete mich am frühen Morgen des zweiten Tags meines Aufenthalts zu einem Busterminal, wo wir einen Bus bestiegen, der von Menschen auf dem Weg zur Arbeit besetzt war. Graue Düsternis des Alltags, sehr passend. Mein Begleiter und ich sprachen fast kein Wort, wie auch später beim Gang durch das ehemalige Lager. Zu reden verbot sich geradezu, ich war darob froh. Schon in den Eingangsräumen war der Anblick der hinter Glas aufgehäuften schier unendlichen Zahl von Koffern und Schuhen, mit denen die eingelieferten Opfer angereist waren, fast unerträglich. Die trostlose Kälte des Lagers wie der Baracken im benachbarten Birkenau durchfror mich. Die Tage zuvor hatte mich gequält, ob ich den Besuch des KZ überhaupt überstehen würde. Seither möchte ich es nicht missen, dort gewesen zu sein – kein Gedicht mehr nach Auschwitz (Adorno), jetzt verstand ich.

*Und der andere Zugang?*
Ein ganz akademischer. Im Zusammenhang mit der Ausarbeitung meiner Dissertation stiess ich auf Hermann Cohen als Autor eines 1871 unter dem Titel

«Kants Theorie der Erfahrung» erschienenen Buches. Neben der scharfsinnigen Interpretation kantischer Texte zog das Buch durch eine eigentümliche Sprache bzw. durch die Sprachmelodie, die bei der Lektüre aufklang, mein Interesse auf sich. Wer aber war der Autor? Die Frage beschäftigte mich bald mehr als die Deutung, die Cohen dem Erfahrungsbegriff Kants gab, obwohl diese zum Aufkommen einer neuen Kant-Renaissance wesentlich beitrug. Das Leben des Autors trat nun eben auch deshalb in meinen Fokus, weil es sich um das Leben eines jüdischen Philosophen und Intellektuellen handelte, der 1876 – damals eine Seltenheit – zum ordentlichen Professor der Philosophie an der preussischen Universität Marburg ernannt worden war und in dieser Stellung nicht nur einen bedeutenden Einfluss auf die akademische Philosophie ausübte, sondern auch zu einer gewichtigen Stimme im zeitgenössischen deutschen Judentum wurde. Was er sonst noch zu Kant, was er überhaupt an philosophischen Werken publiziert hatte, liess sich natürlich leicht ermitteln. Details seiner Lebensgeschichte aber waren wenig bekannt und kaum dokumentiert. Inhaltlich ging ich in meiner Dissertation über Kants Erfahrungsbegriff andere Wege. Doch begann ich mich nebenher dafür zu interessieren, ob es von Cohen einen Nachlass gäbe, der irgendwo aufbewahrt würde. Ich begann zu recherchieren.

*Damit musstest du wohl zuerst in Marburg beginnen?*
Ja und nein. Cohen hatte wohl fast 40 Jahre in Marburg gelehrt, war aber 1912 mit 70 Jahren nach Berlin umgezogen. Es schien also ziemlich aussichtslos, dort noch Nachlassmaterialien zu finden. Trotzdem begann ich mit meinen Nachforschungen in dieser – für deutsche Verhältnisse so typischen – kleinen Universitätsstadt. Das Ergebnis war enttäuschend, es gab keinerlei Hinweise auf die Pflege von Cohens Andenken, die Bibliothek des Philosophischen Seminars enthielt nicht einmal mehr alle seine grossen Werke. Im Hessischen Staatsarchiv, das in Marburg sein Domizil hatte, fanden sich wenigstens amtliche Dokumente zu Cohens hiesigem Wirken. Aber erst als ich begann, in der Marburger Universitätsbibliothek den umfangreichen Nachlass Paul Natorps, seines langjährigen Kollegen, durchzusehen, stiess ich darin auf höchst aufschlussreiche Materialien zu seinem Leben und Werk. Ich entdeckte nicht nur 70 Briefe und Postkarten Cohens an Natorp, die dieser aufbewahrt hatte, sondern auch jene zwei Manuskripte, die Natorps Auseinandersetzung mit Cohens logischer Grundlegung der Wissenschaften sichtbar machten (vgl. Kap. 10).

*Konnten dich bei der Suche nach dem Nachlass eventuell Nachforschungen in Cohens Familie weiterbringen?*
Hermann Cohen war im April 1918 noch vor Ende des Ersten Weltkriegs gestorben. Seine 50-jährige Ehe mit der 18 Jahre jüngeren Martha Lewandowsky, Tochter des Berliner Musikdirektors und Erneuerers des synagogalen Chorgesangs Louis Lewandowsky, war kinderlos geblieben. Hach dem Tod ihres Man-

nes machte sie eine grosse gesundheitliche Krise durch. Nachdem diese abgeklungen war, übernahm sie die Verwaltung seines Nachlasses. Die Bibliothek ihres Mannes verkaufte sie an die Jüdische Gemeinde in Frankfurt/Main, zu der er
eine enge Beziehung gepflegt hatte.

*Was ist aus dieser Bibliothek geworden?*
Sie wurde in der Nazizeit offenbar konfisziert und – wie aus Stempeln in einigen
Büchern hervorgeht – für die Bibliothek der «Hohen Schule der NSDAP» bestimmt; möglicherweise befand sie sich bis Kriegsende im Frankfurter «Institut
zur Erforschung der Judenfrage», einer im März 1941 eröffneten Einrichtung
dieser «Hohen Schule». Nach dem Krieg veranlasste Gershom Scholem ihre
Überführung nach Jerusalem, wo sie separat in der Jüdischen National- und Universitätsbibliothek ihren neuen Standort fand.

*Konntest du sie dort einmal auch anschauen?*
Ja, und zwar1996, als ich an einer Tagung in Jerusalem teilnahm. Sie erfreute sich
aber schon damals keiner besonderen Pflege, inzwischen scheint auch das Interesse an deren vornehmlich deutschsprachigem Bestand weiter abgenommen zu
haben.

*Was weisst du über das Leben Martha Cohens nach dem Tod ihres Mannes?*
Sie unternahm in den 1920er Jahren mehrfach Reisen, die sie einmal auch in die
USA führten, hatte aber ihren Wohnsitz weiter in Berlin, bis sie – inzwischen 82-
jährig – am 1. September 1942 zusammen mit anderen Berliner Juden nach The-
resienstadt deportiert wurde, wo sie 11 Tage später starb. Bei meinen Nachforschungen zu ihrem erschütternden Schicksal konnte ich in Berlin die Vermö-
genserklärung ausfindig machen, die sie selbst eine Woche vor ihrer Deportation
ausgefüllt hatte. Im Blick auf den handschriftlichen Nachlass ihres Mannes war
das Dokument leider wenig aufschlussreich. Aus ihrem beim Amtsgericht Schö-
neberg deponierten Testament von 1932 und insbesondere aus dessen Nachträ-
gen – Dokumenten der Zerstörung jüdischen Geisteslebens in Deutschland –
ging aber hervor, dass sie zuletzt die Jüdische Gemeinde Berlin als Erbin eingesetzt hatte. Deren Besitztümer aber sind entweder den Bomben zum Opfer gefallen oder noch im Krieg von den Nazis konfisziert bzw. nach dem Krieg nach
Moskau ausgeschafft worden. (Bemühungen, in den dortigen Depots Nachlassmaterialien zu finden, blieben bis heute ohne Erfolg.) Das alles eruierte ich anfangs der 1970er Jahre. Einmal stellte ich mir vor, dass Martha Cohen auf dem
Estrich in dem Haus, in dem sie zuletzt wohnte, den Nachlass versteckt haben
könnte. So läutete ich bei älteren Mietern, die mir der damalige Hausverwalter
angegeben hatte, erlebte aber nur, was zu erwarten gewesen war: Eine Dame öffnete die Tür einen Spalt breit, um sie nach meiner Frage wortlos wieder zu
schliessen, die andere gab nur ein hartes Nein von sich. Nach allem drängte sich

die Schlussfolgerung auf, dass der schriftliche Nachlass mit hoher Wahrschein-
lichkeit verloren ist.

*Was tatest du nun, um den Menschen und Philosophen Hermann Cohen dem Ver-*
*gessen zu entreissen?*
Nachdem ich einmal damit angefangen hatte, wollte ich meine Nachforschungen
nicht mehr auf das Schicksal seines persönlichen Nachlasses beschränken, sondern nach einschlägigen Materialien wie Briefen oder Nachschriften von Vorlesungen in Archiven und bei Personen fahnden, die Cohen persönlich oder wissenschaftlich nahegestanden waren. Seit 1964 führte ich zu diesem Zweck eine
umfangreiche Korrespondenz. Dabei fanden sich in Sekundärnachlässen Briefe
und Postkarten Cohens, die wohl sein Lebensbild erweiterten, jedoch nur wenig
zur Erhellung seiner Gedankenwelt beitrugen. Um für deren Sammlung eine ver-
trauenerweckende, institutionell gesicherte Basis zu haben, gründete ich am Philosophischen Seminar der Universität Zürich anfangs 1969 das Hermann Cohen-
Archiv. Als blosser Assistent brauchte und hatte ich dafür die Unterstützung
durch die Professoren des Seminars.

Ohne Erfolg blieb leider die Suche nach dem Manuskript oder wenigstens
der Mitschrift einer Vorlesung Cohens über Psychologie, die er 1911 kurz vor
seiner Emeritierung gehalten hatte. Ich lancierte sogar einen Aufruf. Fast hätte
ich Erfolg gehabt, denn aus Jerusalem schrieb mir ein Hörer dieser Vorlesung,
lange habe er seine Mitschrift aufbewahrt, sie aber ein halbes Jahr zuvor wegge-
worfen. Der Text dieser Vorlesung, so war zu vermuten, hätte Auskunft geben
können über den von Cohen geplanten vierten Teil seines «Systems der Philosophie», eine «Psychologie», zu deren Ausarbeitung er nicht mehr gekommen war,
weil er sich dazu entschlossen hatte, zuerst seine Religionsphilosophie unter dem
Titel «Religion der Vernunft aus den Quellen des Judentums» zu schreiben.

Mit der Gründung des Cohen-Archivs kam sofort eine weitere Aufgabe auf
mich zu, und das geschah so: Der Hildesheimer Verlag Georg Olms hatte einen
Nachdruck verschiedener Hauptwerke Cohens angekündigt. Das stand quer zu
einem Plan, der mir bereits durch den Kopf gegangen war, nämlich selbst eine
textkritische Ausgabe der Werke Cohens an die Hand zu nehmen. Man musste
mit dem Hildesheimer Verleger reden. So reiste ich zusammen mit Prof. Meyer
nach Hildesheim, um die Verlagsleitung von der Herstellung blosser Reprints ab-
zubringen und ihr eine Gesamtausgabe plausibel und schmackhaft zu machen.
Das gelang, band nun aber auch meine weitere Forschungsarbeit in erheblichem
Masse.

*Fandest du Anerkennung für deinen Einsatz?*
Im Herbst 2004 reiste ich nochmals nach Marburg. Mir war vom Fachbereich
Gesellschaftswissenschaften und Philosophie der Universität der Titel eines Dok-
tors der Philosophie ehrenhalber verliehen worden. Am 1. Oktober wurde mir

bei einer Feier in der Aula der Alten Universität vom Dekan die Urkunde überreicht, Walther Zimmerli – damals dort Professor – hielt die Laudatio, die mich
unsichtbar erröten liess; ich selbst sprach über «Das Rumoren metaphysischer
Probleme im Marburger Neukantianismus». Beim anschliessenden Sektempfang
kam Marburg, wie ich es 1971 bei meinen ersten Recherchen erlebt hatte, wieder
zum Zuge, als ein Marburger Kollege mir gegenüber äusserte, eigentlich gehöre
Cohen als Philosoph ins Marburger Heimatmuseum.

Dass das nicht die allgemeine Ansicht war, erlebte ich bei einer weiteren
Ehrung. Am 26. November 2005 überreichte mir Prof. Eveline Goodman-Thau,
Gründerin und Direktorin der Hermann-Cohen-Akademie, an deren Sitz in Bu-
chen (Odenwald) die Hermann-Cohen-Medaille für Jüdische Kulturphilosophie.

*Was zog dich inhaltlich an Cohens philosophischem Werk an?*
Als Cohens systematische Philosophie im Zusammenhang mit meinem Habilita-
tionsprojekt ein Thema wurde, verknüpfte sich, was ich bislang getrennt betrieben hatte: die philosophische Denk- und Schreibarbeit mit der biographischen
Cohen-Forschung und der Vorbereitung der Werkausgabe. Dass ich eine bisher
nicht beachtete Differenz zwischen den erkenntnistheoretischen Konzeptionen
beider Marburger würde aufweisen können, befeuerte mich beim Eindringen in
deren Gründe; zugleich wurde ich über das Interpretieren hinaus dazu gedrängt,
selbst einen Beitrag zur Lösung der nach wie vor diskutierten Sachprobleme als
solcher zu finden. Ich kam so auch in engeren Kontakt mit Philosophen wie
Wolfgang Marx, Hans Wagner oder Werner Flach, welche die in den neukantianischen «Schulen» entwickelten Lehren selbständig weiterverfolgten.

Auslöser meiner inhaltlichen Zuwendung zu Cohens Philosophie war dessen These, dass im Denken der Ursprung von allem zu suchen sei. Was das hiess
und welche Folgerungen es einschloss, hat sich mir erst im Laufe der Jahre einigermassen geklärt, wenn auch zeitweise unter Qualen. Dieser Klärungsprozess
erfolgte zunächst im Zuge der Überarbeitung der 1973 eingereichten Habilitationsschrift. Die Überarbeitung, Kapitel für Kapitel, zog sich über Jahre hin, weil
ich mich in meiner Lehrtätigkeit, aber auch publizistisch lieber mit anderen Dingen beschäftigte und die Mühsal scheute, das Ganze nochmals aufzurollen.
Schliesslich lohnte es sich aber doch, gerade philosophisch. Und zwar im Blick
auf die Frage, worin menschliche Erkenntnis ihren letzten Grund («Ursprung»)
habe. Cohens Antwort hiess: im Denken. Doch wie war das zu verstehen? Musste nicht Denken seinerseits in einem Absoluten verwurzelt werden, um Grund
jedweder Erkenntnis sein zu können? Oder sprach Cohen Denken selbst zu, aus
sich und mit sich jedweder Erkenntnis von etwas den Grund zu legen? Tatsächlich Letzteres. *Wie* er das ausführte, kann ich hier nicht darlegen, jedoch will ich
festhalten, dass es mich faszinierte, wie er den Ursprung jedweder Erkenntnis in
ein Denken legte, das sich – metaphysisch bodenlos – nicht an ein Absolutes
bindet und ohne Anhalt bei einem empirisch Gegebenen verfährt. Ich folgte ihm

darin nicht, konnte aber der Konzeption in methodischer Hinsicht eine wichtige Einsicht abgewinnen, nämlich die ersten oder letzten Gründe, mit denen sich sowohl Wissenschaft wie Ethik rational begründen lassen, nicht als fixe Grundlagen oder unumstössliche Grundsätze zu betrachten, sondern als immer wieder anstehende Grundlegungen, die unser Denken in Atem halten.

*Cohens theoretische Philosophie dürfte kaum allein den Ruf begründet haben, den er innerhalb und ausserhalb des Judentums genoss.*
Nein, sicher nicht. Auch mich beschäftigte bald, wie sich die eben skizzierte methodische Einstellung in Cohens «Ethik des reinen Willens» (1904) auswirkte. So sehr er auch für diese die Bedeutung der Ursprungsfrage betonte, so sehr erweiterte er hier die methodische Verpflichtung auf den unabschliessbaren Prozess der Grundlegung zu einer menschlichen Haltung, zu einem *Ethos*. Mir selbst waren schon früh das Staunen (vor dem Begreifen), das Suchen (vor dem Finden), das Fragen (vor dem Antworten) zu Kennzeichen eines philosophiebezogenen Lebens und Arbeitens geworden. Eine derartige persönliche Haltung durchstimmte in meinen Augen insbesondere Cohens Ethik, später auch seine Religionsphilosophie; ich gab ihr den Namen «Ethos der Suche». Dieses Ethos zeigte sich mir darin, dass Cohen Ethik nicht von einer feststehenden moralischen Zielsetzung her betrieb, sondern auf eine solche Zielsetzung hin. Diese erschloss sich ihm als Aufgabe der Enthüllung dessen, was den Menschen, was die Würde des Menschen ausmacht, und was deshalb den normativen Leitfaden individuellen, sozialen und politischen Handelns bilden sollte. Von einer *Aufgabe* war die Rede, die immer Aufgabe bleiben, nie eine definitive Lösung finden würde. Ziel blieb – anders ausgedrückt – die Vervollkommnung des Unvollkommenen, ein Prozess, der für uns unvollkommene Wesen zwar unter dem Ideal der Vollkommenheit stehe, aber im guten Falle immer mit der Einsicht gepaart, dass jedwede Konkretisierung etwa zu einem «Reich der Freiheit» – auch zu unserem Besten – Ideal bliebe und bleiben müsse. Anders gesagt: Cohen siedelte die grossen moralischen, gesellschaftlichen und politischen Zielsetzungen bleibend in der Differenz von Weg und Ziel an. Das prägte auch seine Einstellung gegenüber dem von seinen Zeitgenossen vertretenen *Sozialismus*.

*Wie sah dieser von Cohen positiv beurteilte Sozialismus aus?*
Es war ein *ethischer*, genauer: ein auf kantischem Hintergrund ethisch begründeter Sozialismus. Damit unterschied er sich insbesondere von einem materialistisch fundierten marxistischen Sozialismuskonzept, das eine sozialistische Gesellschaft mit naturgesetzlicher Notwendigkeit aus einer Reihe von Krisen und Revolutionen hervorgehen sah. Gegen eine solche objektivistische Sicht brachte Cohen den «subjektiven» Faktor Mensch ins Spiel, verstand also die Herbeiführung einer sozialistischen Gesellschaft als Ziel menschlicher Anstrengungen. Leitend sollte dabei der Imperativ sein, den anderen Menschen nie nur als Mittel

einzusetzen, sondern immer als Selbstzweck in seiner Würde zu achten. Dieses «Ideal» des Sozialismus wirkte auf viele politisch engagierte Zeitgenossen blass und vor allem ohne geschichtliche Wirkkraft. Doch Cohen beliess den Adressaten des Imperativs nicht in der Blässe des Jedermann und Niemand, sondern hob diejenigen heraus, die er besonders angeht. Er sprach nicht vom Proletariat, aber vom «Arbeiter», der «niemals bloss als Ware» verrechnet werden dürfe. Und er sprach vom menschheitlichen Elend der Armut.

Im Zusammenhang mit der «Wende» von 1989/90 empfand ich viel Sympathie für diejenigen Stimmen, welche – wie 1968 in Prag für einen «Sozialismus mit menschlichem Antlitz» – nach dem Untergang des «real existierenden Sozialismus» nun für die politische Nutzung der alten Potenziale eines auf ethischer Basis und demokratisch konzipierten Sozialismus eintraten. Ich erlebte das im Dezember 1989 in Berlin, als mir in der Nähe der «Mauer» Programme neuer Bewegungen (Neues Forum, Demokratie Jetzt, Initiative Frieden und Menschenrecht) vor die Augen kamen, die in authentischem und erfrischendem Ton die Erfordernisse einer politischen Neuorientierung namhaft machten. Noch 1991 meinte ich, den von Cohen und manchen seiner Schüler wie Karl Vorländer angedachten ethischen Sozialismus in die politische Diskussion der Zeit einbringen zu können. Als dann 1994 der Band mit den Beiträgen zu der drei Jahre zuvor durchgeführten Tagung unter dem Titel «Ethischer Sozialismus» bei Suhrkamp in der stw-Reihe erschien, war es dafür bereits zu spät. Der Sozialismus überhaupt schien sehr vielen Zeitgenossen definitiv auf dem Schutthaufen der Geschichte entsorgt worden zu sein.

*Brachte dir das Studium Cohens noch weitere Anregungen oder Einsichten?*
Ein anderer, wenngleich thematisch verwandter Impuls ging vom Studium der *Religionsphilosophie* Cohens aus. Er bestand in der Anregung, mich aus philosophisch-anthropologischer Sicht mit dem Problem der *Armut* zu befassen. Cohen plädierte unter Rückgriff auf die alttestamentlichen Propheten dafür, unser Menschenbild von der Differenz zwischen arm und reich bestimmen zu lassen, statt es bloss an eine allgemeine Definition dessen, was Menschsein überhaupt ausmacht, zu binden. Das hiess: Die Antwort auf die Frage, wer oder was ich als Mensch bin, geht fehl, wenn sie nicht den *Armen* in Rechnung zieht. Und das nicht nur sozialtheoretisch tut, sondern ihn auch normativ für unser Handeln in Anschlag bringt. Das Machtgefälle zwischen arm und reich stelle, so Cohen, «die schwerste Frage an den Begriff des Menschen». Mit der Wahrnehmung des Übels Armut, insbesondere des mit Armut verknüpften Leidens eines grossen Teils der Menschheit komme der Mensch als Mitmensch in den Blick. Und zwar in einer Reaktion des Herzens, die Cohen als aktives Mitleid(en) fasste. In der affektiven Betroffenheit durch das Leiden anderer Menschen werde – und das sei entscheidend – der blosse «Nebenmensch» zum «Mitmenschen».

An dieser Konzeption berührte mich gerade dieser letztere Gedanke. Er bedeutete, dass Armut nicht nur ein Problem der Gerechtigkeit und damit Thema einer universalistisch angelegten Ethik sei. Die philosophisch-ethische Beachtung des Armen als eines Mitmenschen bringe vielmehr das leidende Individuum in den Blick und mache für dessen Gottesbeziehung auch einen anderen Gott als den «Gott der Ethik» geltend, der bloss eine ideelle Wirklichkeit besitze. Mit dem Wechselbezug von Individuum und Gott kam in Cohens Philosophie gelebte *Religion* ins Spiel. Und als solche für den frommen Juden Cohen Religion «aus den Quellen des Judentums».

Die Propheten, die Psalmen und die liturgische Praxis im jüdischen Leben lieferten dem späten Cohen den Stoff für eine neue, über den leblosen Gott seiner Ethik weit hinausgehende Fassung des Gottesbegriffs. Sein Grundgedanke: Wenn es in einer Ethik, die Religion in sich aufgesogen hat, nur um den gegenseitigen Bezug zwischen den *Ideen* von Mensch und Gott gehen kann, so bringt eine in ihrer Eigenart gewürdigte Religion das konkrete Individuum, wie es leibt und lebt, in einen wechselseitigen Bezug zu seinem Gott, dem «einzigen Gott», wie ihn der fromme Jude kennt, dem Gott, der seinem Volk nicht nur moralisch gebietet, sondern auch dem individuellen Sünder auf seine ethische Bussarbeit hin Vergebung und Versöhnung zusagt.

*Wie fandest du philosophisch Zugang zu dieser Religion?*
Cohen wollte sie als eine «Religion der Vernunft» verstanden wissen, wie der Titel seines Opus postumum herausfordernd formuliert. Die Herausforderung betrifft den nichtjüdischen Leser, aber auch dem eigenen Glaubensgenossen wird es nicht leicht gemacht, wie sich an der Rezeptionsgeschichte des Werks nachvollziehen lässt. Beide, der im Judentum beheimatete und der nur von außen, vielleicht auch bloß gelegentlich mit dem Judentum beschäftigte Leser, müssen den Abstand bewältigen, den sie heute infolge einer gänzlich veränderten Zeitlage empfinden, wenn sie eine *Religion der Vernunft* nicht einfach auf den Aktenberg der Geschichte werfen wollen. So sah ich mich – nicht zuletzt als ehemaliger evangelischer Theologe – zugleich einbezogen und ausgeschlossen, als ich mich an die Lektüre machte: *einbezogen* in einen Vernunftdiskurs – *ausgeschlossen* angesichts des Umstands, dass das Buch einen grundlegenden Mangel philosophisch-ethischer Reflexion konstatiert, der darin besteht, dass ethische Selbsterkenntnis nicht zur Erkenntnis meiner «Sünde» durchdringt. Ist dem Philosophen nicht der Zugang zur «Urquelle» der jüdischen Überlieferung verwehrt, wenn sich sein Denken nicht aus dieser Quelle speist?

Die Rezeptionsgeschichte der Werke Cohens zeigt es – ich vergröbere: Das Opus postumum wurde zum Eigentum modernen jüdischen Denkens, die Kantinterpretation und das philosophische System Cohens wurden zum Bestandteil akademischer Philosophie des wilhelminischen Deutschland erklärt. Damit ist beidseits Ausgrenzung betrieben worden. Ein überaus deutliches Zeichen setzte die Publikation der kleineren Schriften Cohens in den 1920er Jahren. Die sogenannten «Jüdischen Schriften» und die «Schriften zur Philosophie und Zeitgeschichte» wurden zwar beide im jüdischen Akademie-Verlag Berlin gedruckt, aber von unterschiedlichen Herausgebern betreut und in gänzlich verschiedener Aufmachung ausgegeben. Meine Freundschaft mit dem allzu früh verstorbenen Steven S. Schwarzschild, der an der Washington University im amerikanischen St. Louis lehrte, erwuchs über dem gemeinsam verfolgten Projekt, in der neuen Ausgabe der Werke Cohens die Spaltung rückgängig zu machen, nämlich die kleineren Schriften in strikt chronologischer Anordnung zu publizieren, was in der von Hartwig Wiedebach besorgten Neuausgabe auch geschah.

*Ich nehme an, dass sich das Interesse an Cohen auch anderswo regte.*
Das war seit den 1920er Jahren in den USA und nach dem 2. Weltkrieg in Deutschland immer wieder der Fall, aber doch nur punktuell, spürbarer dann seit etwa 1968. Gegen Ende der 1970er Jahre erlebte die Cohen-Forschung überraschenderweise in Italien, genauer in Rom, einen Aufschwung. Und das Zürcher Hermann Cohen-Archiv bekam öfters Besuch, zum Teil auch für längere Zeit. In der zweiten Hälfte der 1990er Jahre zeigte sich an den Teilnehmerlisten zweier internationaler Konferenzen zu Cohens Religionsphilosophie, wie sich die Cohen-Forschung inzwischen ausgebreitet hatte.

Besonders bedeutsam war es, dass die erste im Mai 1996 in Jerusalem stattfinden konnte – die Teilnahme daran für mich ein grosses Erlebnis. Ich flog mit meiner Frau nach Israel. Wir wohnten zusammen mit anderen auswärtigen Teilnehmern im Monastère St. Claire. Ausserhalb der Tagung gab es Zeit für eine Besichtigung des arabischen Viertels und der Grabeskirche sowie für eine Führung durch die Geschichte Jerusalems mit Blick von einer über der Stadt gelegenen Promenade aus. Ein Jerusalemer Kollege hatte uns zu sich nach Hause eingeladen, wo ich von seinen zwei Kindern mit «Cohen und Natorp» begrüsst wurde, das der Vater ihnen eingetrichtert hatte. Auch der österreichische Konsul empfing unsere Gruppe in seiner in der Altstadt gelegenen Villa und erzählte gewissermassen an Ort und Stelle von der prekären Situation, in der sich viele arabische Hausbesitzer befanden. Ein Höhepunkt der Reise war es für mich, als ich vor der Klagemauer stand und von dort auf den Tempelberg hochstieg, um einen Blick in die Al Aqsa Moschee zu werfen und, mit einem freundlichen «Welcome» begrüsst, den Felsendom zu betreten. Zu einem anderen Höhepunkt wurde die Tagesreise mit einem gemieteten Auto. Sie führte uns an Hebron vorbei durchs Westjordanland nach dem israelischen Asad und in die judäische Wüste: Von einer römischen Rampe aus stiegen wir bei 40 Grad Celsius zur Festung Massadah hoch. Bei der Rückfahrt badeten wir im Toten Meer, ein weiteres besonderes Erlebnis, und besuchten das Ausgrabungsgelände im 7000 Jahre alten Jericho. Die Jerusalemer Konferenz und ihre Nachfolgerin, die ich zu Cohens Spätwerk «Religion der Vernunft aus den Quellen des Judentums» im September

1998 in Zürich organisierte, waren als Forum eines Gesprächs zwischen jüdischen und nichtjüdischen Gelehrten konzipiert, aber auch als Gespräch zwischen jenen Forschern, die wie ich ihre Aufmerksamkeit primär der durch Kant und Leibniz geprägten systematischen Philosophie Cohens zuwandten, und solchen, die primär religionsphilosophisch orientiert waren. Was mir auffiel, war der besondere Stil der Diskussion vornehmlich unter den jüdischen Teilnehmern: schnell, zugriffig, oft heftig in lebhaftem Hin und Her der Argumente geführt.

*Hatten die philosophischen Freunde Cohens regelmässig Kontakt?*
Nur einen guten Monat nach der Zürcher Tagung traf sich im norditalienischen Mantua eine kleine Gruppe von Philosophen, die über der Beschäftigung mit der Philosophie Cohens verbunden waren. Die Initiative dazu ging von Andrea Poma aus, Professor an der römischen Universität Tor Vergata, später an der Universität Turin. Es war nicht das erste und nicht das letzte Mal, dass wir in ähnlicher Zusammensetzung in einer norditalienischen Stadt zusammenkamen. 1998 in Mantua waren neben Poma und mir dabei: Dieter Adelmann, Pierfrancesco Fiorato und Hartwig Wiedebach, alles ausgewiesene Kenner Cohens. Wir besuchten die Hauptsehenswürdigkeiten der Stadt, u. a. den Palazzo Ducale und den Palazzo Te, und wir beschlossen, eine *Hermann Cohen-Gesellschaft* zu gründen, um für die Pflege und Verbreitung des Gedankenguts unseres Meisters neben dem Cohen-Archiv einen eigenen Stützpunkt zu haben. Formell trat die Gesellschaft 2002 als Verein in die Welt. Ich amtierte bis 2013 als ihr Präsident. Sie nahm mich noch mehr in die Pflicht als vorher die 18. Jahrhundert-Gesellschaft. Meine wichtigste Aufgabe bestand in der Organisation mehrerer in Zürich stattfindender Tagungen wie auch der Zusammenkünfte des Vorstandes; in der zeitlichen Abstimmung und der Mitarbeit bei andernorts geplanten Tagungen; im Auftreiben finanzieller Unterstützung. Die Cohen-Forscher begegneten sich während des ersten Jahrzehnts des 21. Jahrhunderts bei Tagungen an verschiedenen Orten, unter anderem auch in Rom und Salerno, in Paris und Moskau.

Paris: Eine besondere Beziehung verband mich über das gemeinsame Interesse am Werk Cohens mit Myriam Bienenstock, Professorin in Tours (und über das gemeinsame Interesse an der Philosophie der Aufklärung mit ihrem Mann Norbert Waszek, Professor an einer Pariser Universität). Wir trafen uns mehrfach in der Schweiz. Ich wurde von ihnen zu Vorträgen in Tours und Paris eingeladen; auf meinen Vorschlag hin konnte Myriam in Zürich eine Gastprofessur für Jüdische Studien versehen. Wie oft haben wir nicht über die Zukunft des Hermann Cohen-Archivs gesprochen! Bei der 2013 anstehenden Wahl meines Nachfolgers an der Spitze der Cohen-Gesellschaft unterlag sie einem niederländischen Kandidaten ganz knapp. Unser Verhältnis war fortan zu meinem grossen Bedauern nicht mehr das alte.

*Was führte die Gesellschaft nach Moskau?*

Schon länger wurde in Russland seit der Wende über den russischen Neukantianismus im engeren Sinne geforscht, aber auch der Ausstrahlung der beiden deutschen neukantianischen Schulen nach Russland nachgegangen. Besonders aktiv waren dabei Vladimir Belov, Professor an der Universität Saratov, der längere Zeit im Cohen-Archiv gearbeitet hatte, und Nina A. Dmitrieva, heute Professorin an der Universität Königsberg. Cohen selbst hatte noch im Frühjahr 1914 eine Russlandreise angetreten; bekannt ist auch, dass er russische Schüler hatte oder dass Boris Pasternak im Sommer 1912 in Marburg studierte. Von Frau Dmitrieva ging auch die Einladung nach Moskau aus. An sich hatte ich keine Freude am Fliegen, aber auf dem Flug nach Moskau erlebte ich über den wie unendlich sich ausdehnenden russischen Wäldern unter mir die Schönheit des darüber Hingleitens. Die Tagung fand Ende Mai 2008 im Deutsch-Russischen Haus statt. Es referierten neben den deutschsprachigen auch eine beträchtliche Anzahl russischer Forscher. Die Vorträge und Diskussionsvoten wurden von einem philosophisch sehr bewanderten Dolmetscher sei es ins Deutsche sei es ins Russische simultan übersetzt. Mit Prof. Kalinnikow geriet ich in einen Disput über seine These, dass sich der «Neukantianismus» deutscher Prägung mit diesem Aushängeschild selbst falsch einschätze, sich fälschlich auf Kant berufe und in Wahrheit ein «Nichtkantianismus» sei. Hintergrund dieser Kritik war die von den neukantianischen Philosophen abgewehrte materialistische Interpretation des kantischen «Ding an sich», das zur «objektiven Grundlage» aller Erfahrungserkenntnis erklärt wurde. Interessant war für uns «Westler», wie von zahlreichen anderen russischen Referenten die Kantrezeption in die spezifisch russische geistige Tradition eingezeichnet wurde. An einem Klavierabend während der Tagung waren – eine weitere Bereicherung – mir jedenfalls unbekannte Kompositionen von Paul Natorp und Boris Pasternak zu hören. Und zu meinem Moskau-Besuch gehörte es auch, dass ich mich einmal vom Hotel aus auf eigene Faust aufmachte, mit der U-Bahn bis zur Station Leninskaja Biblioteka fuhr, mich auf dem Roten Platz vom Kreml beeindrucken liess und schliesslich in ein vornehmes Café im Gum einkehrte. Die kyrillische Schrift – jedoch nicht mehr die mündliche russische Sprache – war mir aus Schulzeiten noch vertraut, sodass ich mich einigermassen durchfinden konnte.

*Es scheint, als seien diese Cohen gewidmeten Tagungstreffen für dich Höhepunkte in deinem akademischen Leben gewesen.*

Das war wohl so. Jedes Treffen hatte seine besondere Atmosphäre. So auch die zweimalige Zusammenkunft in Coswig (Anhalt), im Geburtsort Hermann Cohens. Wir Tagungsteilnehmer wohnten und tagten beide Male ganz in der Nähe in einem direkt an der Elbe fast idyllisch gelegenen Hotel, so organisiert von der örtlichen Cohen-Gesellschaft, die sich unter der Leitung eines pensionierten Pfarrers dort der Pflege von Cohens Andenken widmete. Coswig gehörte zu den

Orten im Anhaltinischen, in denen im 18. Jahrhundert die Ansiedlung von Juden bewilligt und gefördert wurde. 2005 führte uns eine Exkursion nicht nur in den Wörlitzer Park, sondern auch zu Orten, in denen Spuren jüdischen Lebens vergangener Jahrhunderte erhalten waren. Unsere Tagung 2008 hatte einen Höhepunkt in einem mich sehr berührenden Konzert mit synagogaler Musik, das Dieter Adelmann in der evangelischen Kirche von Coswig organisierte.

Einen letzten Höhepunkt meines öffentlichen Engagements für Cohen bildete die aus Anlass seines 100. Todestages (4. April 1918) unter dem Titel «Cohen im Netz», von Hartwig Wiedebach und Heinrich Assel, Greifswalder Theologieprofessor, im Alfried Krupp Wissenschaftskolleg Greifswald organisierte und durchgeführte Tagung. Ich durfte den Abendvortrag halten, mein Thema: «Ursprung. Das Faszinosum in Mythologie, Logik, Religion». Nochmals begab ich mich unter dem Stichwort «Ursprung» ins geistige Zentrum meiner nun schon 50 Jahre währenden Beschäftigung mit Cohens philosophischem Werk. Ich traf mit vielen alten Weggefährten zusammen, konnte mich auch mit einem unter diesen versöhnen und lernte der Sache nach sehr interessante evangelisch-theologische Auseinandersetzungen mit Cohen kennen, die schon einmal, 2011, Gegenstand einer Tübinger Konferenz gewesen waren.

# 13. Ethik für neue Handlungsfelder.
## Aufbruch und Enttäuschung

*«Ein Gefühl der Ohnmacht blieb zurück.»*

Mein Interesse an philosophischer Ethik lebte vor Mitte der 1980er Jahre auf. Ausschlaggebend war dafür, dass ein sich eben entwickelndes kritisches Umwelt-bewusstsein der Philosophie neue Aufgaben stellte, die erd- und lebensnahe zu lösen waren. Ethik galt, wenn ich mich an die vorgängige Zeit recht erinnere, eher als etwas Zweitrangiges. So auch während meines Theologiestudiums und noch lange danach.

*Hast du eine Erklärung dafür?*
Nur eine Vermutung. Mit dem Naziregime, dem von ihm ausgelösten Weltkrieg und seinen Gräueln, vor allem aber mit dem Holocaust waren in Deutschland die moralischen Fundamente menschlichen Zusammenlebens unterhöhlt und zum Teil ganz ausser Kraft gesetzt worden. Was Kant noch kaum ins Auge zu fassen gewagt, der Marquis de Sade allerdings schon lustvoll beschrieben hatte, nämlich teuflisches, das Böse absichtlich bewirkendes Handeln, war durch die Machtha-ber nicht nur veranlasst oder geduldet, sondern den Untergebenen sogar im Sin-ne von Pflichterfüllung abverlangt worden, die es oft widerwillig, oft aber auch willig, bürokratisch oder sadistisch taten. Versperrte nicht die Erkenntnis dieser Ungeheuerlichkeiten jeden Weg zu einer überzeugenden Theorie moralischen Handelns? Was sollte man mit dem Buch eines ehemaligen Nazis anfangen, der sich über die Tugenden äusserte? Es fehlte an einer allgemein geteilten verlässli-chen Grundeinstellung in moralischen Fragen. Der theoretische Ausweis der Prinzipien moralischen Handelns war damit bodenlos geworden. Als charakteris-tisch kann gelten, wie Martin Heidegger auf die ihm schon früh gestellte Frage «Wann schreiben Sie eine Ethik?» in seinem «Brief über den Humanismus» im Jahr 1947 einging: Er äusserte Verständnis für den «Wunsch nach einer Ethik», der umso stärker nach Erfüllung dränge, «als die ... Ratlosigkeit des Menschen ... sich ins Unermessliche steigert», verwies aber diesen Wunsch auf ein jedwe-der Ethik vorausgehendes Bedenken des «Ethos», unter dem er ein Bedenken des menschlichen «Aufenthalts» im «Haus des Seins» verstand.

Im östlichen Deutschland ersetzte der historische und dialektische Materialismus lange die Ausformulierung einer Ethik sozialistischen Lebens. Im westlichen Deutschland wurde nach dem Krieg in erster Linie an der Errichtung eines Rechtsstaates mit möglichst krisenfesten rechtlichen Institutionen gearbeitet. Damit gewann neben dem Staatsrecht und der Rechtsphilosophie auch die politische Philosophie Gewicht. Auf diesem Gebiet verfolgten der Münsteraner Philosoph Joachim Ritter und sein Schülerkreis auf der Basis einer neuen Rezeption der Rechtsphilosophie Hegels eine eher konservative Linie, die Frankfurter Philosophen mit der Kritischen Theorie eine gesellschaftskritische Linie.

*Von deiner Begegnung mit den «Frankfurtern» hattest du schon erzählt, als es um die 68er-Bewegung ging. Was beschäftigte dich in den späteren 1970er Jahren auf dem Gebiet «praktischer» Philosophie?*
Ich tauchte zunächst in eine mir bis dato weitgehend fremd gewesene Thematik ein, indem ich mich mit den rechts- und staatsphilosophischen Problemen der Verfassung eines Staates befasste. Anlass war die Revision der schweizerischen Bundesverfassung. 1977 war der Entwurf einer gänzlich neuen Verfassung vorgelegt worden. Die breite öffentliche Diskussion schloss auch viele philosophische Fragen ein. Ich arbeitete mich intensiv in verfassungsrechtliche Problemstellungen ein, nicht zuletzt auch historisch in die Kontroversen der späten Weimarer Republik. Nach verschiedenen Seminaren bildete eine grössere Tagung den Höhepunkt in diesem Arbeitsbereich. Sie fand im Dezember 1989 in einem Tagungszentrum im bernischen Sigriswil statt. Fast alle schweizerischen Staatsrechtler waren vertreten; das Thema: «Ethos und Ethik der schweizerischen Bundesverfassung».

*Was bewog dich dazu, dich intensiver der Ethik zuzuwenden?*
Man hörte seit Anfang der 1980er Jahre, dass in den USA ausgiebig im Bereich der angewandten Ethik geforscht und publiziert würde. Mein Interesse an Ethik bildete sich genereller am «Naturschutz». Merkwürdig: Musste man in der Gegenwart auf einmal der Natur Schutz angedeihen lassen? Was hatte sich im Verhältnis Mensch-Natur so verändert, dass nicht mehr alles Augenmerk auf den Schutz des *Menschen* vor den Naturgewalten auszurichten war? Ich beschäftigte mich mit Wandlungen, die der Begriff der Natur seit der Antike erfahren hatte, und stiess dabei auf die Rede von der «Mutter Natur». In diesem Ausdruck klingt ein Gefühl der Geborgenheit an, auch ein grundsätzlicher Respekt vor dem, über das wir Menschen nicht verfügen. Diese Erfahrung im Umgang mit Natur tritt schon gegen Ende des 17. Jahrhunderts zurück, als die Neue Wissenschaft einen technischen Zugriff auf die von ihr mathematisch beschriebenen Naturprozesse anzubieten beginnt. Diese revolutionäre Veränderung in der Einstellung zur Natur hat sich mir zuerst eröffnet, als die Möglichkeit von Eingriffen in die *lebendige* Natur am Horizont auftauchte. Es zeigte sich, dass die Erschliessung neuer

Handlungsfelder, etwa durch die Gentechnologie, nicht nur technische, ökonomische oder politische, sondern auch ethische Probleme mit sich brachte, die langsam in den Fokus der Öffentlichkeit traten. Da tat sich auch für Philosophen ein Arbeitsfeld auf, das ein grosses innovatives Potential besass. Ich wollte dieses Feld nicht allein beackern, sondern in einem eigens gegründeten Arbeitskreis für ethische Forschung.

Das Projekt bekam Konturen bei Gesprächen mit *Walter Robert Corti* und Kontakten mit einem Winterthurer Personenkreis, der das Erbe von dessen früherem Plan zur Gründung einer Akademie für ethische Forschung verwaltete.

*Kannst du etwas zum geistigen Profil dieses heute eher in Vergessenheit geratenen Philosophen sagen?*
Ich war Walter Robert Corti schon 1966 begegnet, als er im Helmhaus in Zürich unter dem Titel «Tua res agitur» eine grosse Ausstellung initiierte. Sie beleuchtete die mit der allgemeinen Aufrüstung der Grossmächte verbundene atomare Bedrohung, nahm aber auch die sich langsam manifestierende Bedrohung unserer natürlichen Umwelt ins Visier. Im Zentrum der Ausstellung stand ein chronologisch ausgerichteter Fries der bedeutendsten Philosophen der Geschichte: Auf Tafeln stand unterhalb des jeweiligen Bildes eines Philosophen ein kurzer Text, der über dessen wichtigste Einsichten informierte. Daran durfte ich mitarbeiten. Das Schwierige war, philosophische Lebenswerke auf wenigen Zeilen in verständlicher Sprache zu resümieren. Häufig war Corti selbst präsent und führte durch die Ausstellung. Er trat als ein Philosoph auf, der mit seinem Leben ein Ziel verfolgt, auf das hin er Menschen mitzureissen verstand. Beobachten und Sammeln gehörten wesentlich dazu, das beeindruckte mich. In Schriften Friedrich Wilhelm Joseph Schellings hatte er die Idee des werdenden Gottes entdeckt, eines unfertigen Gottes, der «im Medium des von ihm geschaffenen Weltwirklichen» zu sich selbst strebt. Der Grund der Welt sehnt sich in uns unruhig nach Sinn. Geistigen Sinn verknüpfte Corti gemäss seinem Weltverständnis immer mit dem Sinn im Naturgeschehen, sodass er schon 1959 den Schutz unserer natürlichen Umwelt als ethische Aufgabe proklamieren konnte.

*Wie kamst du in eine nähere Beziehung zu dem Mann und seinem Projekt?*
Ein engerer Kontakt ergab sich zwischen uns anfangs der 1980er Jahre, als Corti daran ging, sein ursprüngliches, schon 1954 publik gemachtes Projekt der Gründung einer Akademie für ethische Forschung nochmals aufzugleisen. Deren Leitthema sollte lauten: «Warum ist der Mensch des Menschen Mörder?». Diese Fragestellung, gewonnen unter dem Eindruck der zwei Weltkriege, markierte eine Aufgabe. Corti erinnerte wiederholt daran, dass die Erforschung der *Gründe* menschlicher Aggressivität hinter der Erforschung von deren *Folgen* weit zurückgeblieben sei. Hier sollte die Akademie Abhilfe schaffen. Doch schon 1966 war das Vorhaben gescheitert, als es darum ging, in einer Gemeinde am Zürichsee ein

Baugrundstück zu erwerben. Die Gemeindeversammlung lehnte ab. Möglicherweise wurde befürchtet, dass hinter dem Projekt eine Sekte stehen könnte. Corti wollte es jetzt nochmals versuchen und lud deshalb Philosophen meiner Generation zu Gesprächen in sein Haus in Winterthur ein.

*Was ergab sich aus diesen Gesprächen mit Corti?*
Für mich erwuchs daraus die Idee, ein Gesprächsforum zu gründen, das sich mit aktuellen ethischen Fragen beschäftigen sollte. Im Februar 1985 war es so weit: Der «Schweizerische Arbeitskreis für ethische Forschung», nunmehr interdisziplinär zusammengesetzt, traf sich zu einem ersten Gespräch im Hause Corti; 13 Personen nahmen daran teil. Man beschloss, als erstes Thema das Problem von Tierexperimenten anzugehen. Der Arbeitskreis veröffentlichte im November eine Stellungnahme zur Volksinitiative «für die Abschaffung der Vivisektion», die gerade zur Abstimmung kam. Es zeigte sich allerdings bald, dass es schwierig war, unter den Mitgliedern des Arbeitskreises für öffentliche Interventionen eine gemeinsame Stellungnahme zu erarbeiten. Erwünscht und machbar blieb aber eine freie Sachdiskussion, deren Ergebnisse allen Mitgliedern zur freien Verfügung standen. So gaben wir mit finanzieller Unterstützung durch die Winterthurer Seite Arbeitsblätter heraus, die sich einer beachtlichen Nachfrage erfreuten. Ihre Redaktion besorgte Ursula Pia Jauch, die später überdies Mitarbeiterin der Arbeits- und Forschungsstelle für Ethik wurde.

Für den Tierschutz engagierte ich mich auch politisch. Es ging mir dabei darum, mit philosophischen Überlegungen in dem Sinne auf die Rechtsprechung einzuwirken, dass der rechtliche Status der Tiere neu zwischen dem Status einer Sache und dem einer Person fixiert würde, weil Tiere weder das eine noch das andere sind. Damit war die Kritik an hemmungslosen Tierversuchen verbunden. Sie betraf nicht nur Versuche mit Affen, sondern gerade auch den Umgang mit Mäusen und Ratten, also mit Säugetieren, wie er in den Forschungslabors gang und gäbe war. In den späten 80er Jahren trat zutage, wie gespalten das öffentliche Bewusstsein auf Tierexperimente reagierte. Deren Kritikern wurde (und wird bis heute) entgegengehalten, dass die Vernutzung von Tieren im Interesse der Förderung menschlicher Gesundheit in Kauf genommen werden müsse. Das entsprach der Meinung einer breiten Mehrheit; empfindlicher reagierte die Öffentlichkeit nur, wenn Experimente an Affen oder Haustieren geplant waren, bei denen einem das Leiden der Tiere ganz anders nahe ging als bei Mäusen.

*Die 80er Jahre waren auch eine Zeit, in der die Aufrüstung und mit ihr die atomare Bedrohung den öffentlichen Diskurs stark prägten. Hat das bei der von dir geschilderten Zuwendung zur Ethik auch eine Rolle gespielt?*
Für meinen Einstieg nicht, obwohl es sich von Cortis Fragestellung her anbot und mich persönlich immer wieder beschäftigt hat. Man hätte den ethischen Diskurs an die sich damals verstärkende Friedensbewegung anschliessen können,

doch Ethik schien seit eh und je mit Kriegen und Waffenproduktion heillos überfordert. Auch wenn einen das Problem nie verliess, man konnte es höchstens politisch angehen. Und das war nicht meine Sache. Ein Gefühl der Ohnmacht blieb
zurück.

*Zeigte die Arbeit eures Gesprächskreises Wirkung?*
Sicher nur im Verbund mit anderen, vor allem ausseruniversitären Initiativen.
Inneruniversitär bekam er damit ein gewisses Gewicht, dass er vom Rektorat der
Universität Zürich im Dezember 1987 den offiziellen Auftrag erhielt, ein ethi-
sches Gutachten zur Technologie der Erzeugung transgener Tiere zu erstellen.
Die öffentliche Diskussion darüber warf zu diesem Zeitpunkt, angetrieben durch
das transgene Schaf «Dolly», hohe Wellen. Auch unser sehr abgewogenes Gut-
achten, in dem im April 1988 auf die Gefahren und Probleme dieser Forschungs-
entwicklung hingewiesen wurde, stiess auf massive Kritik, als es den Weg in die
Öffentlichkeit gefunden hatte. Es sollte schubladisiert werden, weil es nicht zur
Interessenlage naturwissenschaftlicher Forschung passte, obwohl wir umsichtig
Veterinärmediziner und Naturwissenschaftler beigezogen hatten, die sich hinter
das Gutachten stellten. Wegen der Veröffentlichung gab es sogar eine Schelte der
sich so «unethisch» verhaltenden Ethiker durch den Vorsteher des Erziehungs-
departements. Durch Vermittlung eines Prorektors gelangte die Polemik aber
wieder in die Bahnen sachlicher Auseinandersetzung, allerdings um den Preis,
dass ein neues Papier den Fokus auf die Sicherheitsfragen in der Praxis der Erzeugung transgener Tiere verschob.

*Wie ging es weiter mit deinem Engagement in der Ethik?*
Ich selbst war nach meiner Ernennung zum ordentlichen Professor bald mit der
Frage konfrontiert, ob man die Ethik nun auch an der Uni Zürich in Gestalt einer
Professur verankern sollte. Die Möglichkeit dazu bot sich dank dem Umstand,
dass die von mir besetzte Assistenzprofessur frei geworden war. Tatsächlich beschloss die Fakultät, die Schaffung einer Professur für Ethik zu beantragen. In
diesem Zusammenhang bemühte ich mich darum, unseren Arbeitskreis in eine
universitäre Institution zu überführen, nämlich in eine Arbeits- und Forschungsstelle für Ethik, angesiedelt am Philosophischen Seminar der Universität Zürich.
Waren die Sitzungen und Tagungen des Arbeitskreises vor allem durch die «Stiftung Akademie für ethische Forschung» finanziell unterstützt worden, betätigte
sich bei der Schaffung der Arbeits- und Forschungsstelle die 1980 vom Bruder
Walter Robert Cortis begründete «Arnold Corti-Stamm Stiftung» als Geburts-
helferin. 1986 hatte deren Stiftungsrat, dem ich bald auch (bis 2021) angehörte,
beschlossen, die Stiftungsmittel inskünftig für ethisch ausgerichtete Studien und
Forschungen an der Universität Zürich einzusetzen. Die neue Institution war
dazu ausersehen, Ideen des alten Akademieprojekts in aktueller Form zu verfolgen und die von Corti für dieses Projekt gesammelte grosse Bibliothek aufzuneh-

men. So konnte ich der Erziehungsdirektion, d. h. unserem Bildungsministerium, mitteilen, dass eine halbe Mitarbeiterstelle durch diese Stiftung dauernd finanziert würde. Damit waren die Voraussetzungen gegeben, dass der Kanton sowohl eine Ethik-Professur schuf wie die andere Hälfte des Mitarbeiterlohns für die Arbeits- und Forschungsstelle übernahm, die anfangs 1989 mit ihrer Tätigkeit begann. Kommissarisch leitete ich bis zur Berufung eines Professors für Ethik im Frühjahr 1992 die neue Institution.

*Haben dich die vielfältigen Aufgaben deiner Professur daran gehindert, dich weiterhin intensiv im Bereich der Ethik zu engagieren?*
In einem gewissen Sinne ja, doch war das nicht der Hauptgrund für meinen Rückzug. Massgebend dafür war vielmehr Enttäuschung. Ich erinnere mich an eine grössere Tagung, die das Chemieunternehmen Sandoz in Basel veranstaltete. In meinem Vortrag über Bedeutung und Aufgabe der Ethik äusserte ich mich auch kritisch gegenüber der Patentierung von gentechnisch veränderten Lebewesen – um 1990 ein wichtiges Thema ethischer Debatten. Der Leiter dieser Tagung sagte zwar nach meinem Vortrag: «Ihr Wort in Gottes Ohr»; doch in der Pause stürzten gleich drei Anwälte des Unternehmens auf mich zu: Was ich denn gegen diese Patentierung hätte, fragten sie; und versuchten, mich von deren Nutzen zu überzeugen. – Das gleiche Problem war auch Gegenstand einer Anhörung, zu der ein damaliger Bundesrat verschiedene Wissenschaftler und Fachleute eingeladen hatte. Es ging vor allem um die umstrittene Patentierung von gentechnisch veränderten Pflanzen, insbesondere von Saatgut. Meine Stellungnahme, in der ich dafür plädierte, den Kern der lebendigen Natur als das letzte Residuum eines Unverfügbaren zu respektieren und damit als Widerhalt gegenüber menschlicher Masslosigkeit zu schützen, fand wenig Resonanz. Ganz anders der – empirisch gestützte, ebenfalls skeptische – Vortrag eines renommierten Biologen und Nobelpreisträgers, der darlegte, dass sich die lebendige Substanz in der Laufzeit des Patents so verändere, dass die gesetzlich geforderte Identität des zu patentierenden Objekts nicht garantiert werden könne.

Anfangs der 90er Jahre griff in mir Enttäuschung um sich. Warum konnte man generell mit ethisch begründeten Argumenten so wenig ausrichten? Ich gewann immer mehr den Eindruck, dass wohl die technische Nutzbarmachung wissenschaftlicher Erkenntnisse auf heiklen Handlungsfeldern zunehmend ein ethisch begründetes Urteil erforderlich erscheinen liess. Eine grundsätzliche Kritik am ungehemmten Fortgang der biologischen oder medizinischen Forschung war aber unerwünscht. Sobald etwas Fragwürdiges machbar erschien, reichte die Wissenschaft den Entscheid darüber dem Gewissen oder der Politik weiter. Die ethische Besinnung – so meine Erfahrung – hinkte nach, klinkte sich viel zu spät in die innerwissenschaftlichen Debatten um die jeweils nächsten Forschungsschritte ein. Und äusserte sie sich einmal lautstark, so wurde sie Objekt einer Vereinnahmungsstrategie. Die institutionalisierte ethische Reflexion erschien mir bald einmal zu einer Sache von Hofnarren zu werden. Ethik hatte die Aufgabe, Unbedenklichkeitserklärungen auszustellen. Oder wie ich damals manchmal sagte, Ethik verkomme zu einer Art Hof-Ethik. Darüber war ich deprimiert, hatte wohl erwartet, dass Ethik mehr ausrichten könne, dass sie auch einmal eine Tendenz zu unterbrechen vermöge, die im Trend der Zeit lag, die sich aber offensichtlich nicht unterbrechen liess. Mein Fazit: Im besten Fall sei Ethik nur imstande, gewisse Abstriche an einem umstrittenen Vorhaben einzufordern und Vorsichtsmassnahmen zur Gewährleistung von Sicherheit zu empfehlen.

# 14. Zwischen Thales und Kant.
## Wie ich auf das schier grenzenlose Gebiet der Philosophiegeschichte geriet und im 18. Jahrhundert Halt fand

*«Wen unter den vielen philosophiegeschichtlich Begrabenen aber soll man dem Vergessen entreissen?»*

*Geschichte der Philosophie zu betreiben, das gehörte ja zu den amtlich festgelegten Aufgaben deiner Professur. Wie bist du an dieses riesige Arbeitsgebiet herangegangen?*

Mich mit geschichtlichen Entwicklungen zu befassen, übrigens auch mit der Geschichte des Kosmos, gehörte zu meinen persönlichen Interessen. Im akademischen Bereich verrät schon meine Dissertation diese Ausrichtung. Und so kreierte ich als Assistenzprofessor einen mehrteiligen Vorlesungszyklus, in dem ich einen Gesamtüberblick über die Geschichte der europäischen Philosophie geben wollte – von der Antike bis in die Gegenwart. Generelles Gewicht besass für mich immer die Philosophie der Antike, weil ich sie als grundlegend für unser europäisches Verständnis von Philosophie begriff. Dass ich mich auf die europäische Tradition beschränkte, legte sich nahe, weil ich nicht über Kenntnisse der ostasiatischen oder indischen Sprachen verfügte, was mir nach wie vor für jede triftige Aussage über chinesisches, japanisches oder indisches Denken unabdingbar zu sein scheint.

Den Überblick wollte ich mir selbst erarbeiten. Was ich davon in der Vorlesung bot, trug in der Auswahl des Stoffes und den damit verbundenen Gewichtungen meinen persönlichen Stempel. In didaktischer Hinsicht war es mir wichtig, dass weder Langeweile noch Überdruss aufkamen. Das gelang nur, wenn ich mich selbst mit den mir am Herzen liegenden philosophischen Fragestellungen einbrachte. Etwa so, dass die Darstellung der Anfänge griechischer Philosophie von der Frage untermalt war, ob Philosophie überhaupt einen historisch datierbaren Anfang haben kann. Die sachliche Unterscheidung zwischen Anfang und Grund drängte sich auf, zumal in den Quellen der Anfang der Philosophie in Antworten auf die Frage nach dem Grund von allem gelegt wurde. Frühe Philosophie stand in Konkurrenz zu mythologischen Erzählungen vom Weltenanfang:

was unterschied sie von diesen? Die nötige Objektivität meiner Darstellung suchte ich durch die strikte Bindung an die überlieferten Quellentexte und den Beizug anerkannter Sekundärliteratur zu gewährleisten. Es war mir weiterhin wichtig, kulturgeschichtliche Gegebenheiten zu berücksichtigen, wenn ein Gesamtbild der Philosophie in der jeweiligen Epoche zu zeichnen war. Auch die weiteren Teile meiner Vorlesung über Geschichte der Philosophie konzipierte ich problemorientiert, was hiess, dass ich bei den «grossen» Philosophen, ausgehend von ihrer Biografie, wenige für sie zentrale Themen herausgriff und diese mittels Interpretation ausgewählter Texte mindestens ansatzweise mit meinen Zuhörern durchzudenken suchte.

*Was hat dich veranlasst, gerade die Philosophiegeschichte zu deinem zentralen Arbeitsgebiet zu machen?*
Mein Denken war und ist wesentlich mit der Interpretation von Texten verwoben. Diese Verknüpfung hatte sich mit dem Theologiestudium und unter dem Einfluss meines akademischen Philosophielehrers Rudolf W. Meyer herausgebildet. Obwohl Immanuel Kant mein Meister im Geist wurde, nicht zuletzt mit seiner Unterscheidung einer Philosophie für die Schule, wie sie akademisch betrieben wird, und einer Philosophie für die Welt, schlug ich einen anderen Weg philosophischer Denkarbeit ein: den Weg der Interpretation von Texten. Kant verfolgte die Frage «was kann ich wissen?» systematisch unter ganz eigenständiger Klärung der Elemente menschlichen Wissens und ihres Zusammenspiels. So viele Antworten anderer Philosophen auf diese Frage er im Kopf gehabt haben mag: Er stützte sich nicht auf sie ab, sondern beantwortete sie durch eigenes Nachdenken. Daraus ergaben sich Thesen, für die er als Philosoph geradestand, wie etwa die folgende berühmte: «Gedanken ohne Inhalt sind leer, Anschauungen ohne Begriffe sind blind.» Statt systematisch auf solche philosophischen Erkenntnisse hinzuarbeiten, machte ich mir das Studium von Texten zur Aufgabe, in denen philosophische Gedankengänge und ihre Ergebnisse schriftlich festgehalten waren.

Damit geriet ich in den Arbeitsbereich der historischen Geisteswissenschaften. Denn die philologische Sicherung, Edition, Kommentierung und Auslegung von Texten, unter Einschluss der Texte von Philosophen, wird generell diesen Wissenschaften zugerechnet. Und so auch die Erforschung und Darstellung der Philosophiegeschichte. War ich damit nun Historiker oder blieb ich dabei Philosoph?

*Du scheinst also einen Unterschied zwischen geisteswissenschaftlicher und philosophischer Arbeit an Texten zu machen. Worin besteht dieser Unterschied für dich?*
Ich muss hier etwas ausholen, geht es doch grundsätzlich um die Differenz von Wissenschaft und Philosophie. Obwohl sich Philosophie seit Platon der «Wissenschaft» im Sinne der Argumentation, also der Ablegung von Rechenschaft für

ihre Aussagen, verpflichtet weiss und sich bis ins 18. Jahrhundert als Fundament der einzelnen Wissenschaften verstand, grenzte sie sich als «Liebe zur Weisheit» und in ihrer höchsten «weisheitlichen» Gestalt von Wissenschaft ab. Das Bewusstsein, eine eigene Form von Wissen zu sein, verstärkte sich mit der neuzeitlichen Abspaltung der Einzelwissenschaften von ihrer «Mutter». Heideggers provokantes Diktum «Wissenschaft denkt nicht» zeugt davon. Wie kann sich aber ein Philosoph, der sich als Textinterpret versteht, dagegen absichern, als Geisteswissenschaftler rubriziert zu werden? Wie unterscheidet sich zum Beispiel die Arbeit an und mit Texten antiker Philosophie, die Altphilologen und die Philosophen leisten? Da wird es schnell schwierig. Eine erste Vermutung: Vielleicht geht die philosophische Interpretation von Texten damit über die geisteswissenschaftliche hinaus, dass sie *mehr* als eine historische Arbeit an den Texten sein will.

*Worin besteht dieses «mehr»? Die Antwort darauf war wohl für dein Selbstverständnis sehr wichtig.*
Ich kann es am besten sagen, wenn ich von den Dialogen Platons ausgehe. Sokrates zwingt in ihnen seinen Gesprächspartnern auf, Rechenschaft von dem zu geben, was sie behaupten, indem sie ihre Aussage möglichst eindeutig machen und sie dann begründen. Wie dieser Vorgang abläuft, in welchem zeitgeschichtlichen Kontext er steht, wie überzeugend Platon auch im Vergleich mit Texten anderer Autoren vorgeht, all das lässt sich durch Interpretation der einschlägigen Texte ermitteln. Entscheidend scheint mir aber, dass man, *philosophisch* denkend, an einen Text bzw. das Ergebnis einer Interpretation die Frage nach der Wahrheit stellt, der sachlichen Wahrheit, wie der Interpret sie selbst im Hier und Heute vertreten würde.

Dieses «mehr» hält den Philosophen im Interpreten lebendig. Ich habe in meinem Leben versucht, es bei aller interpretatorisch-historischen Geschäftigkeit nicht aus dem Auge zu verlieren und dabei der nach Hegel unaufhebbar scheinenden Differenz zwischen dem Philosophiehistoriker und dem Philosophen in mir weder zu viel noch zu wenig Beachtung zu schenken; im Ergebnis war es dann wohl zu wenig. Denn einen Grossteil meiner Lebenszeit habe ich, wie ich heute feststellen muss, einseitig für die Philosophiegeschichte verwendet, ohne intensiver darüber nachzudenken, was ich damit tat. Im Laufe der Jahre machte sich mir auch praktisch bemerkbar, wie der Historiker den Philosophen fast schon kaltgestellt hatte.

*Aber so ganz nehme ich dir das nicht ab. Um nochmals zu fragen: Was war dein philosophisches Interesse, das dich in so starkem Masse zur Interpretation von Schriften anderer Philosophen und zur Klärung philosophiegeschichtlicher Zusammenhänge hinzog?*
Ganz generell gesagt, hatte ich seit der Schulzeit immer grosses Interesse an Geschichte. Wenn ich auch nur schon die Lebensdaten eines Autors kenne, fühle

ich mich besser orientiert. Mit den Daten kommen Zusammenhänge ins Spiel, mit den Zusammenhängen die Zeitläufte, in deren Abfolge man selbst steht. Bei der Abfassung meiner Dissertation über Kants Erfahrungsbegriff ergaben sich durch intensives Studium von fernher überlieferten Texten nicht nur Erkenntnisse über die wirkungsgeschichtlichen Zusammenhänge, in denen auch das eigene philosophische Denken steht, sondern damit und darüber hinaus neue Einsichten im Hier und Jetzt, konkret etwa zu den verschiedenen Weisen des Leidens am und im Denken oder zu den Lücken philosophischer Reflexion in den einzelnen Zeitaltern. Umgekehrt habe ich nie die Probleme von heute abgelöst von ihrer Entstehung oder ihrer Verortung irgendwo in der Vergangenheit angehen können. Was war also das fundamentale Motiv meiner Beschäftigung mit der Geschichte der Philosophie, mit den Gestalten, Themen und Theorien, die diese Geschichte ausmachen? Es ging mir immer darum, meine eigenen Vorstellungen und Auffassungen beim Studium überlieferter und natürlich auch zeitgenössischer philosophischer Texte zu läutern, das heisst ins Schweben zu bringen, zu reinigen, zu klären.

Fachphilosophisch spricht man von einem *hermeneutischen* Ansatz beim Studium der Philosophiegeschichte. Den Zugang dazu fand ich in «Wahrheit und Methode», dem 1960 erschienenen Hauptwerk Hans-Georg Gadamers.

*Was vermag hermeneutisches Vorgehen zu leisten?*
Es heisst zunächst, sich in einen Dialog – sei es mit einem anderen Menschen, sei es mit einem Text – zu begeben. Ich will vom Dialogpartner etwas wissen. In der Frage, die ich ihm stelle, bekundet sich im- oder explizit ein Vorwissen. Nehmen wir an, die Antwort, die ich bekomme, befremdet mich und provoziert eine Rückfrage. Ein gegenseitiger Lernprozess beginnt. Kann sich ein solcher auch beim Studium eines Textes einstellen? Zweifellos, wenn ich bereit bin, mein Vorwissen oder Vorverständnis, das ich von einem bestimmten Textpassus habe, bei erneuter Lektüre in Frage stellen zu lassen. Das erlebt man immer wieder: Man glaubt zu wissen, was man bei diesem oder jenem Autor gelesen hat, und wird bei nochmaligem Textstudium eines Besseren belehrt. Passiert das, so befinde ich mich mit einem überlieferten Text in dessen Wirkungsgeschichte. Und zwar aktiv. Und als Philosoph. Ich erlebte das eindringlich, vor allem beim Studium biblischer Texte.

*Wenn ich das richtig verstehe, war dein Verhältnis zur Geschichte der Philosophie eine Art stetiger Dialog, stand also unter einer Art Hintergrundstrahlung der Fragen, die dich und deine Umgebung umtrieben und mit den in Texten quasi festgehaltenen konkurrierenden Perspektiven ins Gespräch brachten.*
So sehe ich das auch. *Einerseits.* Bevor ich aber auf die andere Seite meines Verhältnisses zur Geschichte der Philosophie eingehe, will ich noch durch ein Beispiel das dialogische Moment beleuchten. Ich hatte im Theologiestudium grosse

Schwierigkeiten mit der Erarbeitung der Theologie der alten Kirchenväter. Diese zu kennen war zwar nicht vorgeschrieben, aber man stiess natürlich immer wieder auf die kirchengeschichtlich relevanten grossen Streitigkeiten zwischen ihnen. Nach Abschluss meines Theologiestudiums hatte ich mich kaum noch mit solchen Dingen befasst, aber als ich begann, die Überblicksvorlesungen zur Geschichte der Philosophie zu halten, fühlte ich mich auch dazu veranlasst, auf die Geschichte der sogenannten christlichen Philosophie einzugehen. Dazu gehörte es zuerst, das Neue Testament auf seine philosophischen Implikationen hin abzuklopfen; noch im Wintersemester 1999/2000 war «Philosophie des Neuen Testaments» Thema eines Seminars, das ich mit dem Theologen Hans-Heinrich Schmid durchführte. Weiter befasste ich mich mit den philosophischen Anteilen im Werk bedeutender Kirchenväter des 2. bis 5. Jahrhunderts. Als ich mich dabei zum Beispiel auf Origenes einliess, empfand ich plötzlich eine Riesenfreude, in seinem Hauptwerk lesen und in seine Gedankenwelt eindringen zu können, was mir als Theologiestudent nicht gelungen war. Ich bewegte mich geistig, so erkläre ich mir das, als Philosophiedozent in der Freiheit des philosophischen Zugangs, ohne mich noch bei der Interpretation an dogmatische Vorgaben gebunden zu fühlen. Da entdeckte ich plötzlich Dinge, für die ich mich vorher nicht interessiert, von denen ich auch keine Kenntnis genommen hatte. Solche Entdeckerfreude bildete stets die Würze meiner Beschäftigung mit Geschichte der Philosophie und hob die Öde auf, die einen anfallen kann, wenn man erst die Lehre von X, dann von Y, am Ende von Z präsentiert.

Nun zur *anderen*, der nichtdialogischen Seite meines philosophiegeschichtlichen Engagements. Arbeitet man in historiographischer Absicht an der Darstellung von Leben und Werk eines Philosophen, so tritt notwendigerweise das Geben und Nehmen zurück, das den philosophisch-hermeneutischen Umgang mit Texten ausmacht. Objektivierung ist angesagt und damit Objektivität gefordert. Um diese so weit wie möglich zu erreichen, sind genaue historische Kenntnisse zusammen mit Neutralität im Urteil nötig. Das war auch das Markenzeichen von Friedrich Ueberwegs «Grundriss der Geschichte der Philosophie», an dessen Neuausgabe ich mich seit Ende der 1970er Jahre beteiligen durfte: eigene Auffassungen über das Werk bestimmter Autoren oder Schulen zurückzustellen bzw. sie als solche zu kennzeichnen, wenn sie für die Forschung relevant waren, und die jeweilige «Lehre» von den originalen Texten her zu eruieren und sie sachlich zur Sprache zu bringen.

*Was erfordert nach deiner Auffassung eine Philosophiegeschichtsschreibung, die eine Richtung, eine Epoche oder sogar mehr oder weniger das Ganze der europäischen Philosophiegeschichte zum Thema hat?*
Mein Interesse an Philosophiegeschichtsschreibung war unter anderem durch die Absicht genährt, gegen das Vergessen anzugehen. Aber was ich auch wusste: Nichts zu vergessen, wäre eine Katastrophe für jedwede Zivilisation (eine Kata-

strophe, wie sie sich heute angesichts der digitalen Speicherkapazitäten anbahnen könnte). Doch was darf dem Vergessen anheimgegeben werden? Im Blick auf die weithin bekannten Philosophen vergangener Jahrhunderte, die immer wieder Wirkung entfalten, kann heute faktisch und normativ selbstverständlich nicht von Vergessen die Rede sein. Dem Vergessen unterliegen vielmehr im Regelfall jene Autoren, die sich in ihrer Zeit und über diese Zeit hinaus keinen überlieferungssicheren klangvollen Namen gemacht haben. Das ist wie in allen Bereichen der Kultur nur natürlich. Wen unter den vielen philosophiegeschichtlich Begrabenen aber soll man dem Vergessen entreissen? Sofort stellt sich das Problem der Auswahlkriterien. Oft richtet sich das Interesse darauf, in Erfahrung zu bringen, wie ganze Zeitalter getickt haben. Und das lässt sich schwerlich nur durch das Studium der «Grossen» lernen. Dieser Blick aufs Ganze liefert jedoch nicht das einzige und vielleicht nicht einmal das wichtigste Kriterium. Für meine Arbeit an der Geschichte der Philosophie, soweit sie auf eine möglichst objektive Darstellung abzielte, blieb es hintergründig eine offene Frage, ob und in welcher Weise Philosophie über ihre ganze Geschichte hin einen irgendwie geregelten Gang genommen haben könnte, ob diese Geschichte als Entfaltung des Potentials menschlicher Vernunft zu begreifen, ob sogar von einem andauernden Fortschritt zu sprechen oder ob sie als Geschichte immer strittig bleibender Lösungen weniger Grundprobleme zu verstehen sei.

Ich hielt mich weitgehend an die äusserlich vorgegebene Chronologie und suchte Leben und Werk von Philosophen bescheidener in den jeweiligen – sowohl kulturellen, gesellschaftlichen und politischen wie auch philosophieimmanenten – Kontexten zu verorten.

*Wie hieltest du es mit jenen wenig bekannt gebliebenen Philosophen?*
Da die Zahl von philosophiehistorisch tätigen Forschern und Forscherinnen in meiner aktiven Zeit ganz erheblich anwuchs, wurden immer mehr Autoren ausgegraben, die man als zu Unrecht vergessene oder fälschlich als minder bedeutsam disqualifizierte Philosophen der Beachtung – selbst in aktuellen Debatten – für wert empfahl. Das betraf gerade auch weitgehend vergessene Philosophinnen des 18. Jahrhunderts wie Lady Masham, Émilie du Châtelet oder Johanne Charlotte Unzer. Um bei der Beurteilung der Leistungen der als «autores minores» überlieferten Personen das rechte Mass zu finden, galt es, ihr Werk in seinen geschichtlichen Kontext zu stellen. Mich zog bei solcher Verortung generell besonders an, dass sie Beziehungen zwischen zunächst sehr unterschiedlichen Erscheinungen in unterschiedlichen Jahrhunderten aufleuchten liess. So verband sich mir etwa der Pietismus des 17. mit der im 18. Jahrhundert als selbständige Disziplin erst eigentlich entstehenden Psychologie. Die Wendung nach innen ins Gemüt des frommen Subjekts, die sich theoretisch und praktisch in den pietistischen Zirkeln vollzog, war zugleich mit einer genauen Beobachtung seelischer Phänomene verknüpft – und genau eine solche Beobachtung, methodisch umge-

setzt, machte sich die Psychologie des 18. Jahrhunderts, nun abgelöst von ihrem religiösen Ort, zu ihrer zentralen Aufgabe.

*Gibt es etwas, was du dann im Laufe deiner Arbeit plötzlich völlig anders einge-ordnet hast? Also hast du einen Autor oder ein Thema der Philosophiegeschichte plötzlich irgendwie fast 180 Grad anders gesehen, etwa auf Grund einer zufälligen Entdeckung oder eines neuen Erschliessungszusammenhangs?*

Das erlebte ich vor und bei Abfassung eines Artikels über Christian Thomasius (1655–1728), der mir eine ganz neue Sicht auf die spannungsvolle Verknüpfung von Aufklärung und Pietismus verschaffte und in Thomasius statt bloss einen Rechtslehrer, bekannt durch seine Kritik der Hexenprozesse, einen theoretisch wie praktisch bedeutsamen Philosophen erkennen liess, den frühen Vorkämpfer der Aufklärung in Deutschland.

Ansonsten gab es neben neuen Einsichten grössere und kleinere Korrektu-ren meines Verständnisses der Lehren von Philosophen sowie philosophiege-schichtlicher Zusammenhänge. Bei der ersten Vorlesung über antike Philosophie ging mir beispielsweise auf, was den zentralen Unterschied zwischen der soge-nannten klassischen Philosophie, für die die Namen Platon und Aristoteles ste-hen, und der hellenistischen Philosophie ausmachte, die sich im Zeitalter nach Alexander dem Grossen entwickelte. Was passierte hier? Das hatte ich vorher nie wirklich im Auge gehabt, weil ich mir am Studium der Schriften von Platon und Aristoteles Genüge sein liess und mich daneben noch für die Vorsokratiker in ihrer Rätselhaftigkeit interessierte. Um es nur kurz anzudeuten: Plötzlich wurde mir bewusst, wie der politische Umbruch vom Leben in der Polis zum Leben in der grossen, durch die Feldzüge Alexanders erschlossenen und neu geordneten Welt die Philosophie herausforderte. Platon war, mehr noch als Aristoteles, in seinem Denken ganz auf die (insbesondere athenische) Polis bezogen gewesen, die Stoiker oder Epikur waren es nicht mehr. Das hatte durchgreifende Konse-quenzen: für die Menschen selbst, die sich in einer unüberschaubar gewordenen Welt neu orientieren mussten, und für die Philosophen, die sich veranlasst sahen, nach einem neuen Leitfaden des Lebens zu suchen.

*Hattest du nie die Idee, aus deiner Vorlesung eine Buchpublikation zu machen?*

Die Idee schon, auch bestand nach meiner Einschätzung anfangs ein entspre-chender Bedarf. Aber ich war zu wenig entschlossen und durch Wichtigeres, wie mir schien, in Anspruch genommen. Und andere kamen mir zuvor. So publizier-te Otfried Höffe eine einbändige, sogar bebilderte «Geschichte der Philosophie», die von der Antike bis in die Gegenwart führte und ganz ausgezeichnet elementa-re Informationsbedürfnisse abdeckte. Auch mehrbändige Philosophiegeschichten befanden sich in Arbeit. Doch nahm ich die Chance wahr, an einem solchen grossen Übersichtswerk, dem – von seinem Begründer her «Ueberweg» genann-ten – «Grundriss der Geschichte der Philosophie» mitzuarbeiten. Diese Philosophiegeschichte sollte durch völlige Neuberarbeitung zu einem modernen Standardwerk entwickelt werden; der Verlag Schwabe in Basel hatte die Rechte daran gekauft. Ich sollte die Vorbereitung der (später fünfbändigen) Reihe zum 18. Jahrhundert an die Hand nehmen, ohne dass dafür am Ende der 1970er Jahre schon ein besonderer Zeitdruck bestanden hätte. Mein Zürcher Kollege Jean-Pierre Schobinger, Herausgeber der Reihe zur Philosophie des 17. Jahrhunderts, fragte mich 1981, ob ich nicht zuerst den Band über die *deutsche* Philosophie im 17. Jahrhundert übernehmen könnte, da er selbst sich in dieser nicht ausreichend auskenne. Auch mir war das Gebiet fremd. So holte ich die Meinung eines Fachmanns in Deutschland ein. Es schien ihm nicht ausgeschlossen, dass ich die Aufgabe trotz meinem bescheidenen Kenntnisstand übernähme, doch müsse ich für die Einarbeitung zehn Jahre in Anschlag bringen. Na ja, dachte ich, soviel Zeit würde ich kaum brauchen – der umfangreiche Doppelband erschien dann fast 20 Jahre später im Jahr 2000! Um die Sache anzugehen, holte ich mir Unterstützung in der Herzog-August-Bibliothek in Wolfenbüttel, insbesondere bei Wilhelm Schmidt-Biggemann, damals dort Bibliothekar, später Professor an der FU Berlin. Er schloss mir viele Türen auf, sodass ich zunächst einmal in Wolfenbüttel zum Zweck der Erarbeitung eines Gesamtplans eine Tagung von Fachleuten einberufen konnte, mit der auch der Startschuss gelang; er zeichnete schliesslich zusammen mit mir als Herausgeber des Bandes. Später organisierte ich in ähnlicher Weise im Verbund mit meinen Zürcher Mitarbeitern die Planung der ganzen Reihe zum *18. Jahrhundert*, die neben der Philosophie im Deutschen Reich die Darstellung der Philosophie in England, USA, Frankreich, Italien, Spanien und Osteuropa umfasste. Den Herausgebervertrag dafür unterzeichnete ich 1995 und traf damit einen mein weiteres Leben prägenden Entscheid.

*Was veranlasste dich dazu?*
Mich so massiv der Philosophiegeschichte zu verschreiben, hatte wohl vor allem mit der Enttäuschung zu tun, die ich – wie geschildert – angesichts des Misserfolgs von ethisch begründeten Interventionen erlebte. Überdies entfremdete ich mich zunehmend der aktuellen philosophischen Diskussion, die zusehends unter den Einfluss der angelsächsischen analytischen Philosophie geriet, während ich – wie man bald sagte – «kontinentalphilosophisch» dachte und arbeitete. Es handelte sich also um eine Art Rückzug, einen Rückzug auf historische Forschung, einen Rückzug, der mir als solcher am Anfang nicht wirklich bewusst gewesen ist.
   Und dann ging es auf dem einmal eingeschlagenen Weg schnell weiter. Seit 1994 Präsident des Kuratoriums, das die wissenschaftliche Verantwortung für den neuen «Ueberweg» innehatte, übertrug mir der Verlag im Jahr 2000 auch die Funktion des Gesamtherausgebers des «Ueberweg». Beide Ämter übte ich bis zum Frühjahr 2018 aus. In dieser Zeit erschienen 18 Bände, die zehn Epochen bzw. Regionen abdeckten. In der Reihe 18. Jahrhundert besorgte ich zusammen

mit Vilem Mudroch, meinem langjährigen Mitarbeiter, der 1984 bei mir promoviert hatte, die Bände über die angelsächsische, zum Teil die – primär von einem deutschen Kollegen herausgegebene – französische und die Philosophie im deutschen Reich samt Nord- und Osteuropa. Der letztere Band lag mir am meisten am Herzen. Er erschien 2014, zehn Jahre nach meiner Emeritierung. An der Abfassung der einzelnen Artikel waren 63 Autoren beteiligt; ich selbst verfasste nur wenige kleinere Artikel. Meine Hauptaufgaben waren: die Wahl der Autoren, die Korrespondenz mit ihnen und die Durchsicht und Korrektur der von ihnen gelieferten Beiträge. Sie waren nur dank intensiver Zusammenarbeit mit Vilem Mudroch und Wolfgang Rother vom Verlag Schwabe zu bewältigen. Schliesslich verblieb mir die Korrektur der Fahnen der 1600 Druckseiten; von 2010 bis 2013 war mein Leben damit fast vollständig ausgefüllt.

*Wissenschaftler wie dich gibt es nicht mehr viele; Philosophiehistoriker, die den ganz grossen Überblick haben, sterben tendenziell aus.*
In der Tat, immer stärker sind Spezialisten gefragt und geniessen auch nur als solche wissenschaftliches Ansehen. Die Zeit eines Friedrich Ueberweg ist vorbei. Wie zur Bestätigung kamen auch mir selbst bei der historischen Arbeit über grössere Zeiträume hin wieder und wieder meine mangelhaften Kenntnisse zu Bewusstsein. Dieses Defizit liess sich bloss durch Vermehrung meines Allgemeinwissens angehen, ohne aber auf Kennerschaft Anspruch erheben zu können und zu wollen. Als Spezialist habe ich mich ausser für Kant mit der Erforschung von Leben und Werk Hermann Cohens und des Neukantianismus ausgewiesen. Im Ausgang von meinem philosophischen Selbstverständnis, «Spezialist fürs Allgemeine» zu sein, wollte ich das auch bei der Arbeit an der Geschichte der Philosophie sein. Ich machte an mir selbst immer wieder die Beobachtung, zwischen dem Zugriff aufs Allgemeine und dem Zugriff aufs Einzelne zu schwanken; heute denke ich, dass die philosophische Lebensform wohl durch diese Ambivalenz gezeichnet ist.

*Ich sehe es als eine allgemeine Entwicklung an, dass die Kompetenz des Überblicks immer mehr verloren geht. Ein grosser Verlust.*
Und kaum mehr aufzuhalten. Ja, ich sehe das auch so. Ich bemerke es persönlich bei meiner medizinischen Betreuung. Mein langjähriger Hausarzt hat sich vor einiger Zeit altershalber zurückgezogen. Ich fand niemanden, bei dem ich mich so gut beraten, ja aufgehoben fühlen konnte wie bei ihm. Allgemeiner betrachtet, scheint mir der ärztliche Blick auf den Patienten zunehmend durch den Blick auf den Computer ersetzt zu werden. Hand in Hand damit wird das ärztliche Spezialistentum gefördert, das von seinem «evidenzbasierten» Wissen lebt. Eine ähnliche Tendenz zur Spezialisierung zeigt die akademische Philosophie: Noch in den 1980er Jahren war bei zu besetzenden Professuren ganz anders als heute umstritten, ob man z. B. separate Lehrstühle für theoretische und für praktische Philoso-

phie einrichten solle. Und auch für die akademische Vertretung der Philosophiegeschichte hat sich insbesondere bezüglich Antike und Mittelalter inzwischen
eingebürgert, spezifische Lehraufträge zu vergeben. Diese Entwicklungen haben
natürlich ihre guten Gründe. Denn die exorbitante Vermehrung des Wissens, wie
sie sich in den letzten Jahrzehnten auf den allermeisten Forschungsgebieten voll-
zogen hat, ist ebenso für die historischen Wissenschaften und damit auch im Bereich der Philosophiegeschichte zu konstatieren. In meiner Überblicksvorlesung
verzichtete ich deshalb bald auf den Mittelalterteil, denn mit dem für diese Epoche geradezu explosiven Forschungsfortschritt konnte ich nicht mehr mithalten.

*Wie weit führtest du in der Vorlesung «deine» Philosophiegeschichte?*
Bis etwa 1960. Die Sichtung des Materials wurde immer schwieriger, je näher die
Gegenwart rückte. Und für mich zugleich immer bedeutsamer. Denn in der zwei-
teiligen Vorlesung über die Philosophie im 20. Jahrhundert ging es mit dem
Schwinden der historischen Distanz auch um den Einblick in meine eigene geistige Herkunft: Wo hatte ich mich philosophisch angeschlossen? Welches Erbe
pulsierte in mir?

Mein engeres Forschungsgebiet waren Leben und Werk Hermann Cohens
mitsamt der neukantianischen Bewegung in Deutschland. Lebte ich philosophisch mit oder sogar von diesem Werk? Oder blieb die Erinnerung daran letztlich eine bloss historische? Eine Antwort darauf wurde mir schwerer, als ich auf
das Problem stiess, welche philosophischen Erscheinungen in den Anfängen des
20. Jahrhunderts inhaltlich beurteilt noch dem 19. zuzuschlagen waren. Nicht
doch auch der Neukantianismus mitsamt dem Werk Cohens? Herausfordernd
war, dass aus Sicht bedeutender Philosophen der 1920er Jahre eine scharfe
Grenzziehung zwischen der Zeit vor 1914 und der Zeit nach 1918 erforderlich
schien, weil der Erste Weltkrieg neben der politischen auch eine kulturelle Revolution mit sich gebracht hatte. Das betraf philosophisch nicht Kant, aber den
Neukantianismus als eine in der Zeit des deutschen Kaiserreichs dominierende
philosophische Richtung. Man fand bei deren – zum Teil noch präsenten – Vertretern kaum eine Antwort auf die sich in der Nachkriegszeit bedrängend stellen-
den Lebensfragen. Die daraus folgende disqualifizierende historische Einschätzung wurde mir schmerzlich bewusst, als ich über die Philosophie in der ersten
Hälfte des 20. Jahrhunderts las – schmerzlich, weil sie das Vorhaben, Cohens
Philosophie in die Debatten meiner Zeit einzubringen, unter einen dunklen
Schatten rückte. Auch war in den 1920er Jahren vieles neu auf die Bühne getre-
ten, das noch für mich als Studenten der späten 1950er und der 1960er Jahre den
Zugang zur Philosophie bestimmte: die Existenzphilosophie Martin Heideggers,
die von Edmund Husserl vertretene transzendentale Phänomenologie und die
Philosophische Anthropologie. Sie standen im Zentrum des ersten Teils meiner
Vorlesung über die Philosophie im 20. Jahrhundert. Mit dem Neukantianismus
begann ich aus chronologischen Gründen, vorgetragen aber nun in abschiedli-

cher Stimmung – nicht zu vergleichen mit der emotionalen Färbung, in der etwa der moderne *kunst*geschichtliche Blick auf das Jahrzehnt vor dem Ersten Weltkrieg geworfen würde. Deshalb bereitete es mir grosse Freude, dass ich in der von Wolfgang Röd herausgegebenen «Geschichte der Philosophie» 2004 im Sinne eines Dankes eine zusammenfassende Darstellung der reichen, als «Neukantianismus» ganz unzureichend betitelten Philosophie geben konnte.

## 15. Mein christlicher Glaube und sein Verfall – das verbliebene metaphysische Bedürfnis – die liturgische Lebensform

*« … trägt bis heute auch der Philosoph sein Kreuz.»*

Denken *bildet den Kern philosophischen Lebens. Welcher Typ von Denken bzw. Philosophie lag dir am nächsten?*

Ich muss für eine Antwort etwas ausholen. Im Laufe meines Lebens wurde es mir immer wichtiger, zwischen zwei Formen der Philo-sophie, wörtlich: Weisheits-liebe, zu differenzieren, nämlich zwischen dem sokratisch fragenden und dem grundwissenschaftlichen Typus. Der sokratische Philosoph steht im Dialog, den er mit seinen Fragen, nicht mit einer Belehrung eröffnet. Dialogpartner sind eine oder mehrere Personen, die bereit sind, sich auf die ihnen gestellten Fragen in rationaler, sprich argumentativer Weise einzulassen. Für den historischen Sokrates ging es vor allem um Fragen der Lebensführung und in diesem Sinne um «Weisheit». Der Philosoph des anderen Typus praktiziert «theoretisch» und systematisch die Suche nach Wissen, die in eine andere Gestalt von «Weisheit» mündet, nämlich in die *Wissenschaft* der ersten Gründe und Ursachen der Natur (Physik und Metaphysik) wie des menschlichen Handelns (Ethik). Exemplarischer Repräsentant dieses Typus in der Antike ist Aristoteles.

In der neuzeitlichen Philosophie wurden mir zwei in eine ähnliche Richtung gehende Unterscheidungen wichtig: die Unterscheidung zwischen exoterischer und esoterischer Philosophie einerseits sowie die kantische Unterscheidung zwischen einer Philosophie für die Welt und der akademischen Schulphilosophie andererseits. Unterscheidung bedeutet nicht Trennung, im Gegenteil: zwischen beiden Typen bestehen mannigfache Verflechtungen. Ich musste in dieses Geflecht hineinwachsen, nachdem ich zuerst schulphilosophisch zu arbeiten gelernt hatte. Mit Zeitungsartikeln, öffentlichen Vorträgen und unserer Buchreihe «Philosophie aktuell» gewann dann für mich «Philosophie für die Welt» zunehmend an Gewicht. Doch stets habe ich mich auf die eine *und* die andere Weise betätigt, beide waren oft auch eng miteinander verknüpft.

*Hatte dein vorgängiges Theologiestudium darauf einen Einfluss?*
Es gab dafür paradoxerweise ein theologisches Erbe, das in mir weiterwirkte. Ich hatte gelernt, dass eine Predigt nie bloss die wissenschaftlich fundierte Auslegung eines biblischen Textes sein durfte, sondern in Verkündigung münden musste, in eine die Hörer ansprechende «Anwendung» auf Probleme des alltäglichen Lebens, in eine «Botschaft» – auch wenn ich selbst das nicht fertigbrachte. Für mein Auftreten als Philosoph blieb es wegleitend. Und der Einfluss der Theologie auf den Philosophen ging sogar weit darüber hinaus.

*Könntest du, bevor wir darauf zu sprechen kommen, zunächst noch umgekehrt etwas über die Rolle der Philosophie im Laufe deines Theologiestudiums sagen?*
Philosophie kam vor allem bei der Interpretation biblischer Texte auf fruchtbare Weise ins Spiel. Insbesondere half sie, das neutestamentliche Verständnis des Menschseins durchsichtig zu machen. Philosophie war aber auch wegen ihrer areligiösen «Torheit» ein für evangelische Theologen abzuwehrender geistiger Gegner. Die Ablehnung nährte sich sowohl an der für Philosophen typischen Skepsis gegenüber den christlichen Glaubensinhalten wie an dem Wahrheitsanspruch philosophischer Systeme, die mit christlichen Überzeugungen kollidierten.
    Eine Sonderrolle spielte Martin Heideggers Philosophie der 1920er Jahre. Sie war mit ihrer Ausrichtung auf eine innovative Analyse des menschlichen Daseins bis in die 1950er Jahre nicht nur in der Philosophenzunft, sondern auch bei Literaturwissenschaftlern und eben bei Theologen, insbesondere bei Neutestamentlern, auf grosses Interesse gestossen. Das hing mit Heideggers gesprächsoffenen, wenngleich oft allzu uneindeutigen Stellungnahmen gegenüber der christlichen Religion und Theologie zusammen. Dieser Uneindeutigkeit entsprach meine eigene, wenn auch noch ganz unausgereifte Haltung.

*Die sich bald aber doch zu einer mehr oder weniger bewussten Skepsis auswuchs?*
In der Tat. Wenn ich den Verlauf meines Theologiestudiums von heute aus betrachte, so führte es zum weitgehenden Verlust meines christlichen Glaubens. Das hing nicht zuletzt, wie erwähnt, mit der theologischen Richtung zusammen, in der wir Studenten mit dem Erfordernis der sogenannten «Entmythologisierung» des Neuen Testaments konfrontiert wurden. Diese Befreiung des Glaubens von – wie es schien – unhaltbar gewordenen Inhalten war tatsächlich ein Akt der philosophischen Aufklärung. Es steht mir noch lebendig vor Augen, wie mein Glaubensbekenntnis langsam schrumpfte. Zuerst traf es das Dogma von der Himmelfahrt Jesu Christi. Die Erzählung davon war als Mythos einzustufen. Klar, sie hatte – als Zeugnis der Verherrlichung Jesu gelesen – einen geistlichen Sinn. Aber als Bericht über ein tatsächliches Geschehen genommen, konnte sie im modernen Weltbild keinen Platz mehr beanspruchen. Ein auf empirisch ausgewiesene Tatsachen ausgerichteter Verstand kam damit nicht zurecht. Denn in

unserer Welt gibt es schlicht keinen biblischen Himmel als einen Ort, an dem sich jemand physisch oder geistig aufhalten könnte. Wir durchdringen den Himmel vielmehr mit unseren Teleskopen und Satelliten, besetzen ihn mit Raumstationen usw. Bestenfalls drängt sich für die Himmelfahrt Jesu eine geistliche oder spirituelle Interpretation auf, etwa: Der Mensch gewordene Gott kehrt zu sich zurück, das Erlösungswerk ist abgeschlossen.

Andererseits ist das Bild vom Himmel über uns in unseren Köpfen verblieben, wir blicken nach oben, wir erflehen Gottes Segen von oben. Der intellektuelle, durch Gebrauch unseres rational geprägten Verstandes gewiefte Zweifel behält im normalen Alltag vieler Menschen nicht das letzte Wort.

So mindestens auch in meinem Unterbewussten. Ich hatte rund 2 Monate nach dem frühen bestürzenden Tod meines Vaters, eines evangelisch-lutherischen Pastors, einen Traum. Wir sassen im Kreis meiner Ursprungsfamilie in einem kleinen Raum zusammen. Plötzlich erschien mein Vater vor einem vergitterten Fenster. Ich stand auf und sprach ihn an: Vater, du bist doch tot! Ohne darauf zu reagieren, sass er im nächsten Moment bei uns, in einem weissen Nachthemd mit bandagierten Beinen. Und er rühmte seinen neuen himmlischen Aufenthaltsort in lebhaftester Weise, ganz nahe sei er Gott. Dann trat plötzlich Stille ein, er war nicht mehr ansprechbar, sondern stand etwas über dem Boden kerzengerade nach oben ausgestreckt, um kurz darauf wie eine Rakete gen Himmel zu fahren. – Der Traum hatte als Abschluss meiner Trauerarbeit grosse Bedeutung für mich. Der tote Vater sass mir nicht mehr im Nacken, seine Himmelfahrt befreite mich von ihm. Nun – Jesus loszuwerden, das dürfte wohl kaum die Pointe der biblischen Erzählung gewesen sein. Warum ich den Traum hier erwähne, liegt aber auf der Hand: Er enthielt keine Spur von einem Zweifel an dem Ereignis einer Himmelfahrt, das Bild davon hatte sich in mein Gedächtnis eingegraben.

*Was geschah während deines Theologiestudiums mit anderen biblischen «Mythen»?*
Der Verstandeszweifel griff weiter um sich. Bei den dogmatisch fixierten Elementen der Geburtsgeschichte Jesu wie der Jungfräulichkeit seiner Mutter Maria gab es nicht viel zu entmythologisieren, die Sache war für uns evangelische Theologen ohnehin klar. Etwas komplexer lagen die Dinge hinsichtlich der Glaubwürdigkeit von Jesu Wunderheilungen. Einmal sollte ich übungsweise über einen Text predigen, der von einer solchen Heilung berichtet (Joh 4): Jesus schickt den königlichen Beamten, der ihn um Heilung seines sterbenskranken Sohnes bittet, mit den Worten nach Hause: «Geh, dein Sohn lebt». Und der Mann glaubt diesem Wort Jesu und macht sich, allein, auf den Rückweg. Ich versuchte, diese Begegnung – statt sie in einer Predigt auszulegen – in ein Gespräch zwischen Jesus und dem Beamten umzuwandeln. In meinem fingierten Gespräch reagiert der Beamte ungläubig mit den Worten: «Jesus, du verspottest mich und willst mich

loswerden, weil du mir nicht helfen kannst». Jesus erwidert: «Erwartest du, dass ein Jemand, von dem du zufällig gehört hast, dir anders helfen kann, als dass du ihm glaubst?» Doch der Beamte repliziert: «Ich kann dir nicht glauben, wenn ich nicht sehe, dass mein Sohn gesund geworden ist». Jesus wiederholt, es bleibe dem Hilfesuchenden nichts anderes übrig als ihm zu glauben. Der Beamte aber dringt nochmals in Jesus, ihm real zu helfen, sichtbar. Als Jesus ihn wegschickt, fragt er enttäuscht, worin denn nun Jesu Hilfe eigentlich bestehe. Jesus antwortet: darin, «dass ich dich wegschicke. Ich begleite dich zwar nicht physisch, aber mit den Worten, die du nicht glauben willst: Dein Sohn lebt». Der Beamte darauf: «Kann ich dir denn glauben?» und Jesus nochmals: «Es bleibt dir nichts anderes übrig».

Jesus ging in meiner damaligen Sicht die Vollmacht ab, dem Beamten der Glaube. Was Jesus ihm in meiner Interpretation abforderte, war Glaube bar jeder Zuversicht, von tiefster Ungewissheit unterminierter Glaube, Ausdruck nackter, vom Tod gezeichneter Existenz, die auf dem letzten Loch pfeift, von einer Art existenzialistischem Heroismus überhöht.

*Wie stand es mit der Auferstehung Jesu?*

Schier unlösbar wurde der Konflikt zwischen moderner Weltsicht und dem Glauben an die Auferstehung Jesu. Alle Versuche der Entmythologisierung dieses zentralen Glaubensinhalts schlugen fehl. Was liess sich Erzählungen von Begegnungen mit dem Auferstandenen abgewinnen, wenn sie nicht mehr als Tatsachenberichte glaubhaft waren? Die theologische Bemühung, ihrerseits vom modernen Weltbild herausgefordert, musste sich auf die Klärung dessen konzentrieren, was für einen evangelischen Christen «glauben» heisst: sich allein an das «Wort» zu halten, wie es in der Bibel zu finden ist. Das bedeutete, sich nicht mit Tatsachenforschung zu quälen, also weder auf gut bezeugte Tatsachen wie die Kreuzigung Jesu zu setzen noch sich an angeblichen, aber starken Zweifeln ausgesetzten Tatsachen wie eben der Auferstehung Jesu abzuarbeiten. Verbindlich für christlichen Glauben sollte – wie Paulus schreibt – «das Wort vom Kreuz» sein, nicht die Tatsache der Kreuzigung, die von engagierten Freunden Jesu verbreitete *Botschaft* von der Auferstehung, nicht das von neutralen Beobachtern leer gefundene Grab.

Doch zu einer derartigen Einsicht war ich auch am Ende meines Theologiestudiums höchstens theoretisch, noch nicht aber in meiner innersten Überzeugung vorgestossen. Geplagt von einem weitgehenden Verlust des Vertrauens zu den Inhalten christlichen Glaubens und den darin eingeschlossenen Zusagen eines Lebenssinnes schien ich nicht nur untauglich für den Pfarrberuf, ich verzichtete auch immer mehr auf die Teilnahme an Gottesdiensten und insbesondere am Abendmahl.

*Was setzte Heidegger diesem – nicht zuletzt seinem eigenen – Abschied von der Theologie entgegen?*
Er versprach, auf die alte Frage nach dem *Sein* eine neue Antwort zu finden. Mit der in den 1930er Jahren im neuerlichen Durchdenken dieser Frage von ihm vollzogenen «Kehre» geriet für ihn selbst und seine Interpreten erneut in den Fokus, ob mit dem «Sein» eigentlich über Gott nachgedacht würde. Ich selbst war – na ja – schon sehr früh, nämlich 12-jährig, auf das rätselhafte «Sein» gestossen. Wie beschrieben, genoss ich in Ruhland einen allgemeinen Unterricht bei Dr. Ringelhan, in dem er mit mir Wissenschaftskunde betrieb. Philosophie stand für ihn an der Spitze der Wissenschaften. Ich musste in mein Heft eintragen, wie philosophisch die Welt nach Arten und Gattungen eingeteilt wurde: Meisen sind eine Art in der Gattung der Vögel, diese gehören als eine Art zur höheren Gattung der Tiere, die ihrerseits neben Pflanzen und Menschen eine Art der nochmals höheren Gattung der lebendigen oder organischen «Dinge» oder «Seienden» bilden, welche wiederum zusammen mit den anorganischen Dingen oder Seienden die Gesamtheit des Seienden oder dessen, was ist, ausmachen. An der Spitze des Ganzen steht der allerabstrakteste Begriff des Seienden, der zur Frage nach dem *Sein* herausfordert, also etwa nach der Bedeutung des «ist». Ich habe mir damals das Wort «Sein» in meinem Heft doppelt unterstrichen, es schien mir an den Himmel zu rühren, Ehrfurcht überkam mich.

Lange habe ich mich, auch noch während meines Zweitstudiums, mit der Frage nach dem Sein, wie sie sich Heidegger vorgab, schwer getan. Erleichternd war es, dass er sie in seinem Frühwerk der 1920er Jahre auf ein neues Fundament gestellt hatte und damit die traditionelle Metaphysik, genauer die metaphysische Seinslehre (Ontologie) zu unterlaufen suchte. Dieses neue Fundament bestand in einer phänomenologischen Analyse *menschlichen* Seins oder, wie er terminologisch festlegte, des (menschlichen) «Daseins».

*Was ist unter «traditioneller Metaphysik» zu verstehen?*
Das ist eine sehr abstrakte Sache. Vom Wort her betrachtet behandelt Meta-Physik Fragen, die der Physiker als Naturwissenschaftler nicht beantworten kann. Es sind Fragen zu dem, «was die Welt im Innersten zusammenhält», Fragen nach Ursprung und Ziel des Universums wie unserer Erdenwelt, nach einem Gott, nach dem Sinn menschlichen Lebens in seiner Begrenztheit, nach der Freiheit. Diese und ähnliche Probleme sind seit Menschengedenken immer wieder aufgeworfen und zu lösen gesucht worden, individuell und kollektiv, religiös und – auf der Basis ausschliesslichen Vernunftgebrauchs – philosophisch. Philosophie hat sich über die Jahrhunderte hin an ihnen konturiert und abgearbeitet. Dabei wurden sie systematisch geordnet und dem Gebiet der *Metaphysik* zugewiesen. Als deren Fundament trat *Ontologie* in Erscheinung, die Wissenschaft vom Sein der Dinge oder des Seienden im weitesten Sinne. Im Unterschied zu dieser *allgemeinen* Metaphysik widmete sich die *spezielle* Metaphysik, wie Kant es auffasste, der

Stichhaltigkeit von Beweisen für die Existenz Gottes, für menschliche Willensfreiheit und für die Existenz einer unsterblichen Seele. Solche vernunftgestützten Nachweise, der Kern metaphysischer Erkenntnis, sowie deren Kritik, gehörten in meinem Studium allerdings nicht zur evangelischen Theologie, die sich vielmehr an Luthers distanziertem Verhältnis zur mittelalterlichen Metaphysik orientierte.

*In welchen Zusammenhängen traten bei dir die genannten metaphysischen Fragen auf?*
Mich beschäftigten von Kindheit an religiöse Fragen, die – obwohl als solche unerkannt – immer auch philosophische, eben metaphysische Fragen einschlossen, vor allem die Frage, ob, wo und in welcher Weise Gott existiert. Sie kamen auf, wenn ich biblische Texte, meinen Vater nachahmend, im Predigtton auslegte oder – bevorzugt mit meiner Mutter – spekulativ Probleme besprach, etwa wie Gott im Himmel wohnen könne, ob der biblische Schöpfungsbericht angesichts der modernen Theorien zur Entstehung des Kosmos und des Menschen noch glaubwürdig sei, was es heisse, dass Gott nicht nur als Vater, sondern auch als Geist verehrt werde usw. Aber sie flössten mir keineswegs Zweifel ein.

Das Gebet gehörte in meiner Kindheit selbstverständlich zu den Mahlzeiten und zum abendlichen Ins-Bett-gehen. Ganz persönlich fand ich in unangenehmen Situationen auch Zuflucht beim Bittgebet. So einmal, als ich mit 10 Jahren meinen Tennisball verlor – damals eine Kostbarkeit. Ich hatte mit ihm auf dem Kirchplatz Fussball gespielt und ihn zu weit weggeschlagen. Die Suche schlug fehl. Ich schloss mich ins Badezimmer ein und betete auf Knien zu Gott, dass er mir helfe, den Ball wiederzufinden. Nicht sofort, aber einige Tage später fand ich ihn zwischen den beiden Pfarrhäusern, wo ihn der Finder hingeworfen haben musste: für mich ein kleines Wunder. Aber die angeführten philosophisch-metaphysischen Fragen tauchten als solche natürlich nicht im jugendlichen Leben, kaum auch schon für den Theologie-Studenten auf. Fassbar und explizierbar wurden sie für mich erst beim Studium der kantischen Philosophie.

*Welche Bedeutung hatte das Theologiestudium als Ausgangspunkt für deine Zuwendung zur akademischen Philosophie?*
Neben seinem, wenn man so sagen will, negativen Resultat zeitigte das Theologiestudium auch Positives. Ich hatte – wie schon erwähnt – gelernt, Texte zu interpretieren, was mir fortan überaus zustatten kam. Überdies verlor ich nie das Interesse an den *Fragen*, die sich vom christlichen Glauben her und ihm gegenüber stellen, kurz das Interesse an religiösen und theologischen Themen.

Allerdings stand mein persönliches Leben seit Mitte der 1960er Jahre im Zeichen religiöser Indifferenz. Länger beschäftigten mich theologische Fragen, wenn auch aus intellektueller Distanz. So hatte meine erste Publikation den «ontologischen» Gottesbeweis zum Thema, der aus dem Begriff des höchsten Wesens auf dessen Existenz schliesst. Oder ich besprach in der NZZ ein Buch über das Gebet von Walter Bernet. Mit dem Autor, Professor für praktische Theologie, stand ich schon länger in freundschaftlichen Beziehungen. Ich habe ihm viel zu verdanken. Er lud mich auch zu einer gemeinsamen Lehrveranstaltung ein, in der das Verhältnis zwischen dem «biblischen» und dem «rationalen Theologen» Thema war, ja zum Austrag kam. Weder er noch ich standen alternativ bloss für einen von beiden. Wenn ich vergleichen darf, so lebte und litt Bernet als reformierter Pfarrer und Theologe die Spannung zwischen Glaube und Zweifel fast bis zum Zerreissen durch, während ich mich davon durch den Sprung in die Philosophie wenigstens fürs Erste befreit hatte. Für ihn bot sich als Hilfe für das Leben in dieser Spannung nicht so sehr Philosophie als vielmehr Psychologie an, nämlich Religionspsychologie auf der Basis der Tiefenpsychologie Carl Gustav Jungs. Damit bewegte er sich in einer Tendenz, die vor 1970 allgemein um sich griff. Für mich galt noch, was – so berichtet Franz Rosenzweig – Leopold Zunz, der Begründer der Wissenschaft des Judentums, gegenüber Hermann Cohen geäussert hatte: «Ein ehemaliger Theologe ist immer ein Philosoph». Nun aber wurde unter anderem für ausscherende Theologen Psychologie, damals vor allem Psychoanalyse, zur auch beruflichen Alternative.

Doch als das wichtigste Erbe meines Theologiestudiums blieb mir eingeschrieben, dass es auch in der philosophischen Gedankenarbeit «um etwas gehen» musste. Sie durfte nicht l'art pour l'art betrieben werden. Das Theologiestudium war ja nicht nur der Aneignung von Glaubensinhalten, Denkweisen und Lehren gewidmet gewesen, sondern – unter dem Stichwort «Glaube» – dem Gewinn einer Einstellung, besser: einer Haltung den Fährnissen des Lebens gegenüber. Es ging also um ein grundsätzliches Orientiertsein der eigenen Person, das auch «Anfechtungen» Stand halten würde. Als Theologen umschrieben wir es unter anderem, eigentlich schon in philosophischer Diktion, als Vertrauen auf den «Sinn des Lebens». Sofern man nicht durch ein erschütterndes Ereignis, ein seit langem nagendes Übel oder eine tiefe Depression betroffen war, stand dieses Vertrauen in jungen Jahren höchstens bei temporären Krisen in Frage. So auch bei mir. Trotzdem war geistige Auseinandersetzung, wenngleich oft mit nur eingebildetem Unglück gefordert. Zwar kam ich aus einem Pfarrhaus, in dem es nie zweifelhaft war, dass Leben einen göttlich verbürgten Sinn hat, woraus dann unbeschwert Folgerungen für dessen Gestaltung abgeleitet wurden. Für Zweifel hatte es keinen Platz. Dieser gewann erst mit dem Studium die Oberhand und überführte das naive Vertrauen in die Frage oder Suche nach dem «Sinn des Lebens» – nicht jedoch in das bloss intellektuelle Spiel der Negation jedweden Sinnes. Diese Suche blieb für mich bei und nach der Wendung zur Philosophie mindestens untergründig, wenn auch lange Jahre eher nur theoretisch wegleitend. Sie ging praktisch in den «kleinen» Fragen nach dem Sinn dieses oder jenes Tuns auf. Zu einer absoluten Gewissheit konnte ich nie finden. Doch bei allem Verbleib in der Fraglichkeit prägte das Bewusstsein, dass «es um etwas gehe», mein Leben in der Philosophie von Grund auf.

*Diese Haltung fördert natürlich, wie soll ich sagen, das innere Feuer, setzt eine ganz natürliche Energie frei, die es auch leichter macht, mit den philosophischen Grundproblemen vertraut zu werden. Sie ist ganz fundamental lebensbezüglich, ohne auf praktische, etwa bestimmte berufliche Zwecke ausgerichtet zu sein.*

So ist es mir mit den «metaphysischen» Fragen ergangen, zu denen ich nach Ende meines Einsatzes für Ethik in den 1990er Jahren zurückkehrte und an denen ich auch bei meiner fast lebenslangen Arbeit an der Geschichte der Philosophie nagte. Das geschah nur scheinbar abstrakt ohne Bezug zum wirklichen Leben der Menschen. Denn in diesem selbst, so wurde es mir immer deutlicher, gibt es Zeiten für ein Nachdenken, das mit Fug und Recht philosophisch zu nennen ist – Zeiten, in denen sich Menschen sogenannte letzte Fragen stellen. Und das ganz existenziell, meist in der Konfrontation mit eigenem oder fremdem Leid, und dabei oft ohne Antwort.

Wegleitend für den philosophischen Umgang mit diesem Phänomen wurde für mich ein Satz Immanuel Kants, mit dem sein Hauptwerk, die «Kritik der reinen Vernunft», beginnt: «Die menschliche Vernunft hat das besondere Schicksal in einer Gattung ihrer Erkenntnisse, dass sie durch Fragen belästigt wird, die sie nicht abweisen kann, denn sie sind ihr durch die Natur der Vernunft selbst aufgegeben, die sie aber auch nicht beantworten kann, denn sie übersteigen alles Vermögen der menschlichen Vernunft.»

Sich solchen Fragen auszusetzen und ausgesetzt zu sein, wurde von Kant als ein alle Menschen umtreibendes «metaphysisches Bedürfnis» gekennzeichnet und ausgewiesen. Dass man es einmal aufgeben werde, hielt er für ebenso unwahrscheinlich wie dass man «das Atemholen einmal lieber ganz und gar einstellen» werde, «um nicht immer unreine Luft zu schöpfen». Diese These war schon zu Kants Zeiten umstritten, heute dürfte sie kaum noch breitere Zustimmung finden. Aber für mich bildete sie den Leitfaden für eine neuerliche Auslotung des «metaphysischen Bedürfnisses» der menschlichen Vernunft, wie es sich im Bedenken der «grossen» Sinnfrage äussert, der Frage nach dem Sinn des Seins und des Lebens überhaupt.

*Spricht man von einem Bedürfnis, so hat man einen gefühlten Mangelzustand vor Augen, der mit dem Streben zu seiner Beseitigung gekoppelt ist. Was besagt das für die «letzten Fragen»?*

Ganz einfach, dass für diese keine abrufbare, allgemein akzeptierte Antwort bereitsteht. So etwas zu sagen, kann angesichts des überwältigenden Angebots auf Seiten der überlieferten Welt- und Gottesweisheit als Frechheit erscheinen. Doch hält dieses Angebot der rationalen Überprüfung stand? Kant bestreitet das mit kaum widerlegbaren Argumenten. Teilen wir diese, so hat das für die letzten Fragen selbst und nicht nur für ihre Beantwortung schwerwiegende Konsequenzen. Die heutige philosophische «Schulweisheit» ist sich nicht einig: Sie empfiehlt, grob gesagt, einerseits den traditionellen Weg, immer wieder neu eine Antwort auf die letzten Fragen zu suchen, andererseits schon diese Fragen selbst als unsinnig zu verwerfen. Lebensklugheit rät, sich nicht weiter von einem unerfüllbaren «metaphysischen Bedürfnis» quälen zu lassen und es auch aus dem eigenen Gefühlshaushalt in ähnlicher Weise zu verbannen, wie man seinen Kinderglauben abgelegt hat. Eine religiöse Antwort kann sich nicht mehr auf «natürliche» Gotteserkenntnis stützen, ja sogar nicht mehr von der Voraussetzung ausgehen, dass die Fragen «durch die Natur der Vernunft selbst aufgegeben» sind.

*Du hast diese Konsequenzen letztlich nicht gezogen. Warum nicht? Warum hast du dich, um deine Worte zu gebrauchen, vom metaphysischen Bedürfnis weiter quälen lassen?*
Mich hielt, teils bewusst teils unbewusst, etwas davon ab, mir jeden Bezug zu einer transzendenten Welt zu versagen. Mir wichtig gebliebene Residuen theologischer Sprache wie die Rede von der Unverfügbarkeit des menschlichen, ja des Lebens überhaupt, hinderten mich daran. Und die geschichtlichen Zeugnisse überlieferter Antworten auf letzte Fragen. Vor allem aber rieten eigene Erfahrungen und Berichte von Erfahrungen anderer Menschen davon ab, solche Fragen und mit ihnen die Bemühungen um Antwort ad acta zu legen.

*Wie können aber lebensgeschichtliche Erfahrungen einen Philosophen dazu veranlassen, sich nochmals dieser «grossen» metaphysischen Fragen anzunehmen?*
Von Erfahrung sprechen wir im Allgemeinen, wenn eine auf Sinnesdaten gestützte Erkenntnis vorliegt. Von Erfahrung sprechen wir aber auch, wenn wir von einem Ereignis oder Vorgang persönlich betroffen sind, wie es die Redewendung «etwas am eigenen Leibe erfahren» zum Ausdruck bringt. Und darum geht es hier. Ein solches «Widerfahrnis» muss bewältigt werden, zumal es häufig mit Schmerz und Leid verknüpft ist. Und hierbei können Lebensklugheit, Religion oder auch Philosophie dienlich sein.

Philosophie kommt ins Spiel, wenn das Widerfahrnis die Grundpfeiler meiner Orientierung im Leben einzureissen droht. «Warum passiert gerade mir das? Hat es einen einsehbaren Sinn oder ist es bloss unergründliches Schicksal?» Philosophie hilft wohl, problematische Einordnungen des Erlebten etwa mithilfe der Kategorie der Schuld zu überdenken und gegebenenfalls zu verwerfen, bleibt aber doch immer im Allgemeinen. Und was bietet sie an, wenn mir in Todesgefahr das Ganze meines Lebens mit der Frage «War denn das alles?» in den verstörten Blick geraten sollte? Gelingt in diesem Moment keine irgendwie geartete positive Sinnfindung, so bleibt, könnte man vielleicht sagen, Philosophie im Netz dieser Frage hängen; eine über das Leben ins Jenseitige hinausgreifende Antwort ist von ihr nicht zu erwarten. Das vergebliche Warten darauf wäre die letzte Gestalt, in der das «metaphysische Bedürfnis» auftritt.

*Letzteres hast du in deinem 2017 erschienenen Buch «Wir sehen jetzt durch einen Spiegel» unter Bezugnahme auf den späten Theodor W. Adorno angesprochen, ohne es aber dabei bewenden zu lassen. Mir drängt sich jetzt die Frage auf, wie du heute zur religiösen Bewältigung bedrohlicher Widerfahrnisse stehst.*

Schon in den 1990er Jahren hatte sich für mich herausgebildet, wie wesentlich es sei, dass die Fragen gestellt bleiben. Und das selbst dann, wenn die – wie es scheint – wichtigste, aber auch vieldeutige und oft schräg gestellte Frage «Gibt es einen Gott?» keine überzeugende philosophisch-theoretische Antwort findet. So steht das «metaphysische Bedürfnis», gesehen jetzt durch einen Spiegel, im Zentrum meines von dir eben erwähnten Buches. Aber ich erlebte darüber hinaus eine Rückwendung ins Religiöse, etwas salopp gesagt.

*Wie geschah das?*

Seit 2007 näherte ich mich jener *Religiosität* an, die im katholischen Christentum gelebt wird. Es war ein längerer Prozess, in dem ich langsam meine Lethargie in religiösen Fragen überwand. Im reformierten Christentum, wie es in Zürich praktiziert wurde, hatte ich nie vermocht heimisch zu werden. Das lutherische Erbe schlief in meinem Unterbewusstsein. Meine Mutter, sagte ich mir, würde sich im Grabe umdrehen, wenn sie von meiner Hinwendung zur katholischen Kirche erführe. Aber etwas in mir drängte nach einer neuerlichen religiösen Bindung. Ich setzte mich immer wieder in katholische Kirchen, vor allem in Zürich, am Nachmittag, wenn dort nichts stattfand. Dort sog ich zunächst nur die Atmosphäre dieser Räume ein, eine so andere Atmosphäre als die mir aus evangelisch-reformierten Kirchen bekannte, auch wenn diese noch an ihre katholische Nutzung im Mittelalter erinnerten. Dann begann ich während meines Aufenthalts in der Kirche für mich ein Gebet zu sprechen, um so der Bestimmung des Raums Genüge zu tun. In einem weiteren Schritt der Annäherung entschloss ich mich, am Sonntagabend die Universitätsgottesdienste in der Zürcher Liebfrauenkirche zu besuchen. Dort traf ich zu meiner Überraschung auch Fakultätskollegen, die mich herzlich begrüssten, sodass mir das Gefühl, in einer gänzlich fremden Umgebung gewissermassen zu wildern, nicht mehr so zusetzte. Damals amtierte ein Jesuitenpater als katholischer Studentenseelsorger, von dessen Predigten ich mich angesprochen fühlte. Obwohl ich mich sehr überwinden musste, sprach ich ihn nach einem der Gottesdienste an und fragte, ob ich ihn einmal zu einem Gespräch aufsuchen könnte. Zu meiner Enttäuschung lehnte er ab, er habe keine Zeit, er müsse im Auftrag seines Ordens sehr bald nach Dublin, verlasse also Zürich. Ich empfand das als Zurückweisung, die es mir – etwas hochmütig – verbaute, aus dem akademischen Milieu heraus einen Weg zur katholischen Kirche zu finden.

*Wie kamst du weiter?*
Ich entschloss mich, es mit der Ortspfarrei Liebfrauen zu versuchen. Das hiess, die intellektuelle Reserve gegenüber katholischer Religiosität, so wie ich sie vor Augen hatte, abzulegen. Also rang ich mich dazu durch, in Liebfrauen einen Sonntagsgottesdienst zu besuchen, möglicherweise auch zwei oder drei, bis ich mich traute, den dortigen Pfarrer Josef M. Karber anzusprechen. Der hatte Zeit, sodass ich mit ihm Mitte Februar 2009 im Pfarrhaus zu einem ersten Gespräch zusammenkommen konnte. Es folgten viele weitere Gespräche, mit denen meine Vorbehalte vor allem gegenüber den gottesdienstlichen Ritualen schwanden, zumal er mir den Empfang von Brot und Wein in der Eucharistiefeier noch vor der Firmung bewilligte. Die Gespräche mündeten dann in eine Lebensbeichte, die sich über mehrere Etappen erstreckte. Mit ihr gelangte ich in die sakramentale Mitte katholischer Religiosität. Die ersten Male trafen wir uns weiter in einem Raum der Pfarrei. Am Ende der Beichtgespräche erteilte mir Pfarrer Karber mit kleineren Auflagen jeweils die Absolution. Ich erlebte es als etwas geradezu Umwerfendes, dass mir ein Priester im Namen Gottes, ja Gottes, die Vergebung meiner Sünden zusprach. Schon das Aussprechen meiner Verfehlungen unter dem Beichtgeheimnis und erst recht die Zusage ihrer Vergebung hatten etwas ungemein Befreiendes. Diese Erfahrungen lockten mich in starkem Masse in die katholische Kirche und machten mir Mut zu einem Übertritt. Dazu kamen Anstösse, die ich bei vielfältigen Gottesdienstbesuchen bekam. Gegen den Abschluss meiner Lebensbeichte hin – nunmehr im Beichtraum der Krypta von Liebfrauen – stellte ich dann Pfarrer Karber die Frage, ob er meinen Übertritt zur römisch-katholischen Kirche befürworten könne und was dafür vorzukehren sei. Ich weiss noch, wie hoch mir dabei das Herz schlug, zum einen, weil mir bewusst war, dass ich eben daran war, die mir lebenslang vertraut gewesene evangelisch-religiöse Sphäre zu verlassen, um – mehr als 70 Jahre alt – in der mir weitgehend unbekannten katholischen Welt einen Platz zu finden; zum anderen, weil Bedenken gegen meinen Eintritt hätten bestehen können und mir Auflagen gemacht würden. Pfarrer Karber aber befürwortete mein Gesuch ohne Zögern und leitete es an Bischof Vitus Huonder weiter, von dem es bewilligt wurde. In seiner Vertretung wurde ich von Pfarrer Karber am 24. Oktober 2009 gefirmt, in protestantischer Sprache: zum zweiten Mal konfirmiert, also mit allen Pflichten und Rechten eines katholischen Christen in die Kirche aufgenommen. Zu dieser öffentlichen Feier innerhalb eines Gottesdienstes gehörte es, vorn in der Kirche vor allen Anwesenden meinen Glauben zu bekennen. Pfarrer Karber sprach die drei Artikel des apostolischen Glaubensbekenntnisses vor, ich musste bei jedem die Frage «Glaubst du das?» mit einem deutlichen Ja beantworten.

*Was erlebtest du an Reaktionen in deinem Bekanntenkreis?*
Meine Frau, von der ich schon seit zwei Jahren getrennt lebte, zeigte kein Verständnis, empfand vielmehr meine Wandlung als Akt, mit dem ich unsere Tren-

nung vertiefte. Auch Freunde und Bekannte distanzierten sich. Ein Freund, ehemals Dominikaner und Leiter der dominikanischen Ordensprovinz hier in Zürich, mit dem ich sehr intensive philosophische Gespräche gehabt hatte, schleuderte mir den Vorwurf entgegen, ein «sacrificium intellectus» gebracht, den Verstand geopfert zu haben. Er hatte sich aus der katholischen Kirche gelöst, ich war eingetreten. Obwohl wir uns eigentlich in vielfacher Weise philosophisch gut verstanden hatten, kam es zu einem kleinen Eclat. Und doch beschäftigt mich seither, wenn auch in unterschiedlichem Masse, persönlich und philosophisch-theologisch das Problem, wie sich Philosophie und christlicher Glaube redlich verbinden lassen.

*Hast du dich auch kirchlich irgendwie engagiert?*
Ja, und zunächst in der Pfarrei Liebfrauen. Als 2011 Wahlen in den Pfarreirat stattfanden, hatte ich zunächst zwar Bedenken, ob ich kandidieren solle, und fragte Pfarrer Karber, der mir eher zuriet. Ich wurde gewählt. Gemeinsam mit dem Präsidenten übernahm ich Aufgaben im Bereich Erwachsenenbildung. So gelang es, über sieben Jahre hin mehr als 20 Referenten zu gewinnen, die in grösseren Abständen mit einem Vortrag und anschliessender Diskussion Aspekte des christlichen Glaubens beleuchteten. Ich selbst habe in diesen gut sieben Jahren drei Vorträge halten dürfen, die alle verschiedenen Aspekten des Glaubensbegriffs gewidmet waren. Aus der Vorbereitung und Durchführung dieser Veranstaltungen zog ich selbst grossen Gewinn, indem ich einerseits Kollegen aus der katholischen Welt und kirchliche Amtsträger kennenlernte, andererseits theologisch unter anderem über Sakrament, Opfer oder Gebet sehr viel lernte. Beim ersten Vortrag, den Weihbischof Peter Henrici hielt, wurde mir bewusst, dass «Glaube» ein Wie und ein Was umschliesst, also sowohl die Haltung des Vertrauens zu Gott meint als auch eine Art Wissen umfasst, nämlich die explizite Anerkennung der Existenz und des Wirkens Gottes. Beides gehöre zusammen.

Für die geistliche Seite meines Lebens noch wichtiger wurde – zumal nach Ablauf meiner achtjährigen Amtszeit im Pfarreirat von Liebfrauen – die Tätigkeit als Lektor in der Erlöserkirche, neben der ich wohne. Zur Aufgabe eines Lektors gehört es, im Gottesdienst einen der für den jeweiligen Tag vorgeschriebenen Bibeltexte zu lesen, das Fürbittengebet und am Schluss häufig eine Meditation vorzutragen. Das macht mir bis heute sehr viel Freude und mehr als das: der Geist dieser Texte zieht mich in seinen Bann. Ich gelange dabei in eine Spur, die wohl aus der Vergangenheit heranführt, mich an den früher angepeilten Pfarrberuf erinnert, aber auch darüber hinausweist. Manchmal darf ich als Kommunionhelfer amtieren und die Hostie austeilen. Das ist dann etwas ganz Besonderes, weil es das Heilige erfahren lässt.

*Ich stelle mir vor, dass dich als Philosophen vor allem bestimmte Inhalte und Dogmen des christlichen Glaubens besonders herausgefordert haben.*

In der Tat musste ich mir immer wieder die Frage stellen, was für eine Art von Wissen denn im gläubigen Vertrauen enthalten ist. «Ich weiß, dass mein Erlöser lebt». Es war von vornherein klar, dass es sich nicht um wissenschaftliches Wissen handeln könne, das mit den heute allgemein anerkannten und praktizierten Methoden gewonnen und gesichert wird. Sätze wie das jüdische «Gott ist Einer» oder das christliche «Jesus ist auferstanden» sind nicht neutrale, auch von Unbeteiligten zu treffende Feststellungen und nicht einfache Wiedergabe von Beobachtungen oder Resultat von Beweisgängen. Und doch beanspruchen sie einsichtig zu sein. Das wird ausserhalb der Kirchen generell noch am ehesten für den Satz «es gibt einen Gott» zugestanden, in dem das religiöse Reduit vieler Menschen besteht. Aber nicht dieser Satz bildet die Herausforderung. Denn für den christlichen (wie auch den jüdischen und muslimischen) Glauben geht es schon gar nicht um (irgend-)«einen», sondern um den einzigen Gott, für uns Christen um den Gott Jesu Christi, zu dem wir uns bekennen. Steht die Suche nach vernünftiger Einsicht hierbei auf verlorenem Posten? Das zuzugeben drängt sich in der heutigen Welt fast zwangsläufig auf. Was nicht heisst, dieser Suche abzusagen. Sie macht schon deshalb Sinn, weil sich auch gläubige Christen von einem mit Scheinwissen gespickten Aberglauben abgrenzen und – aktuell ganz wichtig – von der Versuchung fernhalten müssen, auf die Konkurrenz des Besserwissens zu setzen, wie in jüngerer Zeit im Streit zwischen Kreationismus und Evolutionstheorie. Die Suche nach Einsicht bleibt für den Philosophen noch aus tieferen Gründen unabdingbar, doch schlägt sie andere Wege ein.

*Könntest du noch andeuten, wie du es legitimierst, Philosoph und zugleich gläubiger Christ zu sein?*

Ich möchte zuerst, deine Frage verschärfend, betonen, dass mir der Verstandeszweifel an den Inhalten christlichen Glaubens sehr geläufig, ja unangenehm vertraut ist und bleibt. Ich habe bei meiner Firmung vor zwölf Jahren das apostolische Glaubensbekenntnis abgelegt, damit aber meine intellektuellen Zweifel auch nicht einfach ad acta gelegt. Ich hege sie nach wie vor. Doch der Gottesdienst führt in eine andere Welt. Das Dilemma, in dem ich mich damit allem Anschein nach bewege, könnte aufgelöst werden, wenn ich diese andere als meine «private» Welt ausgeben würde. Das ist sie aber trotz aller derartigen überall zu hörenden Deklarationen nicht. Die liturgischen Rituale wie das Glaubensbekenntnis vollziehen wir in und mit der *Kommunität* der gottesdienstlich Versammelten. Zu beten, zu singen oder eben seinen Glauben im Gottesdienst zu bekennen, ist auch etwas gänzlich anderes als – vom Verstand herausgefordert – über Glaubensinhalte philosophisch-theologisch nachzudenken. Die Räume, in denen das eine und das andere geschieht, sind schon einmal verschieden: Kirche hier, Arbeitszimmer oder Akademie dort. Wo philosophiert wird, gelten spezifische Regeln, die man eingeübt hat, da ist Argumentation und rationale Begründung gefragt, da hat der Intellekt das Wort. Zum Gottesdienst gehören Gebet, Gesang, Andacht, Anbetung, Bekenntnis. Mir kam schon seit meiner Jugend der Eintritt in eine Kirche, insbesondere zu einem Gottesdienst, als Eintritt nicht nur in einen heiligen Raum, sondern geradezu in ein anderes Leben vor. Diese Erfahrung hat sich seit meinem Übertritt zur katholischen Kirche nur noch verstärkt, zugleich dabei aber auch eine horrende Spannung aufgebaut. Ich bekam sie immer wieder zu spüren, wenn ich nach der Sonntagsmesse in Liebfrauen hinunter zum Hauptbahnhof ging und mich dort plötzlich unter völlig anders gestimmten Leuten befand, die Alltag lebten, mit Einkäufen oder ihrer Reise beschäftigt waren. Ich empfand das als einen Wechsel zwischen zwei Leben, die nichts miteinander zu tun hatten.

Die Spannung trat aber auch in meinem Leben zutage, soweit es in starkem Masse von der akademischen Philosophie bestimmt war. Mit Paulus formuliert: Ist nicht die Verkündigung des gekreuzigten und auferstandenen Christus für die Griechen, sprich die Philosophen, eine «Torheit»? Wie umgekehrt für Gott die Philosophie, die Weltweisheit, ihrerseits eine «Torheit» ist? (1 Kor 1,18 ff). Bei dem von uns Christen verehrten Gott haben wir es mit einem Gott zu tun, der in und mit Jesus Christus spricht. Dieser christlichen Grundauffassung gegenüber hatte Philosophie von vornherein einen schweren Stand. Das zeigt schon die Frühgeschichte des Christentums ab dem 2. Jahrhundert, in der es um die Versöhnung «zwischen Athen und Jerusalem» ging. Das auf Gotteserkenntnis zielende philosophische Denken musste sich gegenüber dem göttlichen Wort zu seiner Torheit bekennen, ohne in seinem Raum von der Suche nach Gott abzulassen. Es entstand so etwas wie «christliche Philosophie». Eine solche zu betreiben, wird heute mit und nach der Aufklärung von der grossen Zahl der akademischen Philosophen abgelehnt. Wenn christlicher Glaube überhaupt noch ein Thema ist, dann sind die meisten Stellungnahmen dazu kritisch bis vernichtend. Vor allem aber zieht der Glaube weit herum, wie es scheint, keinerlei intellektuelles Interesse mehr an. Diese Gleichgültigkeit halte ich für die grösste Bedrohung europäischen Christentums.

Demgegenüber war die Beschäftigung mit den sogenannten «letzten Fragen» bis in die jüngste Zeit Bestandteil der *Lebensform* Philosophie, für mich auch und gerade dann, wenn sie sich als letztlich unbeantwortbar erwiesen. Mit dem Zugeständnis, dass unser «metaphysisches Bedürfnis» nach einer Antwort auf die Frage nach dem grossen Sinn des Lebens unerfüllt bleibt, trägt bis heute auch der Philosoph sein Kreuz. Das verbindet seine Lebensform mit der, wie ich sagen möchte, *liturgischen Lebensform* und den sie im Gottesdienst ausfüllenden spezifischen rituellen Handlungen. Beide Lebensformen, so wird immer wieder behauptet, gehen nicht zusammen. Dem widerspreche ich. Ich bin in beiden zuhause, stehe dabei aber auch immer wieder in der Spannung, die zwischen ihnen herrscht. Versagen muss ich mir, die eine an der anderen Lebensform zu messen.

Wenn ich bete, also erzähle, gestehe, danke und bitte, dann philosophiere ich nicht, jedenfalls nicht im strengen Sinne von Philosophie; und umgekehrt. Die Feier der Eucharistie hat nichts mit Philosophie zu tun. Doch steht auf dem Spiel, ob ich mich nicht «schizophren» verhalte, also meinen Verstand opfere, wenn ich zwischen den beiden Lebensformen hin und her wechsle. Muss ich mich nicht doch für die eine *oder* die andere entscheiden? Viele tun und fordern das, meist im Sinne der Liquidierung einer religiösen Zugehörigkeit, aber natürlich auch von religiöser Seite aus mit dem Wunsch nach einem gottgemässen heiligen Leben. Demgegenüber scheinen mir die philosophische und die liturgische Lebensform in einem Leben verbindbar, auch wenn diese Verknüpfung nicht leichtfällt und immer wieder errungen werden muss.

Im Blick auf ein christliches Leben mit Zweifeln gesagt: Zweifel sind Ausdruck der Endlichkeit unserer menschlichen Vernunft, das heisst Ausdruck von deren begrenzter Einsichtsfähigkeit. Die Zweifel und das mit ihnen verbundene Leiden verbinden gerade den Gebrauch meiner Vernunft mit der Verehrung des Mensch gewordenen Gottes.

# Epilog

*Nicht müde werden*
*sondern dem Wunder*
*leise*
*wie einem Vogel*
*die Hand hinhalten.*
Hilde Domin

2017 geschah etwas gänzlich Unerwartetes, ich wage zu sagen: ein Wunder. Barbara entstieg dem Prozess des Vergessenwerdens, dem sie 53 Jahre lang ausgesetzt gewesen war, anfangs für mich kaum spürbar, später über Jahrzehnte hin fast gänzlich. Ich vergass sie, sie vergass mich. Wir lebten beide unser je eigenes Leben. Im Dezember 2016 erhielt ich einen Anruf. Ihr langjähriger Lebenspartner war sechs Wochen zuvor gestorben, sie liess mich an ihrem Leid teilnehmen, mich, ihren alten Freund aus ihrer Studienzeit. Erinnerungen daran tauchten auf, Erinnerungen an eine Theologenparty, mit der alles begann, Erinnerungen an den März 1964, den einzigen Monat, in dem sich unsere Herzensbeziehung entwickeln konnte, in dem ich sie an Nachmittagen für Spaziergänge, Plattenmusik und Schachspiel in ihrem Studentenzimmer aufsuchte. Und an dessen Ende sie bewusst an die Freie Universität nach Berlin weiterzog. Eine engere Verbindung war ausgeschlossen, denn ich war jung verheiratet und Sohn Felix gerade ein Jahr alt geworden.

Der Anruf aus der Trauer hatte noch keine Konsequenzen, ein neuerliches Telefongespräch im März 2017 missglückte wegen äusserer Umstände etwas. Nachdem Sibylle zu ihrer Mutter umgezogen war, von der ich seit Ende 2007 getrennt lebte, ging ich im Mai und Juni daran, in meiner Wohnung Ordnung zu machen. Dazu gehörte es, eine Kiste zu räumen, die ich in einer Ecke abgestellt hatte. Ich stiess dabei auf eine grössere Anzahl von Briefen, auch auf Briefe jener Studienfreundin aus dem Jahr 1964, als Absenderin an der Schrift für mich sofort identifizierbar. Wir hatten seit 1964 bis in die 1970er Jahre regelmässig brieflichen Kontakt gehabt, anfangs häufiger, später seltener und vor allem noch aus Anlass unserer Geburtstage. Auch persönliche Treffen waren schnell ganz rar geworden und beschränkten sich je auf ein paar Stunden, etwa wenn ich bei oder nach einer Tagung einen Abstecher nach Bremen machte oder sie einen Skiurlaub in der Schweiz verbrachte, während dem wir uns kurz trafen. Es bestand also wohl über die Jahre hin ein Kontakt, genährt von einem untergründigen Gefühl einstiger Nähe, das für mich aber aktuell kaum noch zu spüren war.

Ich traf auf einige Dutzend Briefe von Barbara, schon ihre Zahl war überraschend. Ich las diese Briefe und ich war bewegt, so bewegt, dass mir die Tränen kamen. Es klang darin ein Ton auf, der Ton einer Liebe, der ganz verklungen schien, bis er mich jetzt, Jahrzehnte später, fast schmerzlich durchdrang. Konnte eine Beziehung wiedererstehen? Ich rief Barbara an und fragte, ob wir uns nicht einmal treffen könnten. Sie bejahte. Aber damit war angesichts beidseitiger Zurückhaltung, vielleicht auch einer gewissen Skepsis, noch nichts entschieden. Wir trafen uns Anfang September 2017 in Freiburg im Breisgau, und hier begann, was nach üblicher und auch von mir geteilter Vorstellung vom dritten Lebensabschnitt eigentlich nicht mehr möglich schien: eine Beziehung, durchdrungen von gegenseitiger Liebe, ja Liebe – ich gebrauche dieses grosse Wort ohne Augenzwinkern. Auf dem Abstieg vom Freiburger Schlossberg küssten wir uns. Ein Herr, der unbemerkt von uns im Aufstieg begriffen war, sah das. Als wir uns kreuzten, sprach er uns ganz überraschend an, sichtlich bewegt von diesem Kuss. Das gebe es doch nicht, ältere Menschen, die sich öffentlich küssen. Und diese völlig zufällige (oder eben doch nicht so zufällige) Begegnung liess uns diesen Fremden wie einen Engel erscheinen, der unsere eben aus ihrem 54 Jahre langen Winterschlaf erwachende Beziehung segnete. Bei unserer Abreise am nächsten Morgen – sie nach Bremen, ich nach Zürich – schien wieder offen, was werden würde; sie sass im Zug hinter einem verregneten Fenster, mein Winken war für sie nicht mehr erwiderbar. Tage danach berichtet mir Barbara von einem Telefon, in dem sie einer Freundin gestanden habe, sie habe sich verliebt. Wonne.

Fünf Wochen danach – Barbara hatte inzwischen mit einer Freundin eine schon lange verabredete Ferienreise gemacht, gegen deren Ende die Sehnsucht uns endlich wiederzusehen immer drängender wurde – besuchte ich sie in Bremen. Wir kamen uns immer näher. Wiederum nach ein paar Wochen trafen wir uns für drei Tage in Fulda, etwa in der Mitte zwischen Bremen und Zürich, dann kam sie nach Zürich und ich am zweiten Weihnachtstag über Neujahr nach Bremen. In den Wochen der Trennung litten wir; inzwischen sind wir längst dabei angekommen, kontinuierlich – sei es in Zürich sei es in Bremen – ohne temporäre Trennungen zusammenzuleben. Und seit Herbst 2021 wie definitiv in Zürich.

Unser Leben hat damit eine Wendung genommen, die völlig unerwartet eintrat, aus keiner Perspektive vorhersehbar, weder für mich noch für Barbara: die unglaublich schöne Erfahrung in späten Jahren nochmals zu lieben und geliebt zu werden. Es ist sicher nicht das Einzige, was die letzten Jahre ausgefüllt hat, aber das für mich Entscheidende, sodass ich eben von einer völlig unerwarteten Wendung spreche, die mich auch aus der Tendenz herausriss, mich dem Altersabstieg hinzugeben. Einer Tendenz, der ich doch schon 2017 ziemlich anheimzufallen drohte, weil ich zum Reisen keine Lust mehr verspürte und mir auch vieles andere, was mir bis dato wichtig gewesen war, an Sinn verlor.

Die nun schon mehr als fünf Jahre mit Barbara sind unvergleichlich. Dass ich auf meine 80er einmal so beglückt zurückblicken könnte, wenn es um ein letztes Zurückblicken geht, das war nicht zu erwarten.

# Dank

Mein erster Dank gilt Philippe Pfister. Er hat mir nicht nur professionell die Fragen gestellt, die nun das Gerüst meiner Lebensgeschichte bilden. Er hat sie mir mit spürbarer Anteilnahme gestellt. Und damit so schöne wie schmerzliche Erinnerungen aufgerufen. Es entstand eine Freundschaft. Und dank dieser schliesslich dieses Buch. Ich wurde bei der Arbeit daran immer wieder durch Zweifel herausgefordert, mit denen ich in Gesprächen mit Philippe umzugehen lernte – Zweifel, ob die Publikation überhaupt auf Interesse stossen könnte und vor allem, ob ich mit ihr nicht zu viel von meinem Leben preisgäbe oder – das Prinzip der Ehrlichkeit verletzend – verschwiege. Und schliesslich bin ich Philippe für seine achtsame Durchsicht der einzelnen Kapitel auf diversen Stufen ihrer Bearbeitung verbunden.

Für Beratungen, Hinweise und Vorschläge danke ich sodann Dr. Barbara Handwerker Küchenhoff, Dr. David Marc Hoffmann, meinen Schwestern Gisela Thonack und Irmtraut Hollitzer, meiner Nichte Dr. Magdalena Holzhey und vor allem meiner Lebenspartnerin Barbara Asbeck.

Seit 1970 dem Schwabe Verlag verbunden, ist es mir eine besondere Freude, dass mein voraussichtlich letztes Buch auch hier erscheinen kann. Ich danke PD Dr. Christian Barth für sein Interesse und die Aufnahme ins Verlagsprogramm.